novum pocket

AF184764

Beat Müller

Zeit ist um

novum pocket

Bibliografische Information
der Deutschen Nationalbibliothek:

Die Deutsche Nationalbibliothek
verzeichnet diese Publikation in der
Deutschen Nationalbibliografie.
Detaillierte bibliografische Daten
sind im Internet über
http://www.d-nb.de abrufbar.

Alle Rechte der Verbreitung, auch
durch Film, Funk und Fernsehen, fotomechanische Wiedergabe, Tonträger, elektronische
Datenträger und auszugsweisen
Nachdruck, sind vorbehalten.

Gedruckt in der Europäischen Union
auf umweltfreundlichem, chlor- und
säurefrei gebleichtem Papier.

© 2023 novum Verlag

ISBN 978-3-903382-80-0
Umschlagfotos: Beat Müller,
Yulia Zhemchugova | Dreamstime.com
Umschlaggestaltung, Layout & Satz:
novum Verlag
Innenabbildungen:
siehe Bildquellennachweis S. 8
Autorenfoto: Barbara Müller,
Zwischenflüh

Die vom Autor zur Verfügung
gestellten Abbildungen wurden in der
bestmöglichen Qualität gedruckt.

www.novumverlag.com

Inhaltsverzeichnis

Kindheitserinnerungen 9
Kletterstangen 12
Klassenchef(in) 14
Auf Bäume klettern 20
Baustelle Felsenauviadukt 23
Sackgeld verdienen 31
Der Wochenplatz in der Gärtnerei 35
Berufslehre, Militär und Kanada 40
Sanitätspolizei und Badebetriebe Bern 50
Die erste Rettung 51
Die erste Bergung 53
Mit Wernu über die Schwellenmatte 55
Überstunden 57
Der Vorgänger 59
Meine ersten Jahre im Eichholz 60
Die Dienstwohnung 66
Rockerbande aus Deutschland 70
Miss Austria 74
Da war noch Willi 76
Der Tote im Kinderplanschbecken 82
Die zerfetzte Hand 86
Der Kongress 90
Drogenszene 92
Paddy 94
Der Einbrecher 96
Das Weihnachtsessen 98
Rechnungen 101
Der Fall der Mauer 104

Immer wieder fahrenden Romas
aus dem Balkan 108
Welthunde-Ausstellung in Bern 1994 113
Soziale Integration 119
Der Heiratsschwindler 125
Krieg auf dem Balkan 128
Der Hochstrasser 131
Eidgenössisches Turnfest 1996 136
Angeln am frühen Morgen 139
Das Jahrhundert Hochwasser 1999
«Schläppi und das Hochwasser» 142
Besuch aus Tunesien 147
Tiere entlaufen 151
Wildtiere 154
Das Ende der Kinderplanschbecken 157
Materialräume 159
Portatel 162
Das Kamel 166
Vom Affen gebissen 170
Osttouristen und «moderne» Technik 176
Gewitter und Blitze 181
Wohin mit den Badebetrieben 183
Mischu 185
Jugendbanden 191
Von Kupferdieben und Drogendealer 196
Windows 3.1 202
Das Beduinenzelt 208
Die Krähe 212
Bergung aus dem Pool 216
Wieder eine Bergung 218
Igor Evdovkimov 220
Das Missverständnis 223

Straßenkünstler	227
Die Schildkröte	230
Kalter Krieg	233
Kostov	236
Der Meyer Seppu	239
Koreaner	242
Sherpa Joshii Sandeep	245
Marder	253
Euro 08	257
Das Reisebüro	267
Räuber und Einbrecher	268
Der Finger	278
Van Buyten	281
Baumhaus bauen	288
Tessin	294
Von Camping zu Clamping	297
Die geheimnisvolle Samantha	306
Fränzi und Methusalem	307
Die Zeit ist abgelaufen	310

Bildquellennachweis:

S. 11: © Fam Müller, Krauchtal,
S. 25, 27, 65, 144, 169, 190, 256, 283, 287, 296, 311: © Beat Müller, Zwischenflüh,
S. 62 (oben): © Berner Zeitung,
S. 62 (unten): © Fam. Schindler Wabern,
S. 118: © Hundeausstellung Berner Zeitung,
S. 131: © Wüthrich Paul, Bern,
S. 135, 163, 165: © freies Dateiarchiv Wikimedia Commons,
S. 226: © Ausschnitt Berner Zeitung,
S. 254: © Marderschutz Ausschnitt Könizer Zeitung

Kindheitserinnerungen

Nichts war spannender für mich als fließendes Wasser! Kaum konnte ich gehen, wurde ich von jedem Gullydeckel, in dem ein Geräusch zu hören war, das auf das Vorhandensein von Wasser schließen ließ, magisch angezogen. Bei Regenwetter musste ich fast zwanghaft in den Pfützen herumhüpfen oder mit dem Absatz der Gummistiefel kleine Wasserläufe in den weichen Boden kratzen. Mit zunehmendem Alter stieg das Interesse an größeren Gewässern! Meine Eltern zogen oft am Sonntag los, um die Freizeit am Flussufer der Aare zu verbringen. Das Eichholz war bestens geeignet dafür. Wir hatten kein Auto. Wer hatte damals schon ein Auto? Das Aarewasser im Löchligut, welches zu Fuß in 20 Minuten erreichbar gewesen wäre, war zur damaligen Zeit aufgrund fehlender Kläranlagen nicht «bebadbar» und im ebenfalls nahe gelegenen Lorrainebad war das Wasser immer so kalt, dass sich nur die Kinder rein wagten – das hat sich bis heute nicht geändert! Allerdings nahm das Interesse am Eichholz für meine Eltern ebenso rasch ab, wie mein Interesse am Wasser zunahm! Für meine armen Eltern wurden die Ausflüge ins Eichholz wahrlich zum Stressfaktor, da klein Beat sich immer weiter ins reißende Wasser wagte und weder meine Mutter, die gar nicht schwimmen konnte noch mein Vater, der sich zwar etwa fünf Minuten über Wasser halten konnte, niemals in der Lage gewesen wären mich zu retten, falls ich abgetrieben würde. So kam es, als ich etwa 11 Lenze alt war, an einem strahlend schönen und warmen Sommersonntagmorgen, meine

Eltern entschlossen, fortan nicht mehr ins Eichholz zu gehen. Ab jetzt wurde das kalte Wasser im Lorrainebad bevorzugt. Nicht des kalten Wasser wegen, sondern aufgrund der Anlage, welche meinen Eltern besser erlaubte mich zu überwachen.

Meine Mutter war zu dieser Zeit schwanger. Ich wusste zwar so ungefähr, was das bedeutet, aber wirklich interessiert hat mich das wenig. Mittlerweile war ich des Schwimmens mächtig und ich tat nichts lieber als tauchen. Besonders spannend fand ich, jeweils durch die hohen Algen über dem Grund des Bassinbodens zu schwimmen. Wie in einem Märchenwald ließen sich die Algenbäume in Zeitlupe zur Seite schieben und langsam glitt man durch die Pflanzen. Am ganzen Körper waren die Blätter der Algen zu fühlen, wenn sie die Haut fein berührten. Ich hatte keine Vorstellung, wie lange ich es unter Wasser ausgehalten hatte, der Reaktion meiner schwangeren Mutter zur Folge, eindeutig zu lange! Als ich auftauchte, hörte ich das Geschrei von mehreren Personen. Meine Mutter stand auf der Brücke, welche quer mitten über das lange Becken führte und schaute zu mir herunter und schrie mich an. Ich soll sofort aus dem Wasser kommen! «Was fällt dir ein?» Sogar der Bademeister fluchte etwas von der Brücke zu mir herunter. Ich verstand gar nichts mehr. Mitten im Bassin sah ich mich um, es könnte ja sein, dass gar nicht ich der Ursprung der Aufregung war? Leider war ich allein, zumindest in größerem Umkreis ließ sich kein weiterer Badegast erspähen. Wie befohlen stieg ich aus dem Wasser. Als Erstes fing ich eine Klatsche des Bademeisters Wernu ein. Nie hätte ich gedacht, dass Wernu 15 Jahre später ein Arbeitskollege von mir werden würde!

Der Autor, Sankt Petersinsel 1964

Ab diesem Ereignis war es auch mit dem Lorrainebad vorbei. Im darauffolgenden Sommer wurde das Wylerbad fertiggestellt und eröffnet. Da gab es gleich mehrere Bademeister, welche meinen gestressten Eltern bei meiner Überwachung Support leisten konnten. Der 5 Meter Sprungturm hatte es mir besonders angetan. Mit Kollegen wetteiferten wir jeweils, wer die spektakulärsten Sprünge schaffte. Meine Eltern hatten Ablenkung, sie mussten sich nun um meine kleine Schwester kümmern. Sie war noch so klein, konnte weder gehen noch krabbeln. Und, für meine Eltern sehr wichtig, sie zeigte kein Interesse am Wasser – im Gegenteil! Kaum hielten sie ihre kleinen Füßchen ins Wasser, schrie sie laut los und erholte sich lange nicht. Diesen Schreieffekt nutzte ich natürlich aus! Frisch aus dem Wasser gestiegen und klatschnass rannte ich jeweils neben der Kleinen durch, dass sie ordentlich Spritzer abbekam. Das Geschreie ging los und ich konnte längere Zeit wieder tun und lassen was ich wollte.

Kletterstangen

Gegen schwächere Kletterer benutzte ich die Beine nicht und zog mich nur mit den Armen die Stange hoch und war trotzdem immer schnell oben. Franco und Burri waren nicht zu schlagen. Mit ihrer Kraft und Größe schafften sie die Kletterstange in wenigen Sekunden. Nur der kleine Tinu vermochte mit den beiden mitzuhalten. Er rotzte ein paar Mal kräftig und schnäuzte sich dann in die Handfläche. Den nasalen Auswurf strich er sich dann ans rechte Schienbein und an die linke Wade. Den Rest verrieb er in den Handflächen. Der natürliche Harz sorgte für einen derart unglaublichen Grip, dass Tinu mit so schnellen Bewegungen die Stange hochkletterte, dass die Beine und Arme kaum noch zu sehen waren. Unsere Klassenlehrerin, war nicht gerade die Person, die es den schwächeren Schüler und Schülerinnen einfacher machte. Beim Kopfrechnen mussten alle aufstehen. Wer das Resultat ihrer vorgeleierten Rechnung als erster oder als erste schreien konnte, durfte absitzen. Logisch, dass immer die gleichen Mädchen und Jungs als erste absitzen konnten. Ebenso logisch, dass immer die gleichen am Schluss stehen blieben. Die Organisation in der Turnstunde lief ähnlich ab: Die Schwachen wurden regelmäßig bloßgestellt. Insbesondere beim Stangenklettern. Immer vier Jungs oder Mädchen starteten auf Kommando miteinander von einer Linie, etwa fünf Meter von der Kletterstange entfernt. Der Schnellste konnte von nun an dem asozialen Spektakel als Zuschauer beiwohnen. Am Schluss des Wettbewerbs hingen immer die vier schwächsten Kinder wie Mehlsäcke an den Stangen. Keiner und keine war in der Lage nur einen Zug zu klettern. Angefeuert von der Menge mühten sie sich ab und die schon vorher nicht vorhandenen Kräfte, schwanden von Versuch zu Versuch. Nach einigen Minuten wurde das Spektakel abgebrochen. Die Meute grölte und wälzte sich am Boden. Die Kletterstange, welche Tinu vorher benutzte, war nach ihm nicht besonders beliebt. Daher war der Kampf nach dem Startschuss auf die anderen drei Stangen umso größer. Auch da hatten die Schwächsten immer das Nachsehen. Der Ungerechtigkeit nicht genug, ergänzte unsere Lehrerin mit Kommentaren wie «an der Stange kann es nicht liegen» oder «übt in der Pause, damit ihr es nächstes Mal besser könnt».

Klassenchef(in)

In der Schule stand die Wahl des Klassenchefs an. Wie in der Politik wurde ein reger Wahlkampf betrieben, da der Klassenchef von der Klasse selbst bestimmt wurde. Einige Jungs kamen für das Amt gar nicht in Frage, so zum Beispiel Stöffu, der spielte die ganze Zeit nur mit den Mädchen, oder Housi, der spielte mit niemandem und sprach nicht viel mehr, als er spielte. Der dicke Otti erst recht nicht, zumal er täglich mindestens zwei Mal seine Brille suchte und auch Pidu war ungeeignet, weil er immer nach Kuhmist roch. In der engeren Auswahl waren Chlöisu, Buri, Franco, Tinu und ich. Das Amt hatte sehr wohl einige Vorteile! So konnte der Klassenchef jeweils bei der großen Pause als erstes in die Harasse der Pausenäpfel greifen und sich das größte und schönste Exemplar heraussuchen. Den scheuen oder von der Klasse «Verstoßenen» blieben dann nur noch die schrumpeligen kleinen und oft mit Flecken übersäten Äpfel. Um die Klasse zu beeindrucken, ließ sich jeder etwas einfallen. Chlöusi, ein physisch weit fortgeschrittener bärenstarker Junge, trug den Velostänger, welcher ich nicht mal in der Lage war zu bewegen, über den halben Pausenplatz. Franco, auch ein athletischer starker Junge, konnte in den Handstand springen und auf den Händen auf 10 zählen. Da er im Kunstturnen war, sah alles sehr elegant und harmonisch aus. An der Reckstange schaffte er 7-Mal hintereinander den „großen Riesen", was die Zuschauerinnen und Zuschauer jeweils in Staunen versetzte. Buri trug den Velostänger wieder zurück und beeindruckte ebenfalls mit Bärenkräften. Schaffte er doch locker 100 Liegestützen, die ganze Meute zählte mit, das war relativ wichtig, da sich niemand sicher war, ob Buri überhaupt bis hundert zählen konnte. Bei Buris körperlichen Entwicklung blieb vermutlich das wichtige Organ, welches sich zuoberst auf dem Körper befindet, stehen. Zu Buris Verteidigung muss man festhalten, dass er die ersten drei Schuljahre jeweils wiederholte und dadurch deutlich älter war als die anderen. Tinu rechnete ihm vor, dass wenn er so weitermachen würde, er mit 23 Jahren die Schulzeit beenden könnte. Wie Tinu auf das Resultat kam, wusste Buri nicht, aber er meinte, dass er dann wohl sogar älter sei als die Lehrer – alle lachten! «Ihr seid alles Idioten» schrie Buri mit seiner tiefen männlichen Stimme – alle lachten! Buri schaffte kein Wort ohne Fehler zu schreiben und musste immer, selbst um einfachste Rechnungen zu lösen, seine Finger zu Hilfe nehmen. Tinu war der Kleinste unter uns, kaum größer als ein Erstklässler, aber ausgestattet mit einem unglaublichen Mundwerk! Und, er konnte den Rückwärtsüberschlag aus dem Stand! Ich konnte den Handstand, schaffte es sogar auf den Händen eine Treppe hoch zu steigen. Es sah zwar nicht so elegant aus wie bei Franco, aber ich war deutlich schneller als er. In der Hoffnung, dass mich eine besondere Aktion wieder ins Rennen um das begehrte Amt bringt, hatte ich eine Idee: Mit einigen flinken Zügen kletterte ich auf das Kletterstangengerüst. Solche Kletterstangen standen früher auf jedem Pausenplatz. Die wurden dann irgendeinmal in ferner Zukunft aus Sicherheitsgründen entfernt. Oben angekommen stand ich auf dem etwa 20 cm breiten Eisenbalken und fasste mit meinen Händen beidseitig die

Kanten. Langsam gab ich Druck auf die Arme und hob die Beine behutsam an, bis ich auf 10 zählend im Handstand war. Die Kindermenge unten um die Stange herum schrie und war begeistert und vor allem beeindruckt und zählte laut mit. Behutsam zog ich meine Beine wieder ein und ging langsam in die Ausgangsposition zurück. Ich stand auf dem Balken und hob die Arme – die Meute jubelte erneut. Noch bevor die Aufsichtslehrkraft bei der Kletterstange eintraf, war ich wieder unten. Viele klopften mir auf die Schulter. Bis plötzlich Andrea aus unserer Klasse laut herausposaunte: «Einen solchen Idioten wie dich, wählen wir sicher nicht zum Klassenchef, du bringst womöglich die ganze Klasse in Gefahr». Damit war ich beim Wahlkampf wieder zurück auf Feld eins gerutscht! Ich sah mich schon mit einem schrumpeligen Apfel alleine in einer Ecke des Pausenplatzes sitzen. Plötzlich tauchte Iris auf! Sie war das gescheiteste Mädchen unserer Klasse. Keiner widersprach ihr. Immer wenn sie auftauchte entwickelte ich ein Gefühl von Bewunderung, Ehrfurcht, Neid und Anerkennung. Alles Gefühle, die ich genau definieren konnte und entsprechend wusste was der Auslöser meiner Gefühlslage war. Sie rief uns alle Fünf zu sich und flüsterte uns ihren Vorschlag um den Klassenchef zu bestimmen, in unsere Ohren. Wir nickten alle zustimmend – es hätte sich sowieso keiner getraut ihr zu widersprechen! Der Wettkampf sollte morgen während der großen Pause auf der Sandbahn hinter der Turnhalle stattfinden.

Die ersten zwei Stunden vor der Pause in der Schule werde ich nie vergessen, mein Unterleib schmerzte und ich wusste nicht mehr, wie ich sitzen sollte, um den Druck in der Blase etwas zu entlasten. Ein Blick in die

Runde zeigte, dass es den anderen ebenso erging. Kaum klingelte die Pausenglocke, rannten wir sofort hinter die Turnhalle. Iris zog mit ihren Schuhspitzen eine Linie in den roten Sand, während wir, beide Hände zwischen den Beinen, herumtänzelten. Etwa zwei Meter davor zog sie eine zweite Linie. Von der zweiten Linie zog sie Parkfelder gleich, vier Linien rechtwinklig abgehen etwa 50 cm lang. Es entstand je ein Feld für drei Jungs. Rechts daneben auf der Linie markierte sie auf gleicher Höhe einen Kreis. Die drei großen Jungs waren zuerst an der Reihe. Sie stellten sich auf und öffneten ihren Hosenladen. Iris befahl allen Anwesenden hinter die erste Linie zu stehen, so waren die Wettpisser nur von hinten zu sehen. Sie pissten soweit sie konnten, auf dem roten Sand waren die Spuren deutlich zu erkennen. Bei Buri wollte der Strahl nie mehr aufhören. Tinu rief ihm zu, dass er endlich aufhören soll, da sonst noch der Sand weggespült werde. Nun waren Tinu und ich an der Reihe. Der Kleinste mit dem Kleinsten pisste gut einen Meter weiter als die großen Jungs und ich mit meinem Zipfelchen schaffte es zwar weiter als die Großen, aber niemals so weit wie Tinu! Buris Pfütze war immer noch zu sehen! «Der Sieger steht fest», meinte Iris, «aber ich mache auch mit», sagte sie. Sie stand in den Kreis, griff mit den Daumen in den Bund des hellgelben Sommerhöschens, das mit pinkigen Elefäntchen und hellblauen Bällen verziert war. Ein Modell, welches damals von fast allen kleineren Mädchen während der heißen Sommermonate in verschiedenen Farben getragen wurde. Noch bevor sie es hinunter drückte, befahl sie uns hinter die erste Linie zu stehen. Wir waren alle sprachlos und wurden Zeugen, dass ein Mädchen weiter pissen kann als alle Jungs. «Die hat da unten etwas mit den Zeigefingern rumgemacht», meinte Tinu und fasste sich zwischen die Beine. Alle zuckten mit den Schultern und waren ratlos! Wir hatten eine neue Klassenchefin! Als die Lehrkraft die Klasse fragte, wie wir den zu der Wahl gekommen seien, zuckten wiederum alle mit den Schultern. Buri meldete sich zu Wort und wirbelte mit der rechten Hand, «äh – äh – äh» – Geräusche unterstrichen seinen Willen sich zu Wort zu melden. Der Lehrer fragte ihn, was er uns denn zu erzählen hätte. Buri meinte, er wisse wie die Wahl zustande gekommen sei, wir haben ein Wettpissen gemacht und Iris hat gewonnen. Iris ließ sich rückwärts in die Stuhllehne fallen, verdrehte die Augen und schaute zur Decke. Tinu ließ seinen kleinen Kopf auf den Pultdeckel fallen, dass es laut knallte. Franco schlug sich mit der flachen Hand an die Stirn und ich verdeckte mir meine Augen mit den Händen. Der Herr Meyer lächelte nur und meinte, dass das nicht so eine gute Idee wäre, aber Fantasien wollen wir jetzt weglassen – dazu sei es ihm egal wie die Wahl zustande gekommen sei. Iris als Klassenchefin finde er gut! Ein hörbares Aufatmen ging durch die Klasse. Am Abend im Bett starrte ich die Decke an und überlegte mir, wie clever Iris die Wahl aufgegleist hatte. Von wo konnte sie wissen, dass körperlich weiter entwickelte Jungs weniger weit pissen können, als die weniger weit entwickelten? Und, wie kann ein Mädchen ohne Pinkler soweit pinkeln?

Nach zwei Jahren als Klassenchefin verließ Iris uns, weil sie ins Gymi wechselte. Wir unterhielten uns danach oft, sie war irgendwie faszinierend. Sie wusste alles und konnte alles. Sie hatte zu Hause manchmal Probleme, weil ihre Eltern fromm waren, gestand sie mir. Sie fragte mich einmal, wie es sein kann, dass erwachsene Personen einen solchen Quatsch glauben können, das mit Jesus und dem Paradies, Apfel und Schlange und Arche Noah und so? Tags darauf brachte sie mir drei Bücher mit, welche sich mit Evolutionstheorien und dem Darwin'schen Gesetz befassten. Die Bücher zogen mich in ihren Bann! Noch mehr faszinierte mich aber, dass ich Iris, wenn ich etwas nicht verstand, fragen konnte. Sie wusste einfach alles. Ich kam zur Einsicht, dass die Erfindung der Religionen die größte Lüge an der Menschheit war und Religionen nur dazu dienen, Einzelne zu bereichern und zur Ausübung von Macht erfunden wurden.

Auf Bäume klettern ...

... war eine Lieblingsbeschäftigung von mir. Möglichst bis in den Wipfel rauf natürlich. Gleich neben dem Wohnhaus am Waldrand stand eine mächtige Buche. Ihre langen Äste reichten soweit herunter, dass ich mit einem Sprung den untersten Ast greifen konnte. Als geschickter Seil- und Stangenkletterer war es für mich ein Leichtes an dem Ast heraufzuklettern bis zum Stamm. Von da weg waren die Äste so nah zusammen, dass ich den nächsthöheren greifen, oder ihn mit einem kleinen Sprung erreichen konnte. Ich stieg jeweils hinauf, bis die Äste so dünn waren, dass ein Weiterkommen nicht mehr möglich war. Die Aussicht war gigantisch. Ich sah auf das Hausdach unseres Wohnblocks herunter. Der Wind ließ den großen Baum leicht schwanken, ein wunderbares Gefühl. Als mich einmal mein Vater vom Balkon aus unserer Wohnung beobachtete, war es mit der Kletterei vorbei. Noch schlimmer, meine Eltern buchten einen Termin bei einem Kinderpsychologen, weil sie vermuteten, dass da eventuell mit ihrem Sohn etwas nicht stimmen konnte. Den Sinn des Arztbesuches hatte ich damals noch nicht begriffen. Halbwegs bekam ich mit, dass meine Mutter einige für sie offensichtlich tiefgreifende Erlebnisse meines noch jungen Lebens schilderte. Sie erzählte dem Arzt, dass ich im Kindergarten ab dem Klettergerüst gefallen bin und mir den Arm gebrochen habe. Kurz darauf musste ein Loch im Kopf genäht werden. Und, auf der neu eröffneten Kunsteisbahn auf der Allmend brach ich mir im folgenden Winter wieder den Arm. Das könne doch nicht normal und alles Zufall sein. Der Arzt meinte, dass er viele Kinder und Jugendliche behandle, die eine Phobie haben, aber das Gegenteil davon habe nicht einmal eine medizinische Bezeichnung! Mehr verstand ich von dem Gespräch nicht. Es änderte sich auf jeden Fall nichts – weder für mich noch für meine Eltern. Nach einem Herbststurm, der über das Land fegte und in den Wäldern viele Tannen entwurzelte, erkundigte ich den Schermenwald. Da ist doch tatsächlich eine große Tanne gegen eine andere gefallen. Sie lag, aufgestützt auf den Ästen ihres langjährigen Nachbars, in einem etwa 45° Winkel teilweise entwurzelt ruhig da. Ich kletterte über den Wurzelballen und balancierte sorgfältig den Stamm hinauf. Die ersten 20 Meter waren etwas heikel, da die Tanne in diesem Abschnitt keine Äste hatte. Bei den untersten Ästen angekommen, kletterte ich weiter, bis ich bei dem noch fest verwurzelten Baum angekommen war. Weiter stieg ich nach oben bis zum Baumwipfel, der sich ziemlich stark schwankend hin und her bewegte. Die Bewegungen verursachten seltsame Geräusche, welche durch das Aneinanderreiben der beiden großen Baumstämme entstanden. Einige Tage später, ich war mit meinen Eltern auf dem Weg in den Pflanzplätz, der sich auf der anderen Seite des Waldes befand, blieb ich bei der Stelle stehen, wo die beiden Tannen sich ineinander verkeilt hatten. Gerade wollte ich zu erzählen beginnen, wie ich den Baum erklommen habe. Da fiel mir auf, dass die Tanne über die ich zum Nachbarsbaum balanciert war, am Boden lag. Offensichtlich hatten die Äste dem Druck nicht mehr Stand gehalten. Ich rannte zu dem am Boden liegenden Baum. Der Stamm war nun so knapp über dem Boden, dass ich mich bücken musste, um unten durch zu gehen. Über den Wurzelstock kletterte ich auf den Stamm und balancierte in die Richtung der Baumkrone. Meine Mutter schrie, dass ich sofort herunterkommen soll, das sei gefährlich, meinte sie. Ich wusste, dass ich besser nichts erzählen sollte, weil ich sonst wieder zum Doktor musste. Das war zwar nicht so schlimm, aber in sehr schlechter Erinnerung hatte ich das lange Warten im Vorzimmer. Das muss nicht noch einmal sein, dachte ich und sprang, wie befohlen, vom Stamm auf den Boden. Dummerweise traf ich auf einen Ast, der sich unter einer Laubschicht unsichtbar am Boden verbarg. Das Sprunggelenk meines linken Fußes schmerzte stark. Ich versuchte zwar noch bis zu meinen Eltern zu humpeln, aber schaffte es dann doch nicht. So war ich kurze Zeit später wieder in einem Vorzimmer einer Arztpraxis. In einem Raum mit komischen Maschinen schaute sich der Arzt vor einer Lampe ein Schwarz-Weiß-Bild an und meinte, dass da nichts gebrochen sei. Ich erhielt einen kleinen Gips um mein in der Zwischenzeit dick angeschwollenes und blau verfärbtes Fußgelenk. Verärgert kam ich zum Schluss, dass wenn ich nicht auf meine Eltern gehört hätte, nichts passiert wäre. Einige Wochen später war ich den unangenehmen Ballast wieder los und kurze Zeit später konnte ich meinen Fuß wieder wie früher bewegen.

Baustelle Felsenauviadukt

Nun reifte ich langsam zum Jugendlichen heran, na ja, zumindest zum größeren Jungen! Ich durfte allein zum Angeln an die Aare. Zwar jeweils vorgängig mit einer längeren Predigt, dass ich ja nicht ins Wasser stehen soll, weil das viel zu gefährlich sei!

Der Felsenauviadukt war im Bau, was für ein Eldorado für heranwachsende Jungs! Im Inneren der Brückenpfeiler, welche am ehesten mit einem kahlen Treppenhaus ganz aus Beton, ohne Beleuchtung und ohne Geländer zu vergleichen sind, war es möglich hinauf bis ins Brückeninnere zu gelangen. Im Innern glich die Konstruktion riesigen Hallen, welche sich zur Mitte hin verengten, aber immer noch gut zwei Meter hoch waren. Gegen die Stützpfeiler hin, entfernte sich der Boden der Hallen wieder langsam von der Decke. Genau über den Pfeilern trennte eine gigantische Betonmauer mit etwa ein Meter großen Löchern den Raum, durch die man in die nächste Halle gelangen konnte. Sprechen konnte man nur leise, denn sobald man laut wurde, überschlug sich die Stimme derart, dass der Gesprächspartner kein Wort mehr verstehen konnte. Die Ingenieure hatten geplant, von den Pfeilern aus in beide Richtungen mit Vorschubschalungen die Brücke langsam zu einer Einheit zusammen wachsen zu lassen. Als die dicken Armierungseisen sich bereits überschnitten und verschweißt waren, aber das Konstrukt einem Skelett gleich, auf einer Länge von ungefähr 20 Meter noch ohne Beton war, kam mir die Idee, auf den Eisen in das andere Brückenelement zu klettern. Gefährlich war das nicht. Die Eisen waren ziemlich dicht zusammen, man hatte guten Griff und konnte problemlos auf die andere Seite gelangen. Von den zwei anderen Jungs wollte keiner der Erste sein. So war ich es, der rüber kletterte. Was für ein herrliches Gefühl war das! Fast 100 m über dem Boden unter mir die silbrig glänzende Aare. Die Baubaracken standen auf Stelzen über dem Wasser, einem Pfahlbauerdorf ähnlich. Die Höhe erlaubte die Sicht bis zur Worblaufenbrücke flussabwärts und bis zur Lorrainebrücke flussaufwärts. Der Wind blies in meine Haare und erweckte in mir ein angenehmes Gefühl, welches sich zusammen mit dem Kribbeln im Bauch zu einem Hochgefühl steigerte. Auf der anderen Seite angekommen winkte ich den zwei Jungs zu und trat den Rückweg an. Unsere Fischruten deponierten wir unten neben der Türe, welche den Zugang zum geländerlosen, eintönigen und finsteren Treppenhaus des Pfeilers versperren sollte. Die Türe sollte eigentlich verschlossen sein. Also sie war es auch! Aber der Schlüssel lag auf einer Betonfuge neben der Türe. Das Versteck war so banal, dass die Türe eigentlich offen war. Noch ein paar Würfe Angeln und dann nach Hause – dachten wir! Plötzlich tauchte ein Polizeiauto auf und zwei Uniformierte traten auf uns zu. Meine zwei Kollegen durchquerten die Aare mit ihren Fischerstiefel und rannten vis a vis die Treppe zum Aareggli hoch. Ich blieb stehen, schließlich haben wir ja nichts verbrochen und daher auch nichts zu befürchten. Dem war offensichtlich nicht ganz so, zumindest waren die beiden Herren dieser Meinung. Ich erhielt zwar keine Busse, aber dafür eine Schelte, die ich mein Leben lang nie mehr vergessen werde.

Der Bau des Felsenauviaduktes

Am kommenden Wochenende verzichteten wir auf Klettertouren auf der Baustelle. Das Wetter war hochsommerlich heiß, die Aare hatte sicher auf über 20° erwärmt, was zu dieser Zeit eine Seltenheit war und führte ordentlich Wasser. Wir mussten uns abkühlen, zum Fischen war es eindeutig zu warm! Gleich neben der Baupiste, welche vom Wylerdorf zum Pfahlbauerdorf führte, wurde von den Arbeitern allerlei Unrat gelagert. Wir fanden Styroporstücke, welche wir zu Schwimmhilfen umfunktionierten. Mit den Stücken unter dem Arm marschierten wir Richtung Felsenau Wehr. Die Aare führte so viel Wasser, dass die Schleusen flachgelegt waren. Das Wasser schoss in einem hohen Tempo über das Wehr, um unten in riesigen Wellen seine Fahrt wieder zu verlangsamen. Das wäre was! Von der Wehr hinunterspringen und sich mit der Schwimmhilfe durch die Wellen treiben lassen. Als Erster kletterte ich über das Geländer und stand auf dem riesigen Rohr, welches sich über die ganze Wehrbrücke zog. Meine zwei Kollegen wollten nicht so richtig Freude an der Umsetzung meiner Idee haben und ließen mir den Vortritt. Ohne zu zögern, sprang ich in die dahinschießenden Fluten. Das Gefühl war einmalig und am ehesten mit einer Waschmaschine im Schleudergang zu vergleichen. Etwa 200 Meter unterhalb des Wehrs schwamm ich an Land und rannte erneut auf das Wehr zu, um einen weiteren Sprung zu wagen. «Los Jungs, das macht Spaß!» Mittlerweile hatte sich eine ganze Anzahl Spaziergänger auf der Wehr angesammelt, um uns zu beobachten. Nun sprangen wir alle auf einmal in die Stromschnellen. Viktu klammerte sich das Styroporstück offensichtlich zu wenig stark an den Körper, sodass es ihm beim Eintauchen entrissen wurde! Kurz nach den größten Wellen sah ich Viktu unweit von mir mit den Armen rudern. Ich ließ mein Stück los, schwamm zu ihm, um ihm ans Ufer zu helfen. Bärnu schaffte es alleine ans Ufer, er half Viktu die Böschung hinauf. Erschöpft blieb Viktu minutenlang sitzen. Plötzlich ertönte eine laute strenge Stimme hinter uns: «Ihr schon wieder». Die Gesetzeshüter, wohl alarmiert durch die anwesenden Spaziergänger, standen breitspurig vor uns. «Was fällt euch ein, spinnt ihr eigentlich, seid ihr lebensmüde oder was»? Diese Frage konnten wir eindeutig mit «nein» beantworten. Ich fragte schüchtern was denn da gefährlich sein soll? Wir hatten ja Schwimmhilfen dabei und wenn Viktu der Trottel das Ding nicht losgelassen hätte, wäre es nicht gefährlich geworden und überhaupt, wir haben ihm ja ans Ufer geholfen!

Die Polizisten begleiteten uns zu ihrem Einsatzfahrzeug, ein BMW 2000, der für uns zwar genug Platz bot, aber unsere Angelruten passten selbst zusammengelegt nicht rein. Die Fahrräder konnten wir nicht abschließen und waren nicht gewillt, diese unbeaufsichtigt am Aareufer stehen zu lassen. Diesen Umständen war zu verdanken, dass wir mit unseren Fahrrädern nach Hause durften. Die Absicht der Polizisten war nämlich, uns nach Hause zu fahren und unsere Eltern über das Geschehene zu informieren.

Das Felsenauwehr Engehalde

Mit den Jungs und Mädchen vom Felsenauquartier hatten wir es nicht besonders. Die meisten Jungs angelten auch regelmäßig in unserem Revier und die Mädchen waren bis auf eine oder zwei Ausnahmen ganz klar als doof einzustufen. Wenn da nicht Caroline gewesen wäre! Wenn sie mich jeweils ansah, fühlte ich bei den Backenknochen ein merkwürdiges warmes Gefühl. Auch in der Bauchnabelgegend passierte irgendetwas. Es war anders als bei Iris! Diese Gefühle die Caroline in mir auslöste, konnte ich nicht einstufen, nicht kontrollieren und schon gar nicht verdrängen. Wie es so ist im richtigen Leben, wurden die Felsenauer und wir uns nicht einig, wer die besten Fischplätze nutzen darf. Der Favorit aller Angelplätze war der Auslauf vom Schlachthof. Jeden Tag so um 18 Uhr, außer an den Wochenenden, färbte sich das Wasser der Aare rot, weil die Arbeiter im Schlachthof die Schlachthallen reinigten und mit Wasser abschwemmten. Solche Meinungsverschiedenheiten werden auch bei Erwachsenen meist mit Gewalt gelöst. Der Vietnamkrieg, von welchem wir täglich im Radio hörten, war der Beweis dafür. So kam es, dass wir uns an einem heißen Sommertag bekriegen mussten. Mit ein paar Bretter und Styropor vom Abfallhaufen der Viaduktbaustelle bauten wir je ein Floss, welches knapp vier Kinder tragen konnte. Da wir uns zurzeit in der Schule mit mittelalterlichen Rittern befassten, war klar, dass wir Lanzen brauchten um unser Ritterspiel auf dem Wasser durchzuführen. Die Sieger hätten dann quasi das Vorfischrecht auf dem Aareabschnitt Felsenauwehr bis Worblaufenbrücke. Sieger war, wer bei der Worblaufenbrücke noch mehr Personen auf dem Floss hatte. Als Lanzen dienten Dachlatten, an deren Ende wir zusammengewickelte leere Zementsäcke wickelten, um Verletzungen vorzubeugen. Gegenseitig kontrollierten wir unsere Lanzen, damit nicht etwa noch ein Stück Holz herausragte, welches jemanden Schaden zufügen konnte. Mit von der Partie in unserem Team war auch der kleine Röbi Hofer vom Breitenrainquartier. Noch niemand ahnte, dass er bereits in einer halben Stunde im Mittelpunkt unseres Konflikts stehen würde! Beide Teams schoben ihre improvisierten Schlachtschiffe ins Wasser. Etwa auf der Höhe der Schrebergärten im Aareggli, bekriegten wir uns das erste Mal mit unseren Lanzen. Noch niemand viel ins Wasser. Das Felsenaufloss drehte sich um die eigene Achse. Caroline war in «Stichnähe» zu mir, aber irgendwie blockierte in mir etwas und ich konnte nicht zustechen. Die Kollegen schnauzten mich an: «Was machst du, die hättest du 100%ig ins Wasser befördern können, wehe wir verlieren wegen dir»! Abgemacht war, wenn einer in die Aare fiel, durfte er nicht mehr aufs Floß. Bei der Hammerschmitte in Worblaufen erwischte Bärnu einen Lanzenstich, der ihn rückwärts gegen den kleinen Röbi taumeln ließ. Röbi fiel so unglücklich auf den Rücken, dass er unmittelbar danach im Wasser landete. Sekundenlang war er nicht mehr zu sehen. Die Kinder beider Teams guckten intensiv ins Wasser. Plötzlich schrie Caroline von den Felsenauer «da ist er». Ohne zu überlegen sprang ich ins Wasser und beschloss, nachdem ich Röbi am rechten Arm gepackt hatte, statt das Floss anzusteuern beim Bootshaus in Worblaufen mit ihm ans Ufer zu schwimmen. Ich kannte jede Stelle in diesem Flussabschnitt und wusste, dass die Strömung dort eher schwach war und man problemlos ans Ufer gelangen konnte. Die nahende Worblaufenbrücke mit ihren starken Stromschnellen, zwang alle Kinder dazu ihr Floß zu verlassen und es mir gleich zu tun. Röbi war zwar bei Bewusstsein, aber irgendwie wirkte er apathisch. Viktu sagte ihm unmissverständlich, dass er zu Hause ja nichts verraten soll, da es sonst eine Tracht Prügel absetzen werde. Viktus Warnung wirkte auf Röbi wie ein Weckmittel! Er fing an zu weinen! Ich sagte ihm, dass er sofort aufhören soll mit dem Gejammer, da wir ihn sonst wieder zurück in die Aare werfen würden. Das Gejammer ging in ein monotones Kopfnicken über und alles war wieder in Ordnung. Wir sahen noch, wie unsere Flosse in den Stromschnellen der Worblaufenbrücke auseinandergerissen wurden. Alle außer Röbi lachten sich bei diesem Anblick krumm.

Sackgeld verdienen

Der Herbst zog ins Land, die Äschensaison stand kurz bevor. Die Äsche ist ein nach Thymian riechender Fisch, der damals als Delikatesse galt und sehr zahlreich in der Aare vorkam. Während der Äschensaison war das Restaurant Schloss Reichenbach täglich von Feinschmecker ausgebucht. Äschenfilets waren damals sehr beliebt! Entsprechend hoch waren die Preise für das Rohmaterial! Wir spezialisierten uns auf den Äschenfang. Leider durften nur acht Stück pro Tag gefangen werden. Wir interpretierten das ein wenig anders: Acht am Morgen vor der Schule, acht über den Mittag und acht am Abend nach der Schule. Mit der Beute radelten wir jeweils vom Löchligut nach Reichenbach. Der unfreundliche Wirt versuchte uns jedes Mal zu betrügen. Immer drehte er sich mit dem Rücken zu uns beim Wägen der Beute. So kam es, dass wir uns eine kleine Zugwaage leisteten und die Fische vorher wägten. Nun versuchte er uns beim Ausrechnen des Betrages zu linken. Auch das klappte nicht. Wir waren alle drei ausgezeichnete Kopfrechner und wussten schon lange bevor er sein Gekritzel mit Zahlen konsultierte, was er uns schuldete. Irgendwie war es eine Hassliebe zwischen ihm und uns. Wir waren seine zuverlässigsten Lieferanten und er war eine zuverlässige Quelle für unser Taschengeld. Aber die Antipathie stieg mit jeder Lieferung. Die Fische mussten lebendig geliefert werden. Gleich hinter der Gartenterrasse, am Fuß der Felsen, welche irgendeinmal vor langer langer Zeit von der Aare geformt wurden, erstreckte sich ein Weiher. Dieser

Teich war mit Netzen in drei Abteile eingeteilt worden. In einem schwammen Forellen, im anderen Hechte und Egli und der dritte Teil war reserviert für unsere Äschen. Eines Tages regnete es intensiv, die Aare führte braunes Wasser und ans Angeln war nicht zu denken. Es nachtete bereits früh ein, so gegen 18 Uhr war es dunkel. Wir beschlossen die heutige Fischlieferung mit Fischen vom Weiher vom Schloss Reichenbach aufzupeppen! Schließlich schwimmen im Teich Fische, welche wir die meisten selbst gefangen hatten. Mit Netzen und Fischerstiefeln ausgerüstet, fingen wir in kurzer Zeit eine stattliche Anzahl «unserer» Äschen. Wir steckten unsere Angelruten zusammen, damit alles echt aussah und verkauften dem Beizer seine bzw. unsere Fische ein zweites Mal. Weil wir die Einzigen waren, welche in der Lage waren Fische zu liefern, war natürlich der Preis höher als sonst! So kam es, dass die Fische innerhalb einer Woche drei Mal den gleichen Besitzer wechselten.

Irgendjemand muss uns verpfiffen haben! In der darauffolgenden Woche wurden wir vom Fischereiaufseher angehalten. Er konnte uns beweisen, dass wir die Fangquoten mehrmals massiv überschritten hatten. Auf eine Anzeige wurde verzichtet, aber wir mussten Arbeitsstunden in der kantonalen Fischzucht Eichholz leisten. Das waren übrigens sehr lehrreiche und spannende Einsätze. Ich weiß nicht, wie es die anderen Jungs hatten, aber ich habe mich jeweils gefreut an einem schulfreien Nachmittag mit dem Töffli ins Eichholz zu fahren, um in der Fischzucht zu arbeiten. Herr Neuhaus, der damalige Oberaufseher und Fischwirt, erklärte mir, wie die Fische gezüchtet und aufgezogen wurden. Vom Streifen, dem Herauspressen der Eier, bis hin zum Aussetzen ins Gewässer wurde mir jeder Schritt genau erklärt. Kaum eine Stunde an der Arbeit, machte Frau Neuhaus zum Zvieri aufmerksam «chum Bueb, äs git Zimis» rief sie jeweils von der Terrasse des sich im Areal befindlichen Wohnhauses. Die Anlage bestand aus dem Wohnhaus der Familie Neuhaus, einem Betriebsgebäude mit Rundbecken und Aufzuchttrögen, einem Schuppen in dem die Zugergläser aufgestellt waren und einem weiteren Schopf in dem der VW Pickup des Fischereiinspektorates und das Futter für die Fische gelagert wurde. Die Außenanlage hatte es mir besonders angetan. Die exakt symmetrisch angeordneten Aufzuchtteiche, der Rasen zwischen den Aufzuchtbecken, welcher locker mit einem Golf-Green konkurrenzieren konnte und die streng geschnittenen Hecken beeindruckten mich tief. Das Mähen des Rasens zwischen den Becken war für einige Wochen mein Job. Herr Neuhaus gefiel meine Arbeit und er lobte mich jedes Mal. Herr Neuhaus hieß ab nun für mich Turi und ich durfte gelegentlich mit zum Laichfischfang. Noch lange nach seiner Pensionierung hatte ich Kontakt mit Turi. Er freute sich immer, wenn er mich sah und seine Worte waren immer dieselben: «Weisch no, du bisch ä Cheib gsi! Aber so guet wie du, het no nie Eine gschaffet»

Der Aare entlang befand sich vom Eichholz bis ans Ende der Fischzucht die Gehege der Fasanerie. Neben Fischen wurden hier auch Fasane großgezogen. Turi erklärte mir, dass die Fasane für die Jäger gezüchtet wurden. Wir setzen sie aus und die Jäger können sie erschießen. Etwas konsterniert nahm ich die Information zur Kenntnis und versuchte zu verarbeiten, was ich soeben erfahren hatte. Die stolzen Vögel waren gar nicht in der Lage, sich in der Freiheit zurechtzufinden! Sie wurden nur zum Zweck gezüchtet, die Jagdlust der Jäger zu befriedigen. Nächtelang studierte ich darüber nach wie sinnlos diese Art der Züchterei war. Einige Jahre später, nachdem ein einflussreicher Politiker wahrscheinlich auch eine schlaflose Nacht hinter sich hatte, wurde die Fasanerie geschlossen. Die Gehege dienten dem Tierpark Dählhölzi noch einige Jahre als Quarantänestation für frisch importierte Tiere, danach lagen die Bauten und Gehege viele Jahre brach. Die Fischzucht wurde einige Jahre danach ebenfalls geschlossen. Über Sinn und Unsinn, respektive die Daseinsberechtigung der Fischzucht war ich erst einige Jahre danach fähig zu urteilen. Dazu später im Buch.

Eine Gruppe alternativer Anarchisten nistete sich im leerstehenden Wohnhaus von Neuhaus' ein. An einem kühlen Herbstmorgen, vermutlich hatten die Punks kalt und wollten ein Feuer entfachen, brannte das Haus nieder.

Es blieben nur noch die drei Gebäude übrig, welche nun auch für viele Jahre leer standen.

Der Wochenplatz in der Gärtnerei

Da sich mit der Fischerei meine Ausgaben nicht mehr vollumfänglich decken ließen, waren Alternativen gefragt. Ein Job, jeweils am Mittwoch- und Freitagnachmittag in der Gärtnerei bei uns im Quartier, brachte etwas Abhilfe. Erhielt ich doch pro Nachmittag einen Fünfliber. Zwar weniger als die Fischerei einbrachte, dafür aber regelmäßig. Der Treibstoff für mein handgeschaltetes Moped war nicht billig! Wir fuhren mit den Mopeds durch den ganzen Kanton, angelten in der Emme, der Ilfis, der Saane und manchmal führte uns die Gier nach Forellen bis in den Jura.

Entlang der Straße schützte eine große Hecke das Areal der Gärtnerei vor neugierigen Blicken. Diese Hecke galt es zu schneiden. Ein Mitarbeiter erklärte mir kurz, wie das gemacht werden sollte, und ich versuchte das Gelernte umzusetzen. Immer darauf bedacht, dass keine Dellen und Hügel entstanden, schnitt ich die Hecke. Regelmäßig kontrollierte ich, ob mein Schnitt exakt war. Schließlich liebe ich exakte Formen seit jeher. Die Hecke war viel größer als ich und die Oberseite konnte ich von der Straße aus nicht erreichen. Ich holte mir zwei Bockleitern, legte ein Brett auf je die oberste Stufe und schon hatte ich eine bequeme Arbeitsbühne. Eine kleine Lücke in der Hecke diente mir als Abkürzung, um auf das Areal des Betriebes zu gelangen. Ich stieg hindurch und irgendetwas riss meinen linken Fuß zurück. Ich fiel der Länge nach hin, rappelte mich auf und sah, dass an meinem Schienbein eine etwa 20 Zentimeter lange und bis auf die Knochen tiefe Fleischwunde klaffte. Ein altes Stück Stacheldraht, welches sicher früher zum Schutz der Gärtnerei verwendet wurde, hängte so unglücklich an meinem Bein an, dass sich ein Drahtstachel in das Fleisch bohrte. Durch meine Vorwärtsbewegung riss der Draht meine Haut auf. Von den Mitarbeitern war niemand zu sehen, also setzte ich mich auf mein Fahrrad. Für die paar hundert Meter von Zuhause in die Gärtnerei, benutze ich meist das Fahrrad und pedalte zur Hausarztpraxis in Ittigen. Vorher band ich mir einen Plastiksack um den Unterschenkel, damit das Blut nicht unliebsame Spuren hinterließ. Die Abläufe in Arztpraxen waren mir geläufig. Ich erklärte der Dame am Empfang was passiert war und sie meinte sie wolle sich den Kratzer ansehen. Sie löste den Plastiksack und ein Schwall Blut ergoss sich über den Fußboden im Wartesaal. «Jesses Gott, das ist wohl etwas für den Notfall» meinte sie. Und wo ist der Notfall, wollte ich wissen? Meine Mutter soll mich ins Inselspital bringen, in die Kinder-Notaufnahme. Das geht nicht, konterte ich. Meine Mutter ist zu Hause bei meiner kleinen Schwester, der Vater auf der Arbeit und wir haben kein Auto. Sie nahm Rücksprache mit dem Arzt, einige Wortfetzen bekam ich mit. Der Arzt entschloss sich die Wunde selbst zu nähen. So schnell habe ich noch nie einen Wartesaal verlassen können! Eine Angestellte der Praxis, ausgerüstet mit einem Reinigungswagen versuchte die Blutpfütze aufzunehmen. Mit jedem Wisch mit der Fegbürste und dem darüber gelegten Feglumpen wurde die Schmiererei größer. Ich musste mich auf ein Behandlungsbett setzen und der Arzt erklärte mir, dass er mich nicht narkotisieren könne. Er spritze mir aber ein Mittel in das Bein, das mich schmerzunempfindlich machen sollte. Alle zwei Zentimeter stach er vorsichtig neben der Wunde in die Haut. Innert kurzer Zeit fühlte sich mein Bein wie ein großer Klumpen an. Immer noch sitzend, beobachtete ich nun interessiert die Arbeitsschritte des Arztes. So alle 10 Millimeter stach er von außen gegen die Wunde mit einer kleinen stark gebogenen Nadel, an deren Ende ein Faden befestigt war, durch das Fleisch. Das Umgekehrte geschah auf der Gegenseite. Als beide Enden herausschauten, flocht er geschickt mit einer Art Zange einen Knoten und zog diesen langsam zusammen. Er wiederholte den Vorgang bis ans Ende der Wunde, die sich auf Grund der Arbeitsschritte langsam schloss. Schmerzen hatte ich keine verspürt. «So, das hätten wir» sagte der Arzt zu mir und klopfte mir auf die Schultern. Eine Schachtel Pillen, welche ich eine täglich zwei Mal schlucken musste, diente offensichtlich dazu, dass sich die Wunde nicht entzündet. Eine weitere Schachtel mit Pillen gegen die Schmerzen kam dazu. Ich versuchte zu gehen, aber das wollte noch nicht so richtig funktionieren, da das Gefühl am Fuß weiterhin fehlte. Ich musste mich noch etwa zehn Minuten hinsetzen. Langsam spürte ich einen pochenden Schmerz im Bein. Der Beweis, dass das Gefühl wieder zurückkommt. Ich versuchte aufzustehen und hinkte zum im Gang angebrachten Spülbecken, um eine erste Schmerztablette einzunehmen. Kurze Zeit später stieg ich aufs Fahrrad und setzte meine angefangene Arbeit an der großen Hecke bei der Gärtnerei fort. Im Laufe des Nachmittags schluckte ich noch zwei weitere Schmerzpillen und war schließlich doch froh, als sich die Zeiger meiner Uhr langsam Richtung 18 Uhr bewegten! Der Gärtnereibesitzer schaute noch kurz vorbei und staunte ob der exakt geschnittenen Hecke. Ich werde dann am Freitag die Hecke fertig schneiden, sagte ich zu ihm. Er schaute auf meinen Fuß und fragte, was der Verband bedeuten soll. «Nur ein Kratzer» antwortete ich und legte dabei die beiden Leitern auf der Innenseite der Hecke auf den Boden. Da ich diese in zwei Tagen wieder brauchte, machte es keinen Sinn sie an ihren gewohnten Standort zu versorgen.

Beim Nachtessen mit meiner Familie meinte ich beiläufig, dass ich in 12 Tagen, also am 25. kurz zum Arzt muss. Es blieb still, die kleine Schwester verweigerte den Rhabarberkuchen und Mama war damit beschäftigt etwas aus dem Kühlschrank zu suchen, das der Kleinen besser zusagt. Ich habe mir schon den ganzen Nachmittag Gedanken darüber gemacht, wie ich meinen Lapsus den Eltern erklären kann, ohne dass diese aus allen Wolken fallen. Beim nach Hause kommen bin ich rasch in mein Zimmer gehuscht und habe mir lange Hosen angezogen, um den Eltern den Anblick meines Verbandes, der in der Zwischenzeit überall rote Flecken aufwies, weil die Wunde durchblutete, zu ersparen. Haben die wieder so eine Untersuchung in der Schule angeordnet? Fragte mein Vater. Ich erklärte vorsichtig, dass es sich nicht um eine Routineuntersuchung handelte, sondern es darum ginge die Fäden zu entfernen. Es wurde totenstill, ich aß weiter und stopfte den leckeren Rhabarberkuchen in mich hinein und tat so, als ob ich die neugierigen und fragenden Blicke meiner Eltern nicht bemerken würde. «Was für Fäden?» fragte mein Vater. «Na die an meinem Schienbein» antwortete ich und futterte weiter den Kuchen. Kurz hob ich das Bein und zeigte auf den mittlerweile rundum rot eingefärbten Verband. Ein Schreckensschrei entfuhr meiner Mutter. Ich erklärte ihr, dass mir der Arzt genügend Verbandsmaterial mitgegeben hat, um das Bein neu zu verbinden, das könne aber warten bis nach dem Nachtessen. Ich war der Einzige, der noch aß, außer meiner Schwester, die nun genüsslich an einer Karotte kaute. Nach dem Essen versuchte meine Mutter mir den Verband neu anzulegen. Ich sagte ihr, dass mein Bein nicht aus Glas sei und sie schon richtig zupacken könne. Vorsichtig entfernte sie den alten durchtränkten Verband und legte die Wunde frei. Sie wurde immer bleicher und starrte auf die lange genähte Wunde. Ich erklärte ihr, wie der Arzt die Wunde genäht und verbunden hatte und sie versuchte es gleich zu tun. Der Unterschenkel war wieder verbunden und fing wieder an schmerzhaft zu pochen. Sofort schluckte ich eine Pille und kurze Zeit später verflogen die Schmerzen. Das ging am nächsten Tag in etwa so weiter und am dritten Tag war es nicht mehr nötig die Schmerzmittel zu nehmen. Die noch fast volle Schachtel Schmerzpillen legte ich in mein Nachttischli. Man weiß ja nie was in Zukunft alles passiert, dachte ich mir. Am Freitag schnitt ich die Hecke fertig und entfernte das Stück Stacheldraht, welches mir zum Verhängnis geworden ist. Ich erhielt einen «Extrabatzen», weil die Hecke so exakt geschnitten war wie nie zuvor.

Berufslehre, Militär und Kanada

Irgendeinmal in der neunten Klasse entschied ich mich Landschaftsgärtner zu werden. Im Pflanzplätz meiner Eltern, weitab von einem Gewässer, verbrachten wir viele schöne Stunden. Die einzigen größeren Wasseransammlungen waren die runden Betonbrunnen, die sich immer vier Parzellen teilen mussten. Einmal suchten mich meine Eltern, als ich gerade dabei war nach leeren Schneckenhäusern auf dem Grund des einen Brunnen zu tauchen. Sofort musste ich den Brunnen verlassen und fortan gab es nichts mehr, wo ich meine Leidenschaft ausleben konnte. Der Pflanzplätz meiner Eltern war wunderbar! Alles war exakt angeordnet. Die Saatlinien mit der Schnur gezogen, die Setzlinge in genau gleichem Abstand zueinander ausgerichtet im Beet. Selbst die Karotten waren so genau angesät, dass man meinte die Saat wurde mit einem Maßstab gestreut. Nirgends war ein Unkraut zu sehen – faszinierend!

Meine Eltern machten mich darauf aufmerksam, dass es sehr schwierig sei eine Lehrstelle zu erhalten, im Jahr 1975 zog eine Wirtschaftskrise übers Land. Ich bewarb mich bei zwei Betrieben und fand, dass das eigentlich reichen müsste. Als Referenz gab ich jeweils den in der Zwischenzeit pensionierten Turi Neuhaus an. Nach den je zweiwöchigen Schnupperlehren hatte ich von beiden Betrieben eine Zusage – Turi sein Dank! Ich entschied mich für den kleineren Betrieb. Ich kniete mich während der drei Jahren kräftig rein und wurde mit dem besten Lehrabschluss des Kantons belohnt. Eine Einladung ins

Rathaus, zusammen mit den «Besten Lehrlingen» anderer Berufsgattungen, war die Krönung meiner Lehrzeit. Bis zum Eintritt in den Militärdienst arbeitete ich immer noch im selben Betrieb und lernte dabei den Kunden Hochstrasser kennen. Er wohnte in einer riesigen Villa in Muri, da wo die meisten Reichen wohnen! In seinem Keller befanden sich unzählige Fernsehapparate mit schwarzem Hintergrund und orangen oder grünen Schriftzügen, Zahlen und Buchstaben die sich, wie von Geisterhand getrieben, über den Bildschirm bewegten. Daneben standen graue Plastikkisten, die ein surrendes Geräusch von sich gaben. Zufällig sah ich einmal beim Pflegen des Gartens in die Räume und wurde von Herr Hochstrasser dabei ertappt. Er fragte mich, ob mich die Geräte interessieren? Natürlich, mich interessierte alles, was mir unbekannt war. Ich erfuhr, dass es sich um Computer handelte und diese zur elektronischen Datenverarbeitung benutzt wurden – was das auch immer sein mochte! Später, anlässlich eines weiteren Einsatzes in seinem Garten, erklärte mir Hochstrasser detailliert, wie die elektronische Datenverarbeitung funktionierte. Sein Beruf bestand darin, solche Geräte zu bauen, zu konfigurieren und zu verkaufen. Seinem Anwesen nach musste das Geschäft rentabel sein! Aber sicher auch zeitaufwendig, denn eine Frau oder gar Kinder habe ich auf seinem Grundstück nie gesehen.

Wir waren mit Holzerarbeiten am Aarehang in Muri beschäftigt, gleich gegenüber der Fischzucht Eichholz. Ein Kunde hatte verlangt, Bäume zurückzuschneiden, weil sie die Aussicht einschränkten. Wir kletterten mit Steigeisen auf die Bäume und kürzten diese etwa um ein Drittel. Mit der Kettensäge ein leichtes, man musste nur aufpassen, dass man sich auf der richtigen Seite des Baumes installierte, um den Schnitt anzubringen. Es wäre fatal, wenn der Giebel des Baumes auf die Seite abkippen würde, wo man sich am Stamm befestigt hatte. Bei einer großen Esche setzte ich die Kettensäge an. Schnell fraß sich das Schwert in den Stamm. Plötzlich, nach etwa zehn Zentimeter gab es einen heftigen Ruck. Die Säge schnellte zurück und traf meinen Oberarm und mein Handgelenk. Wie sich später herausstellte, war der Auslöser für den «Rückschlag» ein im Holz eingewachsener Stein. Die Kette der Motorsäge verhedderte sich in dem Wollgarn meiner Jacke. Ich konnte die Maschine nicht von meinem Körper trennen. Mit der linken Hand klaubte ich das Sackmesser aus dem Hosensack und begann das Schwert der Säge von meiner Jacke loszuschneiden. Plötzlich tropfte Blut aus dem Wollgewebe im Ellbogen. Da habe ich wohl doch etwas abgekriegt, ging es mir durch den Kopf. Endlich konnte ich die Maschine mit der linken Hand lösen und sie am Seil auf den Boden gleiten lassen. Ich versuchte den Sicherheitsgurt mit der rechten Hand etwas zu lösen, um abzusteigen, aber die Finger ließen sich nicht bewegen. Trotzdem schaffte ich den Abstieg, befreite mich von dem Gurtzeug und zog die zerfetzte Jacke aus. Eine tiefe Fleischwunde klaffte auf meinem Oberarm. Etwas oberhalb des Handgelenkes eine ebenfalls tiefe kleinere Wunde. Die Sehnen, welche die Finger zur Beweglichkeit verhalfen, wurden offensichtlich hier durchgetrennt. Ich war erst im Besitze des Lernfahrausweises und durfte ohne Begleitung keinen Personenwagen lenken. Es ließ sich aber gerade kein Begleiter finden, da der Obergärtner auf der Nachbarsliegenschaft mit einem Kunden im Gespräch war. So setzte ich mich in den 2CV Kombi, startete mit der linken Hand den Motor und legte den zweiten Gang der Schubladenschaltung ein. So fuhr ich über das Burgernziel zur Notfallaufnahme des Sonnenhof Spitals. Den 2CV parkte ich auf einem gelb markierten Feld, welches für die Ambulanzen vorgesehen war. Am Boden des Autos hatte sich eine große Blutlache gebildet. Ich trat durch die automatische Schiebetüre ein. Eine Pflegerin analysierte die Situation sofort und eilte mir entgegen – eine Zweite kam dazu. Beidseitig von den Damen begleitet, brachten sie mich in ein Zimmer – dann wurde es dunkel! Als ich wieder aufwachte warf ich einen Blick auf meinen dick eingebundenen Arm. Als erstes versuchte ich die aus dem Verband ragenden Fingerspitzen zu bewegen und es funktionierte, zwar nur ein wenig aber die Finger reagierten auf meinen Befehl. Anhand der Autonummer des 2CV konnte das Personal der Notaufnahme die Firma ausfindig machen und informieren. Zwei Tage verbrachte ich im Spital und weitere zwei Wochen erholte ich mich zu Hause. Meine Eltern waren nicht zu beneiden, aber so langsam wurden meine Verletzungen auch für sie zur Routine! Auf Druck meines Lehrmeisters bestand ich die Theorieprüfung, die zum Erwerb des Führerschein Pflicht war, schon vor meinem 18. Geburtstag. Einige Monate nach dem Erreichen des Alters, das zum Führen eines PKW's nötig war, erhielt ich den Führerschein. Drei Tage später, wir waren mit Arbeiten im Spiegelquartier beschäftigt, erhielt ich den Auftrag vom Lehrmeister den VW Pick-Up zum Prüfen ins Prüfzentrum des Straßenverkehrsamtes zu fahren. Der kürzeste Weg führte durch die Matte. Vom Marzili herkommend fuhr ich mit dem Pick Up die Aarstraße entlang. Ich schaute auf die Uhr, es blieben mir rund 40 Minuten bis zum Prüfungstermin, das reichte längst, stellte ich zufrieden fest. Plötzlich, genau unterhalb der Kirchenfeldbrücke realisierte ich ein schwarzes Etwas, das vor dem Auto auf dem Boden aufschlug. Instinktiv trat ich aufs Bremspedal. Die Distanz reichte nicht, um rechtzeitig abzubremsen, der VW rumpelte kurz zwei Mal hintereinander, bevor er etwa zehn Meter weiter zum Stillstand kam. Im Rückspiegel sah ich, dass ein Mensch am Boden lag. Mit zittrigen Knien und einem unglaublich hohen Puls stieg ich aus und schaute zu der leblosen Person, die genau zwischen den zwei schwarzen Bremsspuren des Fahrzeugs lag. Blut floss aus dem Kleiderknäuel in den Straßengraben. Oben auf der Brücke versammelte sich eine Anzahl Menschen, welche in die Tiefe starrten. Gleich darauf war das Sirenengeheul der Rettungsdienste zu hören und nur kurze Zeit später traf die Polizei ein. Ohne zu fragen, wie es mir geht, trat ein Polizist zu mir und meinte, dass ich Glück gehabt hätte, wäre die suizide Person auf das Dach des Autos gefallen, wäre es mit mir wohl auch vorbei gewesen. Es haben nur Bruchteile einer Sekunde gefehlt und es wäre passiert. Trotz dem Beruhigungsversuch des Beamten, ging es mir noch nicht wirklich besser, aber das kümmerte niemand. Auf Geheiß des anderen Polizisten musste ich ins Straßenverkehrsamt fahren, damit man dort den Unterboden des Fahrzeugs kontrollieren und von allfälligen Kleider- und sonstigen Spuren befreien konnte. Knapp brachte ich die Worte über die Lippen: «Da wollte ich sowieso hin». Der Boden wurde in der Werkstatt der Polizei am Schermenweg gereinigt. Danach fuhr ich zur Prüfstraße 3, klammte den Fahrzeugausweis hervor und händigte ihm dem Experten mit immer noch zittrigen Fingern aus. Er schaute auf die Uhr und schüttelte den Kopf. Du bist eine Stunde zu spät, meinte er mürrisch. Langsam fand ich die Worte wieder und erklärte die Situation. Der jüngere der beiden Polizisten gesellte sich zu uns und unterstrich die Richtigkeit meiner Angaben. Sei froh, meinte er zum Experten, haben wir die Karre zuerst gereinigt, sonst wären dir womöglich noch Teile vom Skalp der Frau auf den Kopf gefallen. Dem Experten war es nicht zum Lachen und mir eher zum Kotzen. Doch der Polizist lachte laut heraus und verabschiedete sich. Das Fahrzeug war innert weniger Minuten geprüft und ich fuhr in den Spiegel zur Baustelle, um das Werkzeug zusammen zu räumen. Bewusst wählte ich einen anderen Weg, um dorthin zu gelangen. Noch heute, wenn ich entlang der Aare fahre, schaue ich kurz nach oben, ob sich etwas Außergewöhnliches auf der Brücke ereignet. Im Betrieb erzählte ich nichts von dem ereignisreichen Nachmittag und zu Hause erst recht nicht. Ich mochte in den folgenden Tagen nicht darüber sprechen, zu groß war der Schock. Wie verzweifelt muss ein Mensch sein, um auf das Brückengeländer zu steigen und hinunter zu springen, fragte ich mich immer wieder. Wie war das Gefühl wohl unmittelbar vor dem Absprung und unmittelbar danach? Die Windgeräusche mussten immer lauter werden bis zum Aufschlag. Hat die Person den kurzen Flug überhaupt realisiert? Alles Gedanken, die mir für einige Nächte den Schlaf raubten.

Das Aufgebot für den Militärdienst flatterte ins Haus und die nächsten 12 Monate verbrachte ich mehr oder weniger an der Reuss in Bremgarten AG. Ich wurde zum Sappeur-Unteroffizier ausgebildet. Ich sagte mir, wenn schon Militär, dann wenigstens am Wasser. Der Kompaniekommandant war der Inhaber einer renommierten Gartenbaufirma in Bern. Eines Tages wurde ich in sein Büro beordert und erhielt ein Stellenangebot. Ich rechnete mit einer Standpauke, da ich tags zuvor zusammen mit zwei anderen Rekruten zu spät und erst noch betrunken vom Ausgang eingerückt war. Der Kommandant war auch Prüfungsexperte bei den Gartenbau-Lehrabgängern, daher kannte er wohl meinen Namen. Zwei Jahre arbeitete ich in dieser Firma, ging oft angeln und machte auf Geheiß meiner Eltern die Ausbildung zum Rettungsschwimmer und lernte meine zukünftige Frau kennen. Sinnigerweise an der Hochzeit eines Freundes!

Am ersten Kurstag meinte der Kursleiter, dass er uns nun zum Rettungsschwimmer ausbilden werde. Statistisch gesehen kommt pro 600 ausgebildeter Rettungsschwimmer einer zu einem Ernsteinsatz und kann ein Leben retten. Das heißt, das schweizweit jährlich 7 Menschen vor dem Tod durch Ertrinken von ausgebildeten Rettungsschwimmern bewahrt wurden. Die Chance sei deshalb klein, dass wir das Gelernte einmal in die Tat umsetzen können, aber sie bestehe! Eine Statistik wie viele Rettungsschwimmer bereits vor ihrer Ausbildung ein- oder mehrere Ernstfälle hatten, schien es nicht zu geben!

Im Frühjahr 1982 zog es mich nach Kanada! Viel hatte ich gehört von diesem Land, dort solle es Flüsse geben, viel größer als die Aare, unzählige Seen und endlose Wälder. Ich arbeitete dort in einer Firma, welche Sportplätze baute, und war verantwortlich für die Abläufe und Logistik auf der Baustelle. Gar nicht so einfach, die Angestellten wurden täglich neu verpflichtet und am Abend ausbezahlt. Selten waren am nächsten Tag dieselben Arbeiter im Einsatz wie am Vortag. Am zuverlässigsten waren die Italiener, das waren auch die besten Maschinisten. Da aber genau in dieser Zeit Paolo Rossi an der Weltmeisterschaft in Madrid, Italien in den Fußballhimmel schoss, war es mit der Zuverlässigkeit dieser Volksgruppe auch schon wieder vorbei. Ich musste feststellen, dass Montreal eine viel größere Stadt war als Bern und der Sankt-Lorenz-Strom viel größer war als die Aare und aufgrund seiner Verschmutzung zum Schwimmen ungeeignet war. Der Richelieu River, welcher im Lake Chamblaine seinen Ursprung hatte und bei der Stadt Sorel in den Sankt Lorenz mündet, war viel sauberer, aber auch dieser Strom war im Vergleich zur Aare enorm groß. An einem freien Sommertag machte ich mich auf den Weg zu einem, meiner Ansicht nach, lauschigen Plätzchen. Wie in der Schweiz breitete ich das Badetuch aus und sprang in den gemächlich dahinfließenden Fluss. Das Gefühl war wunderbar! Die Strömung war deutlich schwächer als in der Aare, aber mit der Temperatur konnte das Gewässer locker mithalten. Ich fragte mich, warum den von den vielen Millionen Einwohnern in Montreal keiner an den Fluss geht zum Schwimmen?

Die Gesetzeshüter, welche mit Blaulicht und gezogener Waffe mein lauschiges Plätzchen heimsuchten, klärten mich dann auf, dass das Schwimmen in Flüssen streng verboten sei. Warum dies so ist, erklärten sie mir hingegen nicht. Nach kurzer Diskussion und dem Bezahlen einer Buße von 50 kanadischen Dollars steckten die beiden Sheriffs ihre Waffen weg. Nur zur Anmerkung: Außer meiner Badehose war ich völlig unbewaffnet! Ohne sich zu verabschieden, fuhren sie etwa 100 m weit und blieben stehen um zu sehen, ob ich wirklich meine sieben Sachen packe.

Mein Mädchen in der Schweiz fehlte mir, auch meine Familie! Wir schrieben uns gelegentlich Briefe und jeden Monat einmal telefonierten wir miteinander, was wegen der Zeitverschiebung und dem komplizierten Vorgehen gar nicht so einfach war. Man musste eine Zentrale anrufen, das gewünschte Zielland und die Nummer angeben und wurde dann meistens nach längerer Wartezeit verbunden. Nach etwa vier Monaten war die Baustelle abgeschlossen und mein Arbeits- und Aufenthaltsvisum endete, weil ich keine Anstellung mehr hatte. Einige Tage vor dem Ablauf meines Visums lernte ich in St. Hyacinth, anlässlich des wöchentlich stattfindenden großen Agrarmarktes, eine Familie aus Wynigen im Emmental kennen. Sie waren vor einigen Jahren nach Quebec ausgewandert und betrieben eine große Milchfarm. Der Vater hinkte leicht und war offensichtlich verletzt. Sie klagten, dass sie ihre Arbeit kaum erledigen können, weil Peter einen Unfall hatte. Ich wäre doch einer, der kurzfristig helfen könnte? Da ich nur noch für drei Tage einen Job hatte und danach das Land verlassen müsste, willigte ich ein. Der Betrieb mit 150 Milchkühen war für meine Begriffe überdimensional groß! Gearbeitet wurde in der Regel 7 Tage die Woche von 05:00h bis 22:00h, außer am Mittwoch, da fuhr man am Abend nach St Hyacinth auf den Markt. Ab Mitte August konnte Peter wieder richtig zupacken und ich nahm mir jeweils einen oder zwei Tage pro Woche frei. Es war der der 31. August, ein heißer Sommertag. Ich stieg in Montreal in den Zug und fuhr Richtung New York. In Long Island gesellten sich tausende Menschen am Strand, spielten und rekelten sich an der Sonne. Das Meer war angenehm warm und lud zum Baden ein. Der Haifischzaun, der sich etwa 30 Meter vom Strand entfernt über die ganze Länge des Strandes hinweg zog, störte mich kaum. Ich übernachtete in einer billigen Kneippe, um am Morgen wieder an den Strand zu gehen. Doch am nächsten Morgen war alles anders. Die Temperaturen waren unverändert warm, das Meer kräuselte sich leicht, der Himmel war wolkenlos, aber ich war allein! Kein Mensch weit und breit. Ich dachte, da muss etwas passiert sein! Ist der ewige Streit zwischen Amerika und Russland eskaliert? Sind die Kubaner am Durchdrehen oder steht womöglich ein Krieg bevor oder ist schon Einer ausgebrochen? In einer Entfernung von einigen hundert Metern erspähte ich einen Menschen. Ich machte mich auf den Weg zu ihm. Ein dunkelhäutiger Mann, mit Wollpullover und Wollmütze stand mir gegenüber und musterte mich wie ein Wesen von einem anderen Stern. Ich trug nur Badehosen! Ich fragte ihn, was denn hier los ist oder eben nicht mehr los ist. Er schnauzte mich an und meinte in amerikanischem Englisch: «Go home man, it's end of saison!» Also, nicht das Wetter, sondern das Datum bestimmt hier das Saisonende! So machte ich mich auf die siebenstündige Heimreise.

Nach den ersten Winterstürmen flog ich wieder in die Schweiz zurück. Kaum in Bern angekommen, klingelte das Telefon. Mein ehemaliger Arbeitgeber bot mir einen Job an. Ich arbeitete auf Baustellen und als der Winter Einzug hielt, waren wir mit Holzarbeiten in Grindelwald und Gstaad beschäftigt. Im Dezember stieß meine Mutter auf ein Inserat in der regionalen Zeitung «Badaufseher/Handwerker gesucht». Sie legte mir das Stelleninserat auf mein Nachttischchen.

Sanitätspolizei und Badebetriebe Bern

So kam es, dass ich am 2. Januar 1983, bei der Sanitätspolizei und Badebetrieben eine Stelle im Hallenbad Weyermannshaus antrat. Badmeister Wernu, der vom Lorrainebad, erklärte mir das Wesentliche, danach solle ich in die Halle gehen zum Aufsichtmachen. So nach 10 Minuten «Aufsicht» fragte ich einmal nach, ob es noch etwas zu tun gebe, da das Herumstehen ziemlich langweilig war. Alle lachten mich aus. Ich hielt es rund zwei Wochen aus, den ganzen Tag kaum etwas «zu machen», eine gefühlte Ewigkeit! Dann rief ich meinen Chef an und erklärte ihm, dass ich den falschen Job gewählt habe. Bereits am nächsten Tag kreuzte er bei mir auf und bot mir an, fortan auf der Kunsteisbahn neben dem Hallenbad zu arbeiten. Diese Arbeit befriedigte mich deutlich mehr! Jeweils im Sommer jobbte ich als Badaufseher im Marzili und war nebenbei mit allerlei Bauarbeiten beschäftigt.

Die erste Rettung

Damals war es üblich, dass die Aare ebenfalls überwacht wurde. Ein Badaufseher saß auf einem Holzsteg und ein weiterer im Motorboot der Sanitätspolizei, welches von einem Sanitätspolizisten gesteuert wurde. Der Dienst mit Mäxu war immer sehr kurzweilig, obwohl man in 3-Stunden-Schichten im Motorboot eingeteilt wurde. Kaum hatte ich meinen Dienst angetreten, rief uns eine Gruppe Jugendlicher zu, dass da einer ein Problem habe. Sofort haben wir die Situation analysiert! Mäxu startete den Motor und fuhr in einem engen Halbkreis zum Schwimmer, der nicht mehr so richtig schwimmen wollte. Im Berndeutschen betitelt man diesen Schwimmzustand als «Zäpfle». Mit einem Sprung hechtete ich aus dem fahrenden Boot in die Aare, um gleitend zum Ertrinkenden zu gelangen. Ich versuchte, ihn irgendwie zu packen. Das war nicht wie bei Röbi, der bewegte sich gar nicht mehr und auch nicht wie bei Viktu, welcher mir damals seine Hand bereitwillig entgegenstreckte und erst recht nicht wie im Hallenbad Mubeeri, wo sich die fiktiven Rettlinge äußerst passiv verhielten. Der Typ da griff mir ins Gesicht! Der Daumen seiner rechten Hand steckte er in meinen Mund und seine Finger krallten sich an meiner Wange fest. Die einzige Möglichkeit mich aus dieser Lage zu befreien, sah ich im Abtauchen. Sobald ich einige Sekunden unter der Wasseroberfläche war und ihn zwangsläufig mit hinunterzog, ließ er augenblicklich los. Nun packte ich beherzter zu und schwamm mit ihm Richtung Ufer. Viele Gaffer und einige Hilfsbereite halfen uns bei der großen Treppe aus dem Wasser. Somit zählte ich mich nun zu denen, die nach der Ausbildung eine Person vor dem Ertrinken retteten und war wohl mitverantwortlich, dass die Statistik angepasst werden musste.

Die erste Bergung

Das Lorrainebad wurde vom Personal des Marzilibades betrieben. Dienstbeginn war jeweils im Marzili, danach fasste man das Fahrrad und radelte der Aare entlang Richtung Lorrainebad. Auf Höhe der alten Brauerei Gassner sah ich unmittelbar am Ufer einen großen Kleiderknäuel im Wasser treiben. Ich hielt an und schaute genauer hin. Mir blieb fast der Atem stehen und mein Herz pochte wie wild. Das ist ein lebloser Körper, der Kopf war eindeutig zu sehen auch die Arme und Beine, je nach Strömung, waren deutlich Körperteile zu identifizieren. So schnell ich konnte, fuhr ich ins Lorrainebad, schloss das Badmeisterbüro auf und rief mit dem alten Wandtelefon die Sanitätspolizei an. Der Disponent befahl mir, die Leiche so schnell wie möglich an Land zu ziehen, da sie sonst über das Felsenauwehr treibe und womöglich nicht mehr auffindbar wäre. Ich fragte ihn, wie ich das anstellen solle? «Nimm ein Werkzeug, ein Rechen oder so» meinte der Disponent «und beeil dich» ermahnte er mich erneut. Ich rannte los, schnappte mir in der Werkstatt einen Karst, so ein Ding benutzten wir im Pflanzplätz meiner Eltern, um die Kartoffeln auszugraben und rannte der Aare entlang. Auf der Höhe des Pontoniervereins, etwa 300 Meter vor dem Wehr, entdeckte ich die im Wasser treibende Leiche. Vom Ufer aus war nun der leblose Körper nicht mehr zu erreichen. Ich sprang auf das erste vertäute Schiff und versuchte mit dem Werkzeug den Leichnam irgendwie zu fixieren. Meine Versuche scheiterten alle. Die Leiche hatte so wenig Auftrieb, dass sie selbst bei der kleinsten Berührung untertauchte und sich drehte. Wieder am Land, rannte ich zum letzten Schiff, sprang hinein und positionierte mich so, dass ich der Leiche möglichst nahekam. Die Leiche trieb auf mich zu und ich wuchtete mit aller Kraft den Karst in das Kleiderknäuel. Eine braune Flüssigkeit trat aus, aber ich hatte die Leiche im Griff. Langsam zog ich sie gegen das Ufer, sprang ans Ufer und zog den leblosen Körper soweit aus dem Wasser, dass er sicher am Ufer lag. Die Verwesung war so weit fortgeschritten, dass sich immer wieder kleine Körperteile lösten und davon trieben. Neben dem Grillplatz unter der Pergola des Klubhauses der Pontoniere, riss ich eine Blache von dem Holzstapel und deckte damit die bedauernswerte Person zu. Ein Mann, der mit seinem Hund spazieren ging, meinte zu mir, dass es heute schon schlimm sei, was die Leute alles in den Fluss werfen. Er hatte zum Glück nur die Blache gesehen. Der dunkelgraue Kastenwagen der Sanitätspolizei traf ein. Sie luden einen schweren metallenen Sarg aus und legten ihn neben der Leiche auf den Aareweg. Sie entfernten den Deckel des Sargs. Sie zogen sich Handschuhe an und versuchten den leblosen Körper in den Sarg zu hieven. Doch die Verwesung war so stark, dass sich die Gliedmaßen vom Körper lösten. «Kannst du uns mal helfen?» fragte mich der Jüngere der beiden. Ich holte die gelbe Blache, mit der ich den Körper abgedeckt hatte und legte sie neben die Leiche. Mit dem Karst und mit Hilfe der Beiden gelang es mir den Körper auf die Blache zu drehen. Nun hievten wir den Körper gemeinsam in den Sarg und zogen die Blache vorsichtig darunter weg. Ich reinigte die Blache in der Aare und fügte sie wieder ihrem ursprünglichen Zweck zu.

Mit Wernu über die Schwellenmatte

Es war Tradition, dass nach der abendlichen Schließung des Marzilibades um 21:00h, sich das Personal einen Aareschwumm leistete. Wernu, kurz vor seiner Pensionierung erzählte, dass sie einmal über die Schwelle beim Schwellenmätteli geschwommen seien. Ich fragte ihn, ob er den bereit wäre, dass Vorhaben nochmals umzusetzen. So stiegen wir auf das Geländer der Dalmazibrücke und sprangen ins Wasser. Es sei wichtig, gleich die erste Schwelle zu nehmen. Bei diesem Wasserstand floss das Wasser nur etwa vier Zentimeter hoch über die alten Eichenbretter, um nach der Schwelle rauschend in den Betonblöcken im seeähnlichen Becken unterhalb des Wehrs zu verschwinden. Wir hielten uns an einer Stange fest und Wernu erklärte was zu tun war. Wir standen auf den Schwellenboden aus Eichenbretter, welche stark ausgewaschen waren. Die Schrauben, mit der das Holz am Unterbau befestigt war, schauten einige Zentimeter aus dem Holz. Das schnell darüber schießende Wasser, zog eine Linie von jeder Schraube bis ans Ende der Konstruktion. «Bloß da nicht draufstehen», meinte Wernu. Wir standen auf und erstaunlicherweise war das Holz nicht glitschig. Wir rannten die etwa 10 Meter bis ans Ende der Schwelle, um mit einem Kopfsprung über die Betonblöcke in das Seebecken zu hechten. Das Wasser floss so schnell, dass bei der Fußferse bei jedem Schritt eine Fontäne mannshoch aufschoss. Der Sprung musste weit genug gehen, da die Betonblöcke übersprungen werden mussten. Beide schafften wir den Sprung problemlos und schwammen zum Restaurant Schwellenmätteli. Bei den großen Galgen (Fischnetze) stiegen wir aus dem Wasser. Unser damaliger Chef beruhigte die Zuschauer und sagte, dass dies eine Weiterbildung für Rettungsschwimmer des Marzilibades sei. Wernu fragte mich «was macht der denn da»? Etwas später, als wir zu dritt Richtung Marzili marschierten, es war schon am Eindunkeln, mussten wir eines seiner berühmten Donnerwetter ertragen. Wir erfuhren, dass er uns das letzte Mal aus der Scheiße geholfen habe, wir beide schwachköpfige Vollidioten waren und dass das nächstes Mal einer von uns auf die Mauer steigen und den Anwesenden erklären muss was Sache sei. Es gab kein nächstes Mal! Tags darauf, während der Znünipause, die damals eher Totenmessen als Znünipausen glichen, da keiner es wagte, irgendein Thema anzusprechen, um dann vom Chef abgekanzelt zu werden, meinte dieser, wir sollen uns einmal Gedanken machen, was passiert, wenn es ein Schwimmer nicht schaffen würde, rechtzeitig an Land zu kommen und gegen die Schwelle treiben würde. Er sei sicher, dass nur der Älteste und einer der Jüngsten im Stande wären, in dieser Situation einem in Schwierigkeiten geratenen Schwimmer zu helfen. Man müsste nämlich notfalls über die Schwelle ins Becken gelangen, um zu helfen. Wernu stupste mich unter dem Tisch an und zog seinen linken Mundwinkel leicht hoch. Auf eine Trainingslektion wurde dann aber doch verzichtet.

Überstunden

Das Winterhalbjahr verbrachte ich jeweils auf der Kunsteisbahn im Weyer und später im Eisstadion Allmend. Dieser Umstand hatte zur Folge, dass ich zwei Chefs hatte, einer im Sommer und der andere im Winter. Da sie beide in etwa die gleichen Interessen vertraten, nämlich ein vollzähliges Team zu stellen, kam es dazu, dass ich während einigen Jahren keine Ferien beziehen konnte und sich Unmengen an Überstunden anhäuften. Damals wurde man als «fauler Siech» betitelt, wenn man nicht mindestens 300 Überstunden vorweisen konnte. Das Interesse von meiner Seite war demzufolge nicht sehr groß, die angehäuften Stunden abzubauen. Ich hätte auch nicht gewusst wie! Meine Freundin und ich fanden aber trotzdem Zeit zu heiraten. Bereits ein Jahr später erblickte unsere Tochter das Licht der Welt. Zwei Jahre später folgte der Sohn. Als unsere Kids fünf und drei Jahre alt waren, wurde ich ins Büro meines Chefs an der Nägeligasse 2, wo sich die Räumlichkeiten der Sanitätspolizei befanden, beordert. Dort saß ein ganzes Gremium von Vorgesetzten! Sie wollten wissen, wie es zu den fast 2000 Überstunden und zu dem hohen Ferienguthaben gekommen sei. Das müssen sie die beiden Herren da fragen, meinte ich schulterzuckend. Nach längerer Diskussion, bei der ich nur als Zuhörer akzeptiert war, fragte mich der Abteilungsleiter, wie ich denn gedenke die Stunden abzubauen. Nach einer Besprechung mit meiner Frau Barbara, entschieden wir uns je hälftig auf eine Auszahlung und auf Ferien. Wir buchten eine Ferienwohnung für 6 Monate und verbrachten den ganzen Winter mit unseren kleinen Kindern und dem Hund in den Bergen. Jede Woche meldete ich mich pflichtbewusst bei meinem Chef und versicherte ihm, dass es mich noch gebe. Das ich nicht vergessen gegangen bin, sah ich jeweils Ende Monat an den Lohnabrechnungen. Bei einem dieser Telefonate fragte mich mein Chef, was ich denn dazu meinen würde, fortan im Eichholz zu arbeiten. Der derzeitige Stelleninhaber kämpfe mit gesundheitlichen Problemen und es wäre dienlich, wenn ich als sein Vertreter agieren könnte. Zumal ich mehrere Fremdsprachen beherrsche, würde der Job auf dem Campingplatz sicher zu mir passen.

Der Vorgänger

Man kommt ja bekanntlich nicht zu einem Job, wie die Jungfrau zum Kind, aber in meinem Fall war es definitiv so. Mein Vorgänger, der an den Spätfolgen seiner Nikotinsucht litt, musste immer mehr Verantwortung abgeben. Während des Sommers 1989 wurde klar, dass es so wohl nicht mehr weiter gehen konnte. Ihm wurde nahegelegt, seine Überstunden noch zu beziehen, da diese sonst per Ende Jahr verfallen würden. Viel lieber hätte er die angehäufte Zeit als Bargeld bezogen. Schon zu dieser Zeit bewilligte die Stadt Bern nur Barauszahlungen, wenn keine Möglichkeit bestand, die Stunden zu kompensieren. Seiner Stunden betrogen, wollte er unbedingt noch eine weitere Saison anhängen, damit er diese kompensieren konnte. Ein äußerst schlechtes Zeugnis, welches er mir ausstellte und mich plötzlich als unfähig darstellte, nützte auch nichts mehr. Er rechnete wohl damit, sein Arbeitsverhältnis zu verlängern, weil kein geeigneter Nachfolger gefunden werden konnte. Sein Gesundheitszustand verschlechterte sich so sehr, dass er nicht mehr länger arbeiten konnte. Er tat mir wirklich leid! Er war der erste Campingwart im Eichholz, war von Anfang an dabei und hat das Eichholz in seiner damaligen Form entscheidend geprägt.

Meine ersten Jahre im Eichholz

Wir schreiben das Jahr 1986. Die, schon damals uralte Anlage, die Liegewiese, welche bei schönem Wetter hunderte Besucher anlockte, kannte ich von meiner Kindheit. Die angrenzende verwahrloste Fischzucht natürlich auch. Der Campingplatz war gegen die Aare und gegen die angrenzende Wiese nicht baulich abgetrennt. Jeder latschte zwischen den Zelten durch, Hunde suchten nach Essbarem und in der Nacht wurden oft Campinggäste von herumlungernden Jugendlichen belästigt oder bestohlen. Für Familien mit kleinen Kindern war es schlicht nicht möglich zu campieren, da der Zugang zum Fluss nicht gesichert war. Mit Pinsel und Farbe versuchte ich die Anlage aufzupeppen. Mit Restposten Keramikplatten belegte ich die Böden und Wände der Toiletten und Waschräume. Leider war alles nur ein bisschen Kosmetik. Der Kiosk wurde zum Restaurant umfunktioniert und brauchte eine größere Terrasse. Auf einer stadteigenen Baustelle wurden Waschbeton-Gartenplatten ausgebaut. Mein Chef fragte mich, ob ich diese hier im Eichholz verlegen könnte. Das fiel mir leicht, als gelernter Gartenbauer gehörte das Verlegen von Gartenplatten zu meinem Kerngeschäft! Später vergrößerte ich die Terrasse noch zwei Mal. Das letzte Mal verlegte ich verschieden farbige Verbundsteine, welche noch heute den Terrassenboden zieren.

In den Jahren 1990 bis 1995 nahm die offene Drogenszene stark zu. Die ältere Leserschaft hat die schrecklichen Bilder vom Letten in Zürich oder vom Kocherpark in Bern noch im Kopf! Die Diebstähle auf dem Areal des Campings nahmen zu und die Übernachtungszahlen sanken rapide. Das Areal musste unbedingt umzäunt werden! Meine Vorgesetzten meinten, dass für so was kein Geld im Budget sei. Mir kamen die alten Gehege der Fasanerie in der Fischzucht in den Sinn! Das Material dürfte längst ausreichen, um den ganzen Campingplatz einzuzäunen. Mit einer benzinbetriebenen großen Trennscheibe, welche ich für 30 Franken aus den Beständen des Zivilschutzes kaufte, schnitt ich die Rohre, welche die Gehege der alten Fasanerie bildeten, bodeneben ab. In einem zweiten Arbeitsschritt kürzte ich die Rohre alle auf die gleiche Länge und in einem dritten Schritt drehte ich Gewinde in die Stangen, um später das Maschendrahtgeflecht daran zu befestigen. Da waren auch Gitterelemente, welche zum Abtrennen oder Unterteilen der Gehege dienten und einige Türen, welche ich gleich zusammen mit den Türpfosten entfernte. Die A6 ab Münsingen war eine riesige Baustelle. Der provisorische Wildzaun entlang der Autobahn wurde abgebaut. Ich fragte den Baustellenleiter, was den mit dem Drahtgeflecht jetzt passieren würde. Er meinte, das komme ins Alteisen! Das Geflecht war keine drei Monate im Einsatz! Ich durfte mich bedienen und so kam der Campingplatz, respektive die Stadt Bern, welche die Besitzerin des Platzes war, gratis zu einer Umzäunung! Der Zaun wurde nie ersetzt und steht bis heute. Die Türen, welche im Zaun eingebaut sind, stammen noch von den Fasanengehegen und sind ebenfalls bis heute im Einsatz.

| Diebstähle, Hundekot und Campingführer führen dazu, dass beim Zeltplatz am Aareufer in Wabern Massnahmen ergriffen werden |

Eichholz-Camping muss eingezäunt werden

ddw. Bisher umgab ein einfacher Holzzaun den städtischen Campingplatz im Eichholz (Wabern, Gemeinde Köniz). Wegen häufiger Diebstähle und Personen, die ihn als Durchgangsweg benutzen, soll der Platz vorerst mit einem Maschendraht besser abgegrenzt werden. Später ist ein begrünter Zaun vorgesehen.

«Unsere zwei Rucksäcke sind weg, berichten die zwei Neuntklässlerinnen etwas schüchtern dem Campingwart. Beat Müller eilt ihnen, noch einmal dem Waldrand entlang nach den Säcken zu suchen, sonst müssten sie bei der Waberer Polizei Meldung erstatten. «Hier haben Sie gleich ein Beispiel aus der Praxis», erklärt Müller, denn fast jeden Tag werde ihm ein Diebstahl gemeldet. Im letzten Jahr während der Saison von Mai bis Ende September seien um die hundert Entwendungen vorgekommen. «Letztes Jahr standen eines Morgens 14 Spanier vor meinem Büro, die keine Pässe, Checks und gar nichts mehr hatten», erzählt er. Kürzlich sei nachts in einen Wohnwagen eingebrochen und dort eine Flasche Bier und eine Schachtel Zigaretten entwendet worden. Eigentlich ein Bagatellfall, der Schaden an der aufgebrochenen Tür habe sich jedoch auf 1200 Franken belaufen.

Zur Hälfte Gelegenheitsdiebstahl

Rund bei der Hälfte der Diebstähle würden Essenwaren oder Getränke entwendet. «Eine Gruppe macht beispielsweise ein Fest mit Bötelin an der Aare. Am späteren Abend gehen die vielleicht die Getränke aus, und dann gibt es nichts Leichteres, als zwischen den Zelten durchzustreifen und sich da mit weiterem Stoff zu versorgen», stellt der Campingwart fest. Er mache zwar auch in der Nacht zusammen mit seinem Schäferhund Kontrollgänge, versichert Müller, aber alles könne er nicht sehen,

und zudem brauche er während der Saison in der Nacht dringend einige Stunden Schlaf. Kürzlich habe er um drei Uhr morgens eine Gruppe Jugendlicher zurechtweisen müssen, die mit ihren Töffis um diese Zeit quer durch die Zelte gefahren seien.

Griff nach den Sternen

Bisher sei das Eichholz-Camping ohne richtige Umzäunung gewesen, erklärt Walter Michel, Chef der Abteilung Sanitätszentren und Badebetriebe auf der Polizeidirektion der Stadt Bern, die auch für den städteigenen und Könizer Gemeindegebiet gelegenen Zeltplatz Eichholz zuständig ist. «Viele Gäste sind erstaunt über die fehlende Abschrankung zwischen dem Platz und der angrenzenden Liegewiesen», stellt Beat Müller fest, und sie würden sich auch Sorgen um die Sicherheit des Campings machen. Michel

Erster Schritt zur Umzäunung des Eichholz-Campingplatzes ist getan. (adv)

möchte, dass der Zeltplatz im Schweizerischen Campingführer einen Stern erhält, «dazu brauchen wir aber einen Zaun». Die meisten Camper seien eine Umzäunung ja gewohnt.

Auch wegen Hunden

Viele Spaziergänger, die entlang der Aare neben dem Zeltplatz vorbeigingen, führten zudem ihre Hunde nicht an der Leine, bemerkt Walter Michel, und diese würden dann auf dem Zeltplatz ihre Geschäft verrichten». «Als Camper möchte ich nicht am Morgen aus meinem Zelt kriechen und nach einmal mit einem Hundedreck Bekanntschaft machen», gibt er zu bedenken.

Im Frühjahr hat die Stadtgärtnerei unterhalb des Campings einige Sträucher und Bäume abgeholzt. «Wir haben das Holz aus ökologischen Gründen dort liegen lassen», erzählt er. Leute, die an

der Aare bräteln wollten, hätten sich darauf dort bedient und die Äste quer über den Zeltplatz geschleift, ohne Rücksicht auf Zeltschnüre. Etliche Zelte seien dadurch plötzlich in sich zusammengefallen. Ein Zeltplatz sei keine Allmend, auf der sich jedermann tummeln könne, findet Michel.

Langsame Angewöhnung

Als gelernter Landschaftsgärtner möchte er die Leute langsam an den Zaun gewöhnen und den Platz nicht mit einem optisch störenden Ungetüm eingrenzen, erklärt Campingwart Beat Müller. Bisher hat er entlang der Aare einige Metallpfosten einbetoniert und diese mit drei Drähten auf unterschiedlicher Höhe bespannt. Voraussichtlich bis im Herbst soll dann auf einer Höhe von 1,2 Metern ein grüner Maschendraht angespannt werden. In einem letzten Schritt dürfte dann der Zaun mit Sträuchern begrünt werden, ähnlich der schon bestehenden Umzäunung beim Camping-Restaurant. Er sei sich bewusst, dass der Zaun vor allem eine optische Präventivwirkung haben werde. Wenn jemand wirklich etwas stehlen wolle, werde das auch mit einer solchen Massnahme weiterhin möglich sein, stellt der Campingwart fest.

Zunahme von Einheimischen

In den letzten zwei Jahren sind im Eichholz die Übernachtungen von Schweizer Campern von 9000 auf 12 000 gestiegen, während der Ausländeranteil von rund 24 000 gleichgeblieben ist, stellt Beat Müller fest. Der grösste Teil der ausländischen Gäste komme aus Spanien - «wenn wir im Sommer in den warmen Süden fahren, machen diese gerade das Gegenteil».

Von einer Rezession spüre er nichts. Er glaube sogar, einen gewissen Camping-Boom festzustellen, da Leute mit kleinem Budget sich Ferien auf einem Campingplatz eher leisten könnten. Wenn das Wetter mitmache, werde der letztjährige Zahl von insgesamt 40 000 Übernachtungen sicher wieder erreicht.

Zaun

Der Camping Eichholz Ende der 1980er Jahre

Ein Schreiben der Gemeinde Köniz, mit der Aufforderung, das Abwassersystem bis zum 1. Mai so umzubauen, dass das Regenwasser, welches sich auf den Dächern und auf den Plätzen sammelte, in die Aare oder ins Grundwasser zu leiten sei, wurde von der Verwaltung nicht ernst genommen. Die Maßnahme diente dazu, die Abwasserreinigungsanlagen zu entlasten und sollte ein Beitrag zum Schutze der Umwelt sein. Am 12. April erhielten wir Besuch vom Verantwortlichen der Gemeinde Köniz. Er fragte mich, wann wir gedenken mit den Bauarbeiten zu beginnen. Eine Frist für die Verlängerung werde nämlich nicht mehr gewährt, da es sich bereits um die dritte Aufforderung handle. Wenn wieder nicht reagiert würde, drohe die Schließung der Anlage. Ich fragte den Baupolizisten, ob den mit der Schließung der Anlage auch gleich die Niederschläge gestoppt werden. Denn sonst mache eine Schließung keinen Sinn. Der wenig begeisterte Polizist meinte, dass es ihm egal sei, aber die Gemeinde wolle ihren Willen durchsetzen. Zumal man auch mit einigen Anwohnern Differenzen betreffend dem Meteorwasser Trennsystem habe. Ich steckte ihm die Telefonnummern meines Chefs zu und versuchte ihm zu erklären, dass ich wohl der falsche Ansprechpartner sei. Mit diesem habe er schon mehrmals versucht ein Gespräch zu führen, aber das sei nicht möglich. Die Besonderheit, dass die Landbesitzerin der Anlage die Stadt Bern war und immer noch ist, politisch die ganze Anlage aber auf dem Gemeindegebiet von Köniz liegt, machte die ganze Sache noch komplizierter.

Einige Tage später fuhr der weiße Opel Manta meines Chefs vor. Wie immer schlecht gelaunt und fluchend über die Gemeindebehörden von Köniz, erklärte er mir, dass der Campingplatz wohl dieses Jahr nicht aufgehen wird, da irgend so ein Idiot das Gefühl habe, er müsse die Stadt Bern «bisacken». Ich fragte ihn, ob es um das Trennwassersystem auf dem Areal ginge. Tatsächlich war das der Auslöser der unangenehmen Nachricht. Da im aktuellen Budget kein Betrag für derartige Umbauarbeiten vorgesehen seien und auch kein Nachkredit bezogen werden kann, weil es ein Fehler war, auf die Aufforderungen nicht zu antworten, habe man keine Möglichkeit die Arbeiten auszuführen. Ich machte ihm den Vorschlag, dass ich bis am Abend des übernächsten Tages ein Baubeschrieb und eine Kostenzusammenstellung abliefere, was der Umbau kosten würde, wenn wir ihn selbst ausführen werden.

Da die Lohnkosten in meinem «Budget» nicht aufgelistet waren, weil wir Mitarbeiter eh alle bei der Stadt Bern in einem festen Arbeitsverhältnis standen, lagen die Kosten so tief, dass der Umbau in die Finanzkompetenz der Abteilung passte. Die Zusage erfolgte am selben Tag und auch am selben Tag organisierte ich die nötigen Maschinen und bestellte das Material. Der Bagger wurde am nächsten Tag geliefert und ich begann unmittelbar mit den Aushubarbeiten. Gegen Abend schaute mein Chef vorbei. Bereits waren lange Gräben aufgerissen und es türmten sich große Mengen an Aushubmaterial auf. Er fragte mich, wie ich gedenke bis zu den Sommerferien mit den Arbeiten fertig zu werden. Mein Ziel sei es, bis am 1. Mai fertig zu sein, damit die Zeltwiese wieder zur Verfügung steht. Der Wohnwagenplatz stehe bereits ab dem 20. April zur Verfügung, damit die Saison wie geplant beginnen könne.

Am Morgen des 20. April trafen die ersten Wohnwagen ein und bezogen wie geplant ihre Plätze. Die Zeltwiese glich noch einer Großbaustelle, aber die Schächte waren gesetzt, die Rohre verlegt und der Geometer der Gemeinde Köniz war bereits daran die neuen Rohre einzumessen, um sie in den Plan zu übertragen, damit dieser aktualisiert werden kann und bei zukünftigen Bauarbeiten eruiert werden kann, wo die Rohre und Leitungen im Erdreich verborgen sind. Sobald er uns grünes Licht gegeben hatte, begannen wir die Löcher und Gräben zuzuschütten. Pünktlich zum 1. Mai stand die Anlage den Gästen wieder zur Verfügung. Zwar waren die braunen Flächen frisch angesät und daher abgesperrt, aber bereits zwei Wochen später legte sich ein neuer grüner Teppich über die braune Erde. Zuerst nur als grüner Flaum wahrnehmbar, bis zu den Sommerferien wuchs der Rasen zu einer dichten strapazierfähigen Bodenabdeckung heran.

Baustelle

Die Dienstwohnung

Per 1. Januar 1990 zogen wir in die Dienstwohnung ein. Die Stadt hat sich Mühe gegeben, dass barackenähnliche Haus soweit instand zu stellen, dass es wohnlich wurde. Unsere kleine 4-Zimmer Wohnung in einem Altbau in Ittigen hatten wir geräumt und die Möbel verirrten sich im großen 5-Zimmer Haus fast. Wir hatten den Eindruck, in einem halbleeren Haus zu wohnen! Das änderte sich mit der Zeit – leider! Es war ein kalter Winter, die Bise zog wochenlang um die Ecken und die Temperaturen stiegen viele Tage nacheinander nie über die Nullgradgrenze. Ein Eistag folgte dem anderen. Unser neues Zuhause wurde früher nie ganzjährig bewohnt, es war ein ausgesprochenes Sommerhaus ohne Isolation und die Fenster waren nur mit einer Einfachverglasung versehen. Jede Nacht bildeten sich Eisblumen an der Innenseite des Fensterglases. Schöne Gebilde, welche unsere Kinder jeweils mit den Fingernägeln weiter verzierten, bis sie zu Kunstwerken mutierten. Das Haus stand auf Balken, welche im Abstand von etwa anderthalb Meter das Gerüst für den Fußboden bildeten. Darüber war eine Lage Tannenbretter und zuoberst sorgte ein beigefarbiger Spannteppich für das wohnliche Aussehen. Der Boden war im Winter so kalt, dass die Kinder Wettbewerbe lancierten, wer es denn am längsten mit nackten Füssen aushalten könne. Die Kanalisationsleitung fror regelmäßig ein. Eine Büroklammer an der Dichtung im Spülkasten verschaffte Abhilfe. Die Wetterschenkel unten beim Fensterrahmen bestanden aus einem durchgehenden Aluminiumprofil.

Nach einigen Eistagen bildete sich an dem Metall auf der Innenseite ein weißer Eiswulst. Die feuchte Luft im Wohnungsinnern ließ an der kältesten Stelle die mikroskopischen Wassertröpfchen anfrieren. Im günstigsten Fall erwischten wir den Wulst bevor er bei Tauwetter abfiel und den Teppich durchnässte. Die alte Ölheizung musste mit Hilfe von Metatabletten in Betrieb genommen werden. Zum Glück war die Heizungsleistung so stark, dass die Raumtemperatur einigermaßen gehalten werden konnte. Doch das ganze Haus roch jeweils übel nach Öl. Die Heizung wurde dann nach einigen Jahren ersetzt durch eine «geruchsneutrale Gasheizung». Unsere Kinder wuchsen an einem schönen Ort auf. Trotz den winterlichen Unannehmlichkeiten waren beide praktisch nie krank. Noch heute erzählen sie von ihrer Kindheit und ihren Erfahrungen beim Heranwachsen.

Der Winter 1990 habe ich als anstrenge Zeit in Erinnerung. Arbeitete ich doch im Eisstadion Allmend als Eismeister und drehte während den Heimspielen des SCB mit dem Zamboni meine Runden über das Eisfeld. Immer die Nacht vor einem Heimspiel musste das Eis bis wenige Millimeter auf die Farbe der Eiswerbung abgehobelt werden, um danach mit entkalktem Wasser das Eis wieder auf seine vorteilhafte Eisdicke von etwa 4 Zentimeter aufzubauen. Die Sponsoren der Eiswerbung verlangten, dass bei Fernsehübertragungen ihre Firmenwerbung klar zu sehen war. Die halbe Nacht verbrachte man auf dem Zamboni und die andere Hälfte bis zum Morgen war man jeweils mit dem Auftragen der neuen Eisschicht beschäftigt. Das Herumschleppen der Feuerwehrschläuche, der Schlafmangel und die Kälte sorgten bis am Morgen dafür, dass ich hundemüde ins Bett fiel und in einen Tiefschlaf driftete. Jedoch bereits um 14 Uhr war wieder Dienstbeginn! Vorbereitungen für den Match am Abend waren zu erledigen. Während des Spiels, welches wir von der Bande neben dem Schneeloch mitverfolgen durften, ging es ruhig zu und her. Nachdem die 17'000 Hockeyfans den Tempel verlassen hatten, musste die Stehrampe gereinigt werden, was wieder bis morgens um zwei Uhr dauerte. Weil im Frühjahr 1990 für die Eishockey Weltmeisterschaft Bern als Veranstaltungsort ausgewählt wurde, konnte ich nicht wie gewohnt bereits Anfang April von den Sportbetriebe Bern AG zu den Badebetriebe Bern wechseln. Während des großen Turniers mussten alle, die schon mal einen Zamboni bedient hatten und etwas von Eisaufbereitung verstanden, eingesetzt werden. Auf Geheiß der Stadtregierung musste der Camping Eichholz früher als gewohnt geöffnet werden, weil die ausländischen Fans irgendwo untergebracht werden mussten. Barbara verließ die Rezeption von morgens 7 Uhr bis abends 23 Uhr kaum. Willi, auf den ich im nächsten Kapitel näher eingehe, machte mehr was er wollte und weniger was er sollte. So eilte ich jeweils in den Pausen ins Eichholz und half mit, die Sanitäranlage und die Grünflächen in Schuss zu halten und Barbara kurzzeitig abzulösen, damit sie wenigsten einmal etwas Essen konnte, ohne gestört zu werden. Dazu kam, dass zwei kleine Kinder, die währen dieser Zeit meist in der Rezeption am Spielen waren, auch ihrer Bedürfnisse geltend machten. Ohne Mithilfe der Großeltern hätten wir diese Zeit kaum meistern können. Am Morgen vor Dienstbeginn im Eisstadion musste die Anlage im Eichholz sauber sein, ebenso am Abend nach dem letzten Spiel. Die finnischen Fans mit ihren gigantischen Campingfahrzeugen und ihrer unermesslichen Gier nach Schweizer Bier, fielen besonders auf. Brachten sie es doch fertig, die Biervorräte des Supermarktes binnen zweier Tage leer zu kaufen! Die Letten fielen damit auf, dass sie eigentlich nie nüchtern waren, womit sie den Finnen in nichts nachstanden. Allerdings konsumierten sie destilliertes Getränk, welches sie aus ihrem Heimatland mitgebracht haben.

Rockerbande aus Deutschland

Ein Riesenlärm erweckte unsere Neugier! Gespannt schauten wir den Strandweg hoch und dachten, dass jeden Moment der oder die Lärmerzeuger erscheinen mussten. Sekunden später erschien das erste Motorrad, ihm folgten weitere neun Motorräder. Die Lenker, einer grimmiger als der andere, bärtig mit abgewetzten Lederhosen und alten schwarzen Lederjacken. Alle ausgerüstet mit Fliegerbrillen aus dem 2. Weltkrieg. Einige trugen einen Helm, andere bevorzugten ihre langen Haare zur Schau zu stellen und einer hatte sich ein altes Aluminium-Salatsieb als Helm auf sein Haupt gebunden. Der Anführer der Gruppe stellte seine Maschine vor der Rezeption auf den Seitenständer und fragte mich: «He du, has'n Plätzle für uns Jungs?» Auf dem Tank des Motorrads saß ein kleiner Rauhaardackel. Befestigt mit mehreren Karabinerhaken, an einem wohl speziell angefertigten Gurtzeug, an eben wohl auch speziell angebrachten Befestigungseinrichtungen seitlich am Tank. Der Hund trug ebenfalls eine antike Fliegerbrille. Ich erklärte ihm, dass wir sicher Platz haben für seine Gruppe. Sie seien nicht heikel, es müsste einfach möglich sein, die Blachen zwischen den Motorrädern aufzuspannen, um darunter zu schlafen. Zum Biersaufen könnten sie am Boden sitzen, meinte ein Bärtiger. Später erklärte mir Erich der Rocker, dass sie bereits auf mehreren Campingplätzen versucht haben unterzukommen, aber sie waren nirgends erwünscht. Entgegen den Befürchtungen war die Biersauferei am Abend relativ früh zu Ende und die

Rockerbande war so müde und betrunken, dass sie alle einschliefen. Bei einem Kontrollgang noch weit vor Mitternacht war das einzige muntere Bandenmitglied der kleine Dackel. Als ich mich der laut schnarchenden Meute näherte, begann er zu knurren. Das Knurren war, wegen den lauten Schnarchgeräuschen, kaum zu vernehmen. Am Morgen so gegen neun Uhr verließ die Gruppe den Platz und kehrte jeweils am Abend wieder zurück. In der dritten Nacht ihres Aufenthalts klingelte die Nachtglocke. Ein junger Mann im Trainingsanzug wartete vor der Rezeption und schaute gespannt auf das rot leuchtende Hinweisschild der Nachtglocke. «Bitte warten, Bedienung kommt». Wie auf dem Leuchtschildchen versprochen, fragte ich Minuten später den Wartenden was er denn wolle. Er müsse zum Arzt, diese Rocker hätten ihn angegriffen. Das schien mir etwas seltsam, denn die Jungs waren kaum in der Lage um zwei Uhr nachts jemanden anzugreifen. Trotzdem schaute ich mir die Platzwunde am Kopf an. Ein tiefer Schwartenriss, sicher fünf Zentimeter lang und unmittelbar über der linken Augenbraue. Mit Daumen und Zeigefinger spreizte ich die Wunde ein wenig und stellte fest, dass diese genäht werden musste. Er habe noch eine andere Verletzung an der Wade. Auch diese Wunde war recht tief, kreisrund etwa 6 Millimeter im Durchmesser. Beim genaueren Hinschauen stellte ich quadratisch angeordnet weitere kleine tiefe Löcher fest. Notdürftig verarztete ich die Wunden und fragte beiläufig, was er den bei den Rockern zu suchen gehabt habe. Er sei rein zufällig über den Platz spaziert und dann habe ihn ein so wilder Kerl angegriffen. Die Geschichte schien mir wenig glaubwürdig. Ich schnappte mir seinen Rucksack, bewusst am unteren Ende, damit sich der Inhalt auf dem Boden entleerte. Mehrere Geldbörsen, zwei kleine Transistorradios und einen Haufen Münzen lagen verstreut am Boden. Das Lügengebilde des jungen Mannes fiel in Sekundenbruchteilen in sich zusammen. «Ein bisschen spazieren?» Fragte ich ihn. Wer spaziert einfach so um zwei Uhr nachts über einen Campingplatz? «Du hast versucht zu klauen und bist den Rockern in die Finger geraten, so siehts aus!» Sagte ich zu ihm. Vom Lärm und unserer Konversation und wohl auch vom Druck auf seiner Blase erwachte einer der Rocker. Er taumelte auf uns zu und fragte verärgert, was der Lärm soll. Ich erklärte ihm, dass dieser Typ da sie beklauen wollte und... er holte mit seiner rechten Pranke zum Schlag aus und traf den jungen Mann mit der flachen Hand an der Wange. Dieser taumelte umher und blutete nun auch noch aus der Nase. Die Wunde am Kopf des Delinquenten stamme aber von keinem von seiner Gruppe, versicherte mir der Rocker. Er habe aber vor etwa einer halben Stunde den Hund bellen hören. Da wurde mir klar, von wo die Verletzungen an der Wade stammten. Die Kopfverletzung war die Folge seiner Flucht vor Fidelio, wie der Dackel hieß. Er schaute offensichtlich rückwärts in der Versuchung seinen Verfolger abzuschütteln und lief geradewegs in den Windverband des Sanitärgebäudes. Seine Beute bewahrten wir in der Rezeption auf, um sie am folgenden Morgen ihren rechtmäßigen Besitzern zurückzugeben. Wir verzichteten darauf die Polizei zu verständigen, weil die Fragerei aufgrund der Verletzungen des Delinquenten erfahrungsgemäß sehr zeitaufwendig und mühsam zu werden drohte. Ich hielt den Dieb an beiden Armen fest und drehte ihn gegen den Rocker. «Willst du ihm noch einen Abschiedskuss geben?» fragte ich den Rocker.

Er holte, diesmal mit seiner linken Hand, wohl weil die Rechte noch schmerzte von vorher, zum Schlag aus und traf den Dieb mit der flachen Hand auf seiner rechten Wange. Unmittelbar floss wieder Blut aus seiner Nase. Ich ließ ihn los und erklärte ihm, dass es ihm jedes Mal so ergehen wird, falls er sich nochmals hier zeigen würde.

Miss Austria

Eine in den Mitte Vierziger stehende Dame wurde offensichtlich auf mich aufmerksam. Sie steuerte ihr altes Wisa Gloria Trotti direkt auf mich zu und bremste einige Zentimeter vor mir. In zweifellos österreichischen Dialekt fragte sie mich, ob ich verheiratet sei. Etwas überrascht bejahte ich die Frage und erklärte, dass ich nebst einer Frau sogar zwei Kinder und einen Hund habe. Schade, meinte sie, sie hätte mich sofort geheiratet. Aber es sei nicht so schlimm, sie finde schon noch einen Mann. Schließlich habe sie vor 23 Jahren an der Miss Austria-Wahl teilgenommen und sei immer noch sehr attraktiv. Es ginge ihr nicht primär um Sex, aber abgeneigt sei sie nicht, ergänzte sie. Mir war es etwas peinlich, zumal sie meinte, dass sie morgen wieder vorbeikommen werde – oje! Tatsächlich klingelte es Tags-darauf an unserer Haustüre und Miss Austria überreichte mir zwei Paar Socken und eine kurze Hose sowie einen Blumenstrauß für mein Spatzi, wie sie meinte. Ich fragte sie, wie wir denn das verdient hätten und kriegte zu meinem Erstaunen keine Antwort! Dass sie in meiner Anwesenheit nichts sagte, war sehr selten oder noch gar nie vorgekommen.

Ein paar Blumensträuße, Heiratsanträge und Socken später stand Miss Austria wieder einmal vor der Rezeption. Sie drängte die anstehenden Gäste zur Seite und wollte nur ganz kurz etwas fragen: «Sag mal, was sind den das für Unterhosen, die du da trägst? So weiße? Die trägt ja jeder heutzutage!» Sie wurde wohl auf meine Unterhosen aufmerksam, weil diese etwas über den

Rand der Arbeitshosen hervorschauten und nicht, weil sie mich ich in Unterwäsche irgendwo beobachtet hatte. Einige Tage später, stand sie mit einem riesigen Blumenstrauß vor der Türe, drückte mir diesen in die Hände und sagte, dass die Blumen für mein Spatzi seien. Nebenbei überreichte sie mir eine Plastiktüte. Ich prüfte den Inhalt und stellte fest, dass es sich um etwa zehn paar Unterhosen handelte. In allen Farben und sogar solche, die mehrfarbig sind. Die Etikette war an jedem Stück noch dran. Natürlich fragte ich, was das soll. Na ja, ich könne mich mit den altmodischen weißen Calida-Dingern ja nirgends blicken lassen, meinte sie. Tatsächlich ist den Kollegen im Sportklub nicht entgangen, dass ich mit neuartigen Textilien unterwegs bin. Die unterschiedlichsten Gespräche machten die Runde. So fragten einige, ob die eng anliegenden Slips nicht störend seien, andere wollten wissen, ob man diese auch als Badehosen benutzen konnte. Um die Jungs zu überzeugen, dass Mann mit eng anliegender Unterwäsche bequemer unterwegs sei, als mit dauernd läutenden Glocken, waren längere Gespräche nötig. Bereits einige Trainings später trug bereits die Hälfte des Teams farbige Slips.

Da war noch Willi

Höhere Beamte bekleideten damals oft einen hohen Dienstgrad im Militär und ebenso oft besaßen sie ein oder mehrere Mündel. Der Vormund von Willi war einer meiner damaligen Chefs! Dem obdachlosen und tablettensüchtigen Alkoholiker musste eine feste Behausung gesucht werden. In der Not stellte mein Chef dem Willi ein Wohnwagen ins Eichholz. Da er nie im Stande gewesen wäre die Monatsmiete zu bezahlen, wurde Willi kurzerhand als Hilfskraft angestellt. Sein Lohn wurde gepfändet. Es blieb ihm aber immer noch genug übrig, um mehrmals die Woche einen ordentlichen Rausch anzutrinken. Dazu kam der Umstand, dass das Geld im Hosensack auf der Haut zu brennen schien und es sofort ausgegeben werden musste. Für Hygieneartikel, Unterwäsche und dergleichen blieb dann nichts mehr übrig. Wenn Willi sich in der kleinen Garderobe im Schuppen umzog, verließen alle anderen den Raum. Nicht nur der penetranten Gerüche wegen, sondern auch wegen des unangenehmen Anblickes seiner wohl irgendeinmal weißen Unterhosen der Größe XXL. Die Größe L hätte längst gereicht! Vorne waren die Hosen dunkelgelb und hinten bräunlich – was sich die ganze Saison nie änderte! Seine Männlichkeit schaute immer irgendwo raus, als er sich auf den Stuhl setzte, um die Arbeitshosen anzuziehen. Eine graue Arbeitsschürze komplimentierte sein Arbeitsgewand. Da er immer eine leicht laufende Nase hatte, wischte er sich die entstehenden Tropfen mit dem linken Schürzenärmel ab. Der Ärmel sah dann aus, wie wenn Nacktschnecken darüber gekrochen wären, welche einer Überdosis Schneckengift zum Opfer gefallen waren. Mit Kontaktinseraten in einschlägigen Zeitschriften, das Internet war damals noch nicht erfunden, suchte er sich regelmäßig eine Partnerin. Da die Auswahl bei diesen Voraussetzungen eher bescheiden war, konnte man nicht damit rechnen, dass sich in Zukunft eine Frau um ihn kümmern würde. Bianca, eine mindestens zwei Zentner schwere ungepflegte Irgendetwas, hauste stationär in der psychiatrischen Klinik Waldau. Drei Mal die Woche durfte sie für einige Stunden die Anstalt verlassen. Willi montierte ein Brett auf dem Camping Eichholz eigenen Fahrradanhänger und hängte den Anhänger an die Kupplung seines Töfflis, welche er kurz zuvor an einem Zweiradfahrzeug eines Gastes abmontiert hatte. Mit diesem Gefährt holte er dann jeweils Bianca ab, um einige Male pro Woche ein paar Stunden mit ihr zu verbringen. In Wirklichkeit war er weniger scharf auf die Dame denn auf ihr bescheidenes Sackgeld. Jedenfalls hatte er immer Geld bei sich, nachdem er Bianca in der Waldau wieder abgeliefert hatte. Unglücklicherweise erlag seine Bianca kurze Zeit später einem Herzversagen und die Partnersuche ging von neuem los. Edith war eine schwer demente ältere Dame, wohl eine wichtige Voraussetzung, um mit Willi liiert sein zu können! Ihre Kinder, ein Mann und eine Frau Mitte Vierzig waren gegen die Beziehung und taten alles daran, um den Kontakt ihrer Mutter mit Willi zu beenden. Schlussendlich verlangte Willi ein paar Hunderter und er ließ von ihr ab. Das einzige Fahrzeug, welches Willi fahren durfte, war sein Moped. Der Führerschein wurde ihm schon vor Jahren auf Lebzeiten abgenommen. In der Schweiz kann jeder ein Auto kaufen und einlösen, ohne den Führerschein zu besitzen. So kam es, dass Willi sich einen alten Toyota Corolla kaufte und das Fahrzeug sogar mit Nummernschildern ausgerüstet war. Ich warnte ihn, sich jemals in das Auto zu setzten und schon gar nicht damit herum zu fahren. Es kam, wie es kommen musste! Zu faul um zu Fuß in den Schlummertrunk in den Bären gehen, setzte er sich ins Auto und fuhr in das besagte Restaurant. Auf dem Heimweg durchbrach er einen Gartenzaun und landete im Garten vom Einfamilienhaus des Gemeindepräsidenten. Am kommenden Morgen fehlte er auf der Arbeit. Die Polizei informierte mich, dass er «in Gewahrsam» sei und vorläufig nicht zur Arbeit erscheinen werde. Nach einigen Tagen erschien Willi und fluchte fürchterlich über die Behörden und die Polizei. Ein halbes Jahr später war der Gerichtstermin. Er wurde zu Halbgefangenschaft verurteilt. Von seinem Vormund, also meinem Chef erhielt ich die Information, dass Willi für die nächsten sechs Monate erst um 08:30h zur Arbeit kommen werde und bereits um 15:00h wieder gehen muss, um rechtzeitig im Amtshaus zu sein. Willi kam jeweils spät zur Arbeit, fluchte über die Gefängniswärter und über das angeblich schlechte Futter. Man werde behandelt wie Stück Dreck, ich könne mir das nicht vorstellen, meinte er mehrmals. Eines Tages kam Willi wieder einmal fluchend und über die Behörden herziehend zur Arbeit. Er händigte mir ein Schreiben aus, das bestätigte, dass seine Halbgefangenschaft in einen unbedingten Aufenthalt umgewandelt wurde. Der Grund lag darin, dass Willi bereits kurze Zeit nach seinem Haftantritt aufgrund fehlender Kapazitäten für «schwerere Fälle» entlassen wurde. Trotzdem genoss er die zusätzlichen

Freistunden am Morgen und am Abend und informierte weder seinen Vormund noch mich über die neue Situation. Im Gegenteil, mit seinem Auftreten, ließ er den erwarteten Haftaufenthalt glaubwürdig erscheinen. Da die Mühlen der Behörden zwar langsam, aber zuverlässig mahlen, ging natürlich die aufgeschobene Haft von Willi nicht vergessen. Er wurde schriftlich zum Absitzen seiner Halbgefangenschaft wieder im Amtshaus zu erscheinen, «eingeladen». Er behauptete nie etwas erhalten zu haben, die Kerle machen mit einem was sie wollen und überhaupt die können mich mal, war seine Antwort, als ich in fragte, was er sich dabei gedacht habe. Weil er dem Aufgebot nicht folge leistete, wurde die Strafe von der Halbgefangenschaft auf einen unbedingten Haftaufenthalt für drei Monate verschärft.

Die Hauptbeschäftigung von Willi war das Sammeln von depotpflichtigen Mehrwegflaschen. Er legte sich ein Lager an. Wenn dieses Lager so groß war, dass es seinen, also unseren Veloanhänger zu füllen vermag, verlud er die Flaschen und machte sich mit dem Moped und Anhänger auf den Weg zum Supermarkt. Das Geld für das Leergut floss jeweils ins Personalkässeli. Willi zweigte davor aber immer genügend ab, mit der Begründung, dass ihm das Benzin für sein Töffli sonst niemand bezahlen würde. Seit geraumer Zeit bekundete er Mühe sein Moped nach einer Fahrt wieder zu starten. Er war wieder einmal unterwegs mir Leergut zum Supermarkt. Kurz danach rief mich die Filialleiterin an und beklagte sich über Willi. Es sei schon schlimm genug, wenn er jede Woche mit den schmutzigen Flaschen hierherkomme, aber soeben sei er mit dem Moppet und Anhänger gleich in den Laden gefahren und zu allem Übel habe er den Motor, während er ganzen Zeit laufen lassen. Nun stinke es im ganzen Supermarkt nach Abgasen. Nach seiner Rückkehr sprach ich Willi auf sein Verhalten an. Er meinte, dass er das Moped nicht hätte abstellen können, da es sich dann nicht mehr starten ließe und was denn die dumme Kuh da oben eigentlich meine? Er sei schließlich nicht mehr der Jüngste und die vielen leeren Flaschen zur Empfangsstelle zu schleppen, sei ihm zu anstrengend. Dazu wollte sie ihn betrügen, er habe vorher ausgerechnet, dass das Leergut Fr. 42.60 einbringen müsse, er aber nur Fr 37.20 erhalten habe. «Und warum gibst du mir dann nur Fr. 21.– für die Personalkasse?» fragte ich ihn. Murrend klaubte er noch eine Zehnernote aus der Tasche und überreichte sie mir. Aber der Rest sei fürs Benzin, sonst könne ich die Flaschen in Zukunft selbst abliefern, meinte er!

Wir saßen wie immer anlässlich der Neunuhr-Pause um einen Tisch im Restaurant. Willi erzählte, dass jemand Blumen beim Aarestrand deponiert hatte. Er habe aus den schönsten Exemplaren einen Strauß zusammengestellt, um ihn am Abend seiner Freundin zu bringen. Ich fragte, was wohl der Grund für die Blumenpracht auf dem Aarekies sein könnte? Schnell kamen wir zur Einsicht, dass am Vorabend wohl eine Bestattung mit Abdankungsfeier stattgefunden haben muss. Das würde auch erklären, warum die Blumen mit schwarzen Bändeln zusammengebunden waren. Willi bejahte unsere Theorie, langte in die Tasche seiner schmutzigen grauen Arbeitsschürze und legte eine Handvoll verkohlter Knochenreste auf den Tisch. Er habe natürlich geschaut, ob da vielleicht noch Schmuck in der Asche zu finden sei, aber leider habe er nichts gefunden. Als er mit seinen rußgeschwärzten Fingern ein Croissant nahm und genussvoll Bissen um Bissen herunterschluckte, verging uns der Appetit auf alles, was ess- und trinkbar war.

Wir wussten auch alle, warum Willi immer Dreck unter dem Fingernagel des Daumens und des Zeigefingers der rechten Hand hatte. Die zahlreichen Toilettengänge der Campinggäste hinterließen oft Spuren in der WC-Schüssel. Jeder weiß, wie mühsam das Entfernen der «Laubflecken» auf dem weißen Porzellan der Schüsseln ist. Willi kratzte die Spuren immer mit den Fingernägeln weg, was zwar effizient war, aber für seine Mitarbeiter, die Lokalitäten und Zeit mit ihm teilen mussten, alles andere als angenehm war.

Der Tote im Kinderplanschbecken

Am 30. September, dem letzten Öffnungstag der Saison, feierten das Personal des Campings, zusammen mit den Polizisten der Wache Wabern und einigen befreundeten Anwohner im Klubhaus des Wasserfahrvereins das Saisonende. Mit Speis und Trank vom Coop-Partydienst, wo Barbara vor ihrem Engagement im Eichholz gearbeitet hatte, genossen wir den feuchtfröhlichen Abend. So gegen elf Uhr nachts, ertönte ein lauter Knall. Wir fragten uns, ob da noch jemand einen Böller vom 1. August aufgehoben hatte, um diesen zum Saisonabschluss in den Himmel zu schießen. Die Flaschen leerten sich, die Leute wurden voll und das Buffet war leergegessen. Weit nach Mitternacht verabschiedeten wir uns und bedankten uns gegenseitig für die gute Zusammenarbeit. Es wurde langsam hell, als ich am nächsten Tag mit dem Hund die alltägliche Runde übers Gelände in Angriff nahm. Beim Kinderplanschbecken, das zu dieser Jahreszeit wegen den kühlen Nächten nicht mehr aufgefüllt wurde, lag eine Person merkwürdig und unbequem über dem Bassinrand. Das war eigentlich nichts Außergewöhnliches, da es immer wieder Leute gab, die nach durchzechter Nacht es nicht mehr schafften, den Heimweg anzutreten und irgendeinmal von der Müdigkeit übermannt wurden und einfach einschliefen. Aber die Krähen, welche sich einige Meter oberhalb der Person auf dem Rasen herumtrieben, ließen mich vermuten, dass da etwas nicht stimmen konnte. Ich schaute mir die Sache aus der Nähe an! Der Kopf des Mannes lag nach hinten überstreckt über den Bassinrand. Zwischen den gespreizten Beinen lag, an seinem Körper angelehnt, ein Sturmgewehr, der Winterabzug war ausgeklappt. Beim genaueren Hinsehen stellte ich fest, dass sich in der Stirn des Mannes ein Loch befand. Auf der Rückseite des Kopfes fehlte ein großes Stück des Schädels, was wohl der Grund für die Kräheninvasion war. Ich schaute mir den Kolben des Sturmgewehrs an und las auf der sich unter dem Kolben befindlichen Etikette, wem das Gewehr gehörte. Sofort lief ich zu der Rezeption, wo sich das nächste Telefon befand und wählte die Notrufnummer. Ich erklärte dem Einsatzleiter, dass sich vermutlich der Erwin Soltermann im Eichholz erschossen habe. Ich sei aber nicht sicher, da ich ihn nicht kenne und das Gewehr vielleicht nur ausgelehnt war. Zuerst glaubte mir der Einsatzleiter nicht. Mit einiger Überzeugungsarbeit schaffte ich es, dass er mir versprach eine Patrouille zu schicken. Etwa eine halbe Stunde später trafen die Polizisten ein. Eine ältere Dame und ein ganz junger Mann. Sie fragte mich, ob ich angerufen habe. Natürlich entgegnete ich! Sie nahm den Notizblock hervor und wollte von mir die üblichen Angaben haben: Name, Vorname, Geburtsdatum und so weiter. Langsam etwas ungeduldig machte ich die Polizistin darauf aufmerksam, ob wir uns jetzt vielleicht dem Grund meines Anrufes widmen könnten. Wenn die ersten Hündeler mit ihrem Vierbeiner der Aare entlang spazierten und die Leiche im Bassin finden, werde es vorbei sein mit der Ruhe, ermahnte ich sie. Nach kurzer Diskussion folgte sie mir und ich zeigte auf den armen Kerl, der hier seinem Leben ein Ende gesetzt hatte. Mit einer Klatschbewegung verscheuchte ich die Krähen, die in der Zwischenzeit ihre Scheu verloren hatten und den ganzen Leichnam bedeckten. Der junge Polizist wurde beim Anblick des Toten bleicher und bleicher. Er entfernte sich einige Schritte und übergab sich. «Sie hätten auch in das Bassin kotzen können, da hätte ich das Erbrochene gleich mit dem geronnenen Blut abschwemmen können» ermahnte ich ihn. Die Polizistin funkte zur Zentrale und kurze Zeit später fuhren einige Streifenwagen und Zivilfahrzeuge vor. Ein Polizist in zivil fragte mich, wie ich zu dem Toten stehe? Der Gerichtsmediziner hatte in der Zwischenzeit seinen Tod noch formell bestätigt. Ich erklärte ihm, dass das Einzige was wir gemeinsam hatten, wohl das Sturmgewehr im Schlafzimmerschrank war. Mit dieser Gemeinsamkeit sei es nun auch vorbei sagte ich zum Polizisten. Wieso kennen sie den Mann? Fragte mich der zweite Polizist, ebenfalls in Zivilkleider. Ich kenne ihn nicht und habe ihn zuvor noch nie gesehen, antwortete ich den beiden. Aber sie kennen seinen Namen, wie kommt das? «Da ich Militärdienst leiste, weiß ich, wo die Gewehre angeschrieben sind, daher mein Wissen», gab ich zu Protokoll. Ergänzend fuhr ich fort: «Wenn sie nun schauen, ob sich in der Geldbörse ein Ausweis befindet, haben sie sogar Klarheit, dass das Gewehr zu dieser Person gehört». Ich soll die Polizeiarbeit ihnen überlassen, gab mir der Polizist genervt zur Antwort. Er drehte sich zu der Polizistin und flüsterte ihr etwas ins Ohr. Unvermittelt betatschte sie den Toten und fand, wie ich vermutete, eine Geldbörse. Auf dem Ausweis stand der Name Erwin Soltermann. Ich sagte zu ihr, dass es wohl unwahrscheinlich sei, dass er sich das Gewehr und dazu noch eine Geldbörse ausleiht, es müsse sich daher doch um Erwin Soltermann handeln. Einige Polizisten errichteten einen Sichtschutzzaun um den Toten und ich wurde weggeschickt. Welch armer Kerl musste den Verwandten und Angehörigen mitteilen, dass Erwin sich das Leben genommen hatte? Ich stellte mir eine Schar Kinder vor, die bei der Nachricht in Tränen ausbrechen, eine verzweifelte Frau oder Eltern, die mit der Situation völlig überfordert sind. Tief durchatmend stellte ich fest, dass der Polizeiberuf nichts für mich wäre und war froh den Tatort verlassen zu können. Und, ich war mir sicher, dass ich den richtigen Beruf gewählt hatte.

Die zerfetzte Hand

Eine laut schreiende Frau suchte die Rezeption auf. Sie hielt sich den linken Arm so, dass der Rechte wie eine Tragschlaufe wirken konnte. Aus dem Ellbogen tropfte Blut und zog eine gepunktete Linie auf den Asphalt. Beim genaueren Hinsehen erkannte ich, dass nicht der Ellbogen der Grund für den Blutaustritt war, sondern die übel zugerichtete Hand. Die Finger hingen unnatürlich in alle Richtungen und der Daumen stand in einem noch unnatürlicheren Winkel von dem Körperteil ab, wo er nur noch teilweise angewachsen war. Mit Pflaster oder Steri-Strip war da nichts mehr zu machen, das war schon beim ersten Anblick klar. Ich wickelte zusammen mit meinem Arbeitskollegen Tom ein Dreiecktuch um die zerfetzte Hand und befestigte den provisorischen Verband mit allerlei medizinischen Klebebändern. Die Sanitätspolizei hatten wir längst verständigt und warteten auf deren Eintreffen. Wie üblich fragten wir abwechslungsweise nach dem Gepäck, der Badetasche oder dem Badetuch, das noch irgendwo auf der Wiese sein muss. Wir fragten nach Bekannten oder Freunden, die gegebenenfalls die Sachen herbringen könnten, um sie mit ins Spital zu nehmen. Bei jeder Frage schüttelte die Frau den Kopf. Sie habe nur einen Hund dabei, den könnten wir nicht mitnehmen. Sie müsse ihren Vater anrufen, er sei der Einzige, der den Hund eventuell abholen könne. Wir reichten ihr unseren Telefonapparat. Funktelefone und Cordless-Apparate kannte man erst einige Jahre später. Miss Austria unterstützte die Verletze mit gutgemeinten Ratschlägen.

Sie war vor einigen Minuten mit Inlineskates, die damals noch niemanden einen Begriff waren, eingetroffen. Wir mahnten sie zur Vorsicht, da wir nicht zwei verletzte Personen gebrauchen können. Von weitem hörten wir das Jakobshorn und Minuten später fuhr die Sanitätspolizei vor. Als erstes wollte der Rettungssanitäter wissen, was denn passiert sei. Was für eine logische Frage! Wir beide hatten es versäumt die junge Frau zu fragen, wie sie sich die Verletzung eingefangen hatte. Dafür hatten wir alle wichtigen persönliche Angaben der Frau feinsäuberlich aufgeschrieben. Gepäck hatte die Frau nicht dabei, einen Partner oder eine Partnerin war nicht zugegen, der einzige Begleiter war ihr Hund. Der ist offensichtlich irgendwo auf dem Areal an einem Baum angebunden und wartet darauf vom Vater der Verletzten abgeholt zu werden. Beim nochmaligen Nachfragen des Rettungssanitäters erklärte die Verletzte, dass eben gerade dieser, ihr Hund, für die Verletzung verantwortlich sei. Sie könne sich das nicht erklären, er sei sonst so lieb. Als sie ihn streicheln wollte, biss er unvermittelt zu und schüttelte mit der Hand zwischen den Zähnen ein paar Mal heftig den Kopf. Es handle sich bei dem Tier um einen Neapolitanischen Mastiff, einen römischen Kampfhund. Er sollte eingeschläfert werden und sie habe ihm das Leben gerettet und aus dem Tierheim geholt. «Er hat es ihnen nicht gedankt» erwiderte ich. Haben sie denn gefragt, warum ihm sein Hundeleben genommen werden sollte? Fragte ich die schwer verletzte Frau. Der Hund habe in seinem früheren Leben mehrmals andere Hunde angegriffen und einige sogar getötet. Einmal soll er, das sei aber nicht bestätigt, sogar einen Menschen angegriffen haben. Zumindest im heutigen Fall ist sein Angriff definitiv bestätigt, dachte ich.

Der Vater der verletzten jungen Frau ist in der Zwischenzeit auch im Eichholz eingetroffen. Er hatte gerade noch Zeit seiner Tochter, die auf der Trage festgezurrt im Rettungswagen lag, alles Gute zu wünschen. Er holte aus seinem Auto ein großes saftiges Stück Fleisch, eine Kette, einen Maulkorb und einen Holzstab. So bewaffnet machte er sich auf den Weg zu der am Baum festgebundenen Bestie. Bei jedem Spaziergänger, der vorüber ging, bellte der Hund laut und riss wie von Sinnen an seiner Leine. Die Krallen seiner Pranken furchten tief in den weichen Boden, sodass im Radius der Leine die Grasnarbe innert kurzer Zeit aufgerissen war. Der Hundebändiger ging langsam auf den knurrenden und zähnefletschenden Hund zu und redete ruhig auf ihn ein. Knapp außerhalb seiner Reichweite kauerte der Mann nieder und redete weiter auf den Hund ein. Er vermied den direkten Augenkontakt und tat so, als rede er mit einem virtuellen Hund, welcher einige Meter neben dem realen Tier zu stehen schien. Der Mastiff beruhigte sich langsam und legte sich sogar nieder. Der Mann schnitt ein Stück Fleisch aus dem großen Fleischbrocken heraus und legte es dem Hund vor seine Vorderpfoten. Die linke Hand richtete er mit der offenen Handfläche gegen den Hund und befahl «warten». Der Hund schaute den Mann erwartungsvoll an. Sobald vom Vater der verletzten Frau das Wort «gut» ausgesprochen hatte, schnellte der Hund vor und verschlang das Stück Fleisch. Der Mann lobte den Hund, der wiederum legte sich wieder «Platz» und hoffte auf den nächsten Happen. Vorsichtig löste der Mann die Leine vom Baum und setzte zu einem gemächligen Gang an. Der Hund folgte dem Mann ohne Widerstand und ließ sich sogar in den Innenraum seines Autos verfrachten. Als der Hund in den SUV hereinsprang, senkte sich das Heck des Fahrzeugs deutlich. Der Mann holte tief Luft und blies diese langsam zwischen seinen Lippen wieder aus. Er sei Armeehundeführer gewesen und wisse eigentlich wie Hunde «funktionieren». Aber dieser Kerl sei so verdorben, dass er sich auch nicht sicher war, ob es ihm gelingen würde, das Tier in sein Auto zu verladen. Er habe seiner Tochter von Anfang an abgeraten, ein von den Behörden «zum Tode» verurteilter Kampfhund retten zu wollen. Aber ich wisse ja sicher, wie das ist mit den Jungen. Die wollen nicht hören und müssen manchmal ihre Erfahrungen halt bitter bezahlen. Er wisse nun, was zu tun sei, danach gehe er zu seiner Tochter ins Spital.

Der Kongress

Unmittelbar nach der Eishockey Weltmeisterschaft fand ein großer religiöser Kongress in Bern statt. Die Hotels waren alle ausgebucht und für viele der Gläubigen waren diese eh viel zu teuer. Einzige Alternative war Zelten im Eichholz. Innert kurzer Zeit bevölkerten über tausend Frauen, Männer und Kinder den Campingplatz. Die allermeisten davon ohne jegliche Erfahrung als Camper. Wir halfen stundenlang Zelte aufzubauen und gaben Tipps, wie es sich am besten als Camper leben lässt. Die Zelte waren organisierten über das Rote Kreuz, ebenso die Wolldecken Die Kongressbesucher- und Besucherinnen waren in Gruppen organisiert, welche jeweils von einem Pastor geleitet wurde. Je nach Herkunft und Glaubensrichtung waren die Pastoren in einem Nadelstreifenanzug mit Krawatte und schwarzen Lackschuhen gekleidet oder mit braunem Gewand mit Kordel um den Bauch und Sandalen an den Füssen, wie wir es aus Mittelalter-Filmen kennen. Alle hatten jedoch die Gemeinsamkeit, dass sie ihrer Gruppe vorangingen um zu Fuß zur Festhalle auf der Allmend zu gelangen. Betend und singend machten sie sich jeweils auf den Weg. Die Deutschsprachigen begrüßten uns mit «guten Morgen Bruder» die Italiener mit «buongiorno fratelli» und die Franzosen demzufolge mit «bonjour mon frère dieu est avec vous».

Nach der Rückkehr vom Kongressgelände stand jeweils die größte Herausforderung für die Gläubigen an! Die Verpflegung gestaltete sich schwierig, zumal die Infrastruktur des Campings nur mit vier Kochrechauds ausgerüstet war. Pfannen hatte niemand dabei. So verpflegten sich die Leute mit Brot, Wasser und Trockenfleisch aus dem Supermarkt – und das während vier Tagen! Zwischendurch sah man einen Gläubigen einen Apfel essen. Wenn sie nicht damit beschäftigt waren, die für die meisten ungewohnt großen Brotlaibe auseinanderzureißen, beteten und sangen sie bis weit in die Nacht hinein. Auf dem großen Parkplatz standen 16 Autobusse aus fünf verschiedenen Ländern. Das hatte es vorher und nachher nie mehr so gegeben. Am vierten Tag, dem Tag der Abreise, regnete es in Strömen. Die sich ungeschickt anstellenden und unerfahren «Touristen» bauten klatschnass die Zelte ab, sangen und beteten erneut während den unangenehmen Aufräumarbeiten. Fast alle verabschiedeten sich bei uns persönlich und drückten uns irgendwelche religiöse Werbebroschüren in die Hände. Miss Austria, wieder einmal zugegen, diskutierte mit den Wegreisenden und wünschte ihnen eine schöne Fahrt. Sie gab ihnen Tipps, wie sie am schnellsten zur Autobahn fanden und überreichte mir drei Paar Socken und fragte mich beiläufig, ob ich noch mit meinem Spatzi zusammen sei.

Drogenszene

Den Älteren unter uns sind sicher die Bilder der offenen Drogenszene auf dem Zürcher Platzspitz und die schlimmen Szenen im Kocherpark in Bern Anfang der 90er-Jahre noch präsent. Die Behörden, wie gewohnt langsamer als die Entwicklung der Situation, waren anfangs machtlos. Je länger die Situation andauerte, umso schlimmer wurde die offene Drogenszene. Süchtige aus ganz Europa trafen sich des günstigen Stoffes wegen in Bern und Zürich. Ein fataler Entscheid wurde getroffen. Die Drogenszene wurde mit Polizeigewalt aufgelöst, mit dem Ergebnis, dass sich die Süchtigen auf das ganze Stadtgebiet verteilten. Das Eichholz, zwar nicht so zentral gelegen wie der Kocherpark, entwickelte sich für kurze Zeit aber trotzdem zu einem Treffpunkt drogenabhängiger Personen. Täglich mussten wir die liegengelassenen Spritzen einsammeln, nicht selten einen ganzen Eimer voll! Beim morgendlichen Rundgang, den ich seit Amtsantritt täglich absolvierte, kam es immer öfter vor, dass Süchtige mit einer Überdosis oder nach der Einnahme von schlechtem Stoff, derart mit gesundheitlichen Problemen zu kämpfen hatten, dass das Aufbieten der Rettungskräfte unumgänglich wurde. Nach einigen Monaten und vielen Telefonaten, kannte mich jeder Einsatzleiter der Sanitätspolizei. Wäre die Zeltwiese und der Campingplatz nicht eingezäunt gewesen, wäre ein geordneter Betrieb kaum noch möglich gewesen. Die leidige Situation zog sich hin, bis die Behörden «flankierende Maßnahmen» ergriffen. Es wurden Spritzenumtausch-Stellen sowie Fixerstübli eröffnet und Programme für Schwerstabhängige eingeführt. Der damalige Leiter der Polizeiabteilung in Köniz hatte die sehr gute Idee im hintersten Teil der Wiese einen Sportplatz, einen Spielplatz und mit Hilfe einer Gruppe SCB (Schlittschuhclub Bern) – Spielern ein Beachvolley-Feld zu bauen. Tatsächlich verdrängten die neue Nutzergruppen die unerwünschten Süchtigen nach und nach. Mit der Zeit kannte ich natürlich viele der armen Kerle. Da war Role, die Hälfte seines Gebisses fehlte, oder Märku, Uschi, Bäse und wie sie alle hießen. Allesamt arme Leute, welche irgendeinmal zum falschen Zeitpunkt am falschen Ort waren.

Paddy

Es klingelte an der Haustüre. Sohn Daniel rannte zur Türe und öffnete sie. Role stand da -ein trauriger Anblick! Papi, komm, es ist einer von der Wiese drüben, meinte Daniel. Role erklärte mir seine unerfreuliche Situation. Er habe halt völlig auf dem Aff (Drogenentzug) einem Spießer mit Krawatte den Geldbeutel abgenommen. Weiter sei er beim Dealen erwischt worden. Nun müsse er sieben Monate in den Bunker. Das wäre nicht das Problem, da gibt es wenigstens zu Essen und eine Pfanne (Bett) und sogar Methi (Ersatzdroge Methadon) würden die einem geben. Da müsse man nicht jeden Tag dem Stoff für einen Knall hinterherrennen, der Stress wäre sicher weniger. Was ihn aber stresse sei sein Hund Paddy, ein riesiger Deutscher Schäfer – Leonberger Mischling, sicher 60 kg schwer. Was soll er mit dem Hund machen, in den Bunker dürfe er ihn nicht mitnehmen. Ob ich zu ihm während seiner «Abwesenheit» schauen würde, fragte er mich. Nach kurzer Rücksprache mit meiner Frau und den Kindern, erklärten wir uns einverstanden. Er pfiff den Hund zu sich, übereichte ihn mir am Halsband und verabschiedete sich sobald. Eine Leine kaufte ich selbst und anfänglich auch das Futter. Das Tier verschlang Unmengen an Futter! Einige Tage später rief mich eine nette Dame vom Berner Sozialdienst an. Sie habe gehört, dass ich den Hund von Herr Schneiter, einem Klienten von ihr, hüte. Wenn der Role «Schneiter» hieß und der Hund groß und hellbraun ist, dann würde dies stimmen, ja, entgegnete ich! Ich solle die Quittungen für das Futter monatlich einreichen und auch die Quittungen allfälliger anderer Ausgaben. Sie werden mir dann monatlich vergütet. Für Paddy begann ein paradiesisches Leben mit Futter aus einer teuren Zoohandlung, Fellpflege beim Hundecoiffeur und einem Besuch beim Tierarzt, der ihm ein Mittel gegen Parasiten verschrieb.

Der Einbrecher

Paddy lag in der Rezeption am Boden, als eine Nachbarsfrau im Morgenrock den Strandweg hinunterrannte. Sie lief auf mich zu und schreite aufgeregt und kaum fähig, das Erlebte zu schildern. Mit dem Finger zeigte sie auf einen Mann, der über den großen Parkplatz ging und sich kurz umdrehte. Sein gemächlicher Gang ging schnell in ein Rennen über. «Dieser Mann mit den zwei Tragtaschen war soeben in meinem Haus und hat mir Sachen gestohlen»! Ich sprang auf. Fast zeitgleich sprang Paddy aus dem vermeintlichen Schlaf ebenfalls auf. Ich packte Paddy am Halsband und eilte zum Wendeplatz. Ich zeigte auf den rennenden Mann und fühlte, wie das Halsband von Paddy zu vibrieren begann. Als ich mir sicher war, dass Paddys Jagdinstinkt den Flüchtenden erfasst hatte, ließ ich ihn los und schrie dem davonrasenden Hund das Wort «fass» hinterher. Paddy rannte los, das Kratzen der Krallen bei jedem Schritt bestätigte, dass er sein Jagdziel erfasst hatte und in vollem Tempo seiner Beute folgte. Kurz vor Ende des Parkplatzes sprang Paddy den Flüchtenden an und warf ihn zu Boden. Die Utensilien verteilten sich auf dem Boden. Die knurrenden Geräusche und das Geschrei des am Boden liegenden Mannes ließen nichts Gutes erahnen. Es brauchte mehrere Befehle, bis Paddy von dem Einbrecher ließ und zu mir zurückkehrte. Ich lobte ihn unmittelbar als er neben mir «Fuß» saß. Mir ist sofort aufgefallen, dass seine Schnauze blutig war. Mein Puls stieg rasch an, mir wurde bewusst, dass ich einen Fehler gemacht hatte. Die bestohlene Dame sammelte ihren Schmuck auf und bedankte sich. Später brachte sie mir eine Flasche des feinsten Rotweines vorbei. Sofort rief ich die Polizei an, vom Einbrecher war nichts mehr zu sehen. Ein Blutfleck am Boden zeugte vom Kampf zwischen Jäger und Gejagtem. Keine fünf Minuten später war die Polizei vor Ort. Ich schilderte das Geschehene, die Polizei machte sich auf die Suche nach dem Verletzten – ohne Erfolg. Sie erzählten mir, dass Zeugen beobachtet hätten, dass ein sich merkwürdig bewegender Mann in ein Auto mit ausländischen Nummernschildern, welches auf dem Parkplatz des Tennisclub Eichhholz gewartet hatte, eingestiegen war. Ich fragte die Polizisten, wie es denn jetzt weiter gehen wird. Sie zuckten beide mit den Schultern und waren übereinstimmend der Meinung, dass dieser Einbrecher in Zukunft wohl dieses Quartier meiden werde. Und, wo kein Kläger ist, sei schließlich auch kein Richter. Beim Verabschieden fragte mich der eine Polizist noch kurz, ob ich mir bewusst sei, dass mein Handeln falsch war. Ich nickte. Der andere zeigte mit dem Finger auf mich und sagte: «Aber gut gemacht!»

Das Weihnachtsessen

Plötzlich, an einem grauen Novemberabend, klingelte es an der Haustüre. Role war zurück und wollte Paddy abholen. Es war schon spät, die Kinder schliefen schon und ich war bereits im Pyjama. Dann halt, ich überreichte ihm einen vollen Sack Futter, eine teure Lederleine und Paddy, welcher seinen ursprünglichen Herrn sofort erkannte, war mit seinen Gefühlen sichtlich überfordert. Auf der einen Seite zeigte er Freude über das Wiedersehen und auf der anderen Seite wollte er nicht so richtig mit Role weggehen.

Kurz vor Weihnachten, die Betriebsweihnachten fanden damals in den Räumlichkeiten der Sanitätspolizei an der Nägeligasse 2 statt. Wie immer stand ein großes Buffet mit «Hamme», frischer «Züpfe», Kartoffelsalat und ausgiebig Wein und Bier bereit. Auf Verlangen war auch Mineralwasser zu haben. Wir vergnügten uns am reichhaltigen Buffet, diskutierten über die erlebten Vorkommnisse während der vergangenen Saison und tranken reichlich Wein. Der Abteilungsleiter hatte so gegen Mitternacht die Idee, den Abend mit einem Schlummertrunk im Mr. Pickwick an der Wallgasse zu beenden. Er gebe eine Runde aus, für alle die Lust haben. Zu Fuß machte sich unser kleines Grüppchen auf den Weg. Der kürzeste Weg zum Ziel führte durch die Christoffelunterführung. Das Wetter war um die Weihnachtszeit garstig, kalt und feucht. Viele Obdachlose und Randständige suchten daher in der Unterführung Schutz vor der Witterung. Der Abteilungsleiter fragte, ob das nicht zu gefährlich sei, hier durch zu gehen. Die anderen unserer Gruppe zuckten mit den Schultern. Ich beruhigte ihn und versicherte der Gruppe, dass da bestimmt nichts passieren würde. Wir traten den Weg an und erreichten die ersten Obdachlosen. Gleich die erste Dame begrüßte mich mit Namen! Ein bisschen weiter traten zwei übel aussehende Junkies auf uns zu. Der Eine klopfte mir auf die Schulter und fragte, wie es mir gehe, der andere meinte, dass er sich freue, wenn es wieder wärmer wird und er ins Eichholz gehen könne. Am Ende der Unterführung, am Fuß der Treppe, welche zur Schwanengasse führte, saß eine größere Gruppe, daneben ein riesiger Hund. Als er mich erspähte, neigte er seinen Kopf etwas seitwärts und begann heftig mit dem Schwanz zu wedeln. Plötzlich war sich der Hund sicher, dass es sich bei dem menschlichen Wesen, das auf ihn zusteuerte, um seinen kurzzeitigen Pflegevater handeln muss. Würde man die Gedanken des Hundes in einer Sprechblase zusammenfassen, würde darin ein Strichmännchen ein Gleichzeichen und ein prall gefüllter Futternapf mit den leckersten Happen, die sich ein Hund nur vorstellen konnte, zu sehen sein. Paddy sprang auf und rannte mir entgegen. Intuitiv setzte ich meinen rechten Fuß etwas zurück, um den bevorstehenden Aufprall abfedern zu können. Paddy sprang an mich heran, setzte seine Vorderpfoten auf meine Schultern und leckte mir minutenlang mein Gesicht ab und winselte dabei. Meine Begleiter konnten die Situation erst nach und nach richtig einschätzen und die Angst wich etwas der Verwunderung. Ich kraulte Paddy mit beiden Händen am Rücken und flüsterte in seine Ohren, dass er ein guter Hund sei. Wir setzten unseren Weg fort. Uschi stand auf und fragte mich, was ich denn da für Spießer bei mir habe, Trixle ergänzte und fragte, ob es sich um Bullen handle? Ich beruhigte beide! So jeder Dritte oder jede Dritte begrüßte mich per Namen. Freddy raffte sich auf und bat mich ihm einen Schnägg (Fünffrankenstück) zu geben, da er heute noch nichts gegessen habe. «Komm mit», sagte ich zu Freddy und ich machte einen kurzen Abstecher ins Wendy und kaufte ihm einen Hamburger. Im Pickwick angekommen, wartete die kleine Runde bereits auf mich. Es war Erklärungsbedarf von meiner Seite her gefragt! Nach einem Guiness verabschiedete ich mich, weil mir die Diskussionen unangenehm waren.

Rechnungen

Die Rechnungsformulare, welche jeder ankommende Gast auszufüllen hatte, stapelten sich bis zum Monatsende in Kartonkisten. Die Formulare bestanden aus einem gelben Deckblatt, welches auf der Rückseite beschichtet war und beim Beschreiben auf das weiße darunterliegende Papier einen «Durchschlag», also eine Kopie entstehen ließ. In den oberen zwei Drittel des Papiers waren vorgedruckt die Positionen. Erwachsene, Studenten, Kinder, Zelt groß und so weiter. Die Spalten dienten dazu, die Anzahl Nächte einzutragen. Man rechnete so zuerst das Total der einzelnen Positionen aus und zählte dann die Positionen zusammen. Die so entstandene Zahl war dann das Gesamttotal der Rechnung. Das untere Drittel des Formulars nannte man «Meldeschein». Dieser musste abgetrennt und tageweise in Kuverts abgelegt werden. Ein Polizist vom Posten Wabern holte die Meldescheine jeweils mehrmals wöchentlich ab. Jeden Monat musste eine Abrechnung erfolgen. Die Formulare waren in der rechten oberen Ecke fortlaufend nummeriert. Es galt, diese nun nummerisch in Ordnern abzulegen. Fehlte ein Exemplar, musste anstelle der Rechnung eine schriftliche Begründung eingeheftet werden. Eine Rechnungsmaschine mit Papierstreifen druckte das Total jeder Rechnung aus. Barbara tippte die Zahlen jeweils in atemberaubendem Tempo auf der Tastatur ein. Nicht selten wurde der Papierstreifen mehrere Meter lang. Die Rechnungsmaschine druckte die Anzahl Totals der Rechnungen aus, die erfasst wurden, diese Zahl musste wiederum mit der Zahl der abgelegten Rechnungen übereinstimmen. Stimmte die Zahl nicht, musste man davon ausgehen, dass eine oder mehrere Rechnungen übersehen wurden. Das bedeutete, dass man wieder von vorne anfangen musste. Oft dauerte eine Monatsabrechnung bis zum Arbeitsbeginn am nächsten Morgen. Einige Jahre später erhielten wir eine Registrierkasse mit noch rudimentären Fähigkeiten. Die Formulare mussten immer noch nummerisch abgelegt und das Total der Übernachtungen auf der Rechnung von Hand ausgerechnet werden Diese Zahl wurde dann auf der Registrierkasse unter der vordefinierten Position eingetippt. Die Kasse rechnete das Gesamttotal aus und speicherte dieses intern ab. Eine große Erleichterung, bis die Mehrwertsteuer eingeführt wurde und die Kurtaxen einzeln abgerechnet werden mussten. Mit den steigenden Besucherzahlen und den zusätzlichen Berechnungen, wurde der Aufwand so groß, dass die Finanzabteilung meinte, eine Saisonabrechnung würde ab jetzt reichen. Die Kassensysteme wurden immer besser und effizienter! Das letzte Registrierkassensystem war bereits in der Lage die Mehrwertsteuer auszuweisen und die Kurtaxen zu erfassen und zu berechnen. Die Formulare zum Erfassen der Personenangaben und der Positionen mussten aber immer noch von Hand ausgefüllt werden. Dafür, weil es ja jetzt so einfach war, mussten die Abrechnungen wieder monatlich erfolgen!

Eine Revolution bahnte sich an! Mit dem Aufkommen der ersten Personal Computer, brachten findige Programmierer die ersten Programme auf den Markt, welche die Daten speicherten. Ein damaliger junger Angestellter, Sohn einer befreundeten Familie, der als Zwischenlösung einen Sommer im Eichholz arbeitete, beauftrage ich an einem regnerischen Tag sich umzusehen, was es so an Verwaltungssoftware für Campingplätze gibt. Am Abend legte er mir ein Dossier eines deutschen Softwareherstellers, samt Demoversion vor. Wir brüteten zusammen über den Papieren und gingen alle Eventualitäten durch. Da bereits einige Campingplätze mit diesem Programm arbeiteten, scheuten wir uns nicht, einen Ausflug zu einem Campingplatz in Luzern zu machen. Das Programm überzeugte, umso mehr, weil wir es selbst auf unsere Bedürfnisse anpassen konnten. Nach intensiver Überzeugungsarbeit bei meinen Vorgesetzten arbeiteten wir bereits im kommenden Sommer mit dieser Software. Diese wurde laufend vom Hersteller erneuert und angepasst. Sie ist bis heute auf unzähligen Campingplätzen im Einsatz, so auch im Eichholz. Mit einem Schlag reduzierte sich der monatliche Aufwand für die Abrechnungen massiv.

Der Fall der Mauer

Am 9. November 1989 fiel die Mauer in Berlin. Der Westen stand nun auch für Personen aus dem Osten offen. Die ganze Tourismusbranche frohlockte und war sich sicher, dass die neue politische Situation viele Touristen aus dem Ostblock in die Schweiz bringen würde. Es sollte sich zeigen, dass es viele Jahre dauern wird, bis die ersten wirklichen Osttouristen sich das Reisen überhaupt leisten konnten. Im Sommer 1990 kamen zwar «Östler», aber es waren ausschließlich Kriminelle, welche sich erhofften ein Stück vom westeuropäischen Kapitalistenkuchen zu ergattern. Janosch, ein winziges Männlein mit langen Haaren aus Polen, war einer der Ersten, welcher sich für einen Platz für ein Zelt interessierte. Er reiste mit zwei jungen Frauen an. Eine trug grün gefärbte Haare, die andere pinkige. In dem von Hand mit einem Pinsel gelb angestrichenen Trabi fuhr er vor und erkundigte sich nach dem Preis. Seine Begleiterinnen stellten sich neben ihn und überragten ihn um mindestens einen Kopf. «Ich kein Geld, bezahle mit Frau – gut?» Die Grünhaarige lupfte ihr T-Shirt und wackelte mit den nackten Brüsten. Ich erklärte Janosch, dass das Gebührenreglement der Stadt Bern nirgends einen Einnahmeposten «Bezahlen mit Frau» vorsieht und dass dies nicht möglich sei. «Ich gebe dir Zwanzig für deine Tasche und wir bleiben einige Tage». «Du gibst mir Hundertzwanzig in die Kasse, kriegst eine Quittung und kannst einige Tage bleiben», war meine Antwort. Sie unterhielten sich angeregt und verabschiedeten sich. Der Trabi hatte groß Mühe den Strandweg hochzufahren. Der

Zweitaktmotor leistete schlicht zu wenig, um mit dem Gepäck, den drei Personen und seinem Eigengewicht die Steigung überwinden zu können. Im Herkunftsland des Autos war es flach und die Motorenleistung reichte, um von A nach B zu kommen. In der Mitte der Steigung stiegen die zwei Damen aus und schoben das Gefährt laut fluchend bis zur Kreuzung Gossetstraße. Kurz vor Zehn Uhr abends, also etwa drei Stunden nach der ersten Begegnung, tuckerte der gelbe Trabi wieder den Strandweg hinunter und stoppte erneut vor der Rezeption. Janosch stieg aus, legte 120 Franken auf den Theken und meinte, dass sie jetzt bleiben werden. Sie bauten ein kleines Zelt auf, kochten scharf riechende Gerichte und rückten gegen Mitternacht wieder aus. Da mir das Verhalten der Gruppe etwas suspekt vorkam und sich zu dem Grüppchen noch ein weiterer Typ Namens Lakatosh gesellte, informierte ich die Polizei. Lange passierte nichts! Miss Austria machte mich, nachdem ich ein Shirt, eine Hose und einen Blumenstrauß für mein Spatzi erhalten habe, darauf aufmerksam, dass es sich bei den Typen um üble Kerle handeln müsse. Sicher seien das Zuhälter oder noch schlimmer, meinte sie. Lakatosh war freundlich, bezahlte immer im Voraus und hatte, wie sich herausstellte, keinen Zusammenhang mit Janosch – außer, dass sie Berufskollegen waren. Eines Nachts wurde ich aus dem Bett gerissen. Ein Geschrei auf dem Platz weckte mich. Sofort stieg ich in die immer neben dem Bett liegenden Arbeitshosen und ging nachschauen. Hund Cita ließ ich in der offenen Haustüre «Platz» machen. Die Hündin wusste genau, was nach meinem Pfiff zu tun war. Meine Frau Barbara rief mir noch hinterher, dass ich aufpassen solle. Das macht sie übrigens noch heute!

Eine Gruppe Jugendlicher randalierte auf dem Platz! Sie hatten bereits einige Zelte zerstört. Die verängstigten Campinggäste wagten nicht einzuschreiten. Nun nahmen sie sich das Zelt von Lakatosh vor. Dieser kroch heraus und stellte sich vor den einen Halbwüchsigen. Die Faust des Jungen landete in der Pranke von Lakatosh. Dieser drückte zu, worauf der Teenager langsam auf die Knie sank. Mit der rechten Hand griff Lakatosh in den Hosensack und holte eine kleine Spraydose heraus. Ein kurzer Druck mit dem Daumen auf den roten Zerstäuber der Spraydose ließ einen langen Nebel aus der Dose zischen. Die drei Jungs, welche sich gerade mit Lakatosh anlegen wollten, rissen die Hände vors Gesicht und vielen wie vom Blitz getroffen um. «Das genug, sind nur Kinder» meinte Lakatosh. Nicht auszudenken, was mit Erwachsenen passiert wäre! Wow, kannst du mir auch so eine Dose beschaffen? fragte ich Lakatosh. «Ich dir bringen, morgen ich muss nach Hause, komme Sonntag wieder» In der Zwischenzeit rappelten sich die Jungs langsam auf und suchten das Weite. Der Frechste, welcher immer noch im Schraubstock von Lakatoshs Hand festsaß, bettelte, dass er ihn doch bitte loslasse. Auch er suchte, wie von einer Tarantel gestochen, das Weite. Lakatosh war groß, mit über schulterlangen Haaren, welche er oft zu einem Rossschwanz zusammenband. Öffnete er seinen Mund, kamen ein paar vereinzelte braune Zähne zum Vorschein. Seine Unterarme waren mit Tattoos verziert, die Frauenköpfe darstellten. Wohl aus Zeichnungen kopiert, die ein Fünftklässler gekritzelt hatte. Der linke Oberarm zierte eine Pistole, die mit gelber Farbe gestochen worden war. Er hätte ohne Veränderung seines Outfits und ohne Verkleidung die Hauptrolle in einem schlechten Kriminalfilm spielen können! Zwei Wochen später überbrachte mir Lakatosh eine dieser ominösen Spraydosen. «*CS-Nato Combat Gas*» stand auf Vorderseite der Dose, die Rückseite zierte ein schwarzer Totenkopf auf rotem Grund! «Viele Probleme an Grenze, haben mir weggenommen viele Dosen, Ketten an Hand angezogen! Sehe ich aus wie Bandit?» war sein Kommentar bei der Übergabe. Klever, wie er war, versteckte er die Dosen nicht alle am selben Ort. Mit dem Teilverlust seiner Transportfracht stieg jedoch der Preis für die einzelne Dose. Später habe ich erfahren, dass Lakatosh «seine Mädchen» damit ausgerüstet hat, dass sie sich im harten Geschäft der Prostitution gegen unliebsame Freier zur Wehr setzen konnten.

Nach einigen Tagen blieb das Zelt von Janosh und «seinen Mädchen» leer. Wo die kleine Gruppe geblieben ist, habe ich nie erfahren. Bei einem Spaziergang mit Barbara entdeckten wir den gelben Trabi am Dalamziquai gegenüber dem Marzilibad. Die Nummernschilder, welche selbst gebastelt waren, fehlten und der Innenraum des Zweitakters war zugemüllt. Einige Tage später sah ich in der Berner Zeitung ein Bild vom gelben Trabi. Polizei und Behörden fragten sich, wo deren Besitzer geblieben ist, allfällige Zeugen sollten sich bitte melden, stand gleich neben der Telefonnummer des Polizeipostens. Da seit jeher die Registrationspflicht für Hotel- und Campinggäste besteht, war es ein Leichtes, in den Meldescheinen den von Janosh herauszusuchen. Pflichtbewusst habe ich den Meldeschein mit einer Büroklammer befestigten Notiz versehen «Besitzer gelber Trabi» und ihn auf dem Polizeiposten in Wabern dem diensthabenden Polizisten überbracht. Was danach geschah entzieht sich meiner Kenntnis!

Immer wieder fahrenden Romas aus dem Balkan

Um an die Überlebenshilfe der Westeuropäer zu gelangen, reisten Anfang der Neunzigerjahre zahlreiche kleinere Gruppen von Fahrenden durch unser Land. Auf den Campingplatz habe ich die Gruppen nie gelassen. Nicht weil ich Angst hatte, dass sie sich auf dem Gelände bedienten, ich wusste, dass die Ansichten von Campingferien westeuropäischer Touristen und Aufenthalte in Westeuropa von Romas aus dem Balkan zu weit auseinander liegen. Die Altersdemografie der Gruppen reichte vom Neugeborenen bis zur Urgroßmutter. Auf dem öffentlichen Parkplatz nistete sich wieder einmal eine Gruppe ein. Kaum angekommen, rannten die Kinder aus den Wohnmobilen und Wohnwagen, lupften ihre Röckchen oder ließen die Hosen herunter und urinierten auf den Boden. Zwischendurch waren auch Häufchen zu sehen, welche sofort für die richtige Duftnote sorgten. Die Erwachsenen schwärmten aus um ihren Geschäften nachzugehen. Kurz darauf trug eine Gruppe älterer Herren einen großen arabischen Teppich auf den Schultern. Sie liefen zielgerade auf das Kinderbassin zu, welches sich damals noch im unteren Teil der Liegewiese befand. Der Teppich wurde ausgerollt, ins Wasser gezogen und mit einer ordentlichen Portion Seifenflocken zugedeckt. Die entsetzten Müttern, welche mit ihren Kindern den warmen Nachmittag am Kinderbassin im Eichholz verbringen wollten, hatten das Nachsehen und verließen das Gelände protestierend. Zu zehnt trampelten nun die Frauen mehr als eine Stunde auf dem Teppich herum. Das

Wasser färbte sich zuerst bräunlich, danach rötlich, was der Grundfarbe der meisten Perserteppiche entsprach. Dem Übel noch nicht genug, wuschen nun die Frauen am Bassinrand auch noch ihre Wäsche. Zwischen den Bäumen wurden Seile gespannt und Wäsche getrocknet. Der große Teppich trockneten sie auf Baumpfählen, welche einige Tage vorher Mitarbeiter der Stadtgärtnerei als Stütze für die neu gepflanzten Bäumen eingeschlagen hatten. Innert kurzer Zeit beanspruchten die Fahrenden das ganze Areal!

Tags darauf fragte mich der Chef der Gruppe, ob er ein Schaf kaufen könne. Ich erklärte ihm den Weg zum nächsten Bauer, der Schafe züchtete. Keine zwei Stunden später marschierte eine Gruppe mit einem blökenden Schaf an einem Seil den Strandweg hinunter Richtung ihrer Campingfahrzeuge. Kurze Zeit später meinte ein sichtlich aufgeregter Badegast, der zur Rezeption geeilt war, dass wir sofort nachschauen sollten, die Fahrenden sind dabei einen Hund zu essen. Ich begriff sofort, dass es sich wohl um das Schaf handelte, welches vor kurzer Zeit noch widerwillig mit den Männern ins Eichholz trottete. Trotzdem schaute ich nach und tatsächlich hing zwischen zwei Bäumen mit gespreizten Beinen aufgehängt das ausgeweidete und enthäutete Schaf. Das bedauernswerte Tier wurde für das bevorstehende Hochzeitsfest, welches am nächsten Tag stattfinden sollte, vorbereitet. Bereits früh am Morgen, wie ich bei meinem allmorgendlichen Kontrollgang feststellte, brutzelte das Schaf über dem Feuer. Ein Mann drehte am Spieß, damit das Fleisch regelmäßig gar wurde. Am späteren Nachmittag war es dann soweit. Das Schaf wurde vom Spieß genommen und auf bereitgestellte Pappteller verteilt. Die Gruppe musizierte und sang Balladen. Ein kleiner Junge brachte Barbara und mir ein großes Teller Schaffleisch garniert mit verschiedenen Gemüsen. «Du nehmen bitte, du guter Mann» mit diesen Worten überreichte mir der Junge den prall gefüllten Teller. Ich bedankte mich herzlich und fragte, wie das bei Fahrenden zum guten Umgangston gehört und üblich ist, wie es seiner Familie geht. Er meinte das alles gut sei und seine Schwester, übrigens keine 14 Jahre alt, jetzt verheiratet sei. Die Fahrenden räumten am darauffolgenden Tag ihre Sachen zusammen. Mit Unterstützung meines Personals hinterließen sie den Platz einigermaßen sauber. Miss Austria brachte meinem Spatzi einen Blumenstrauß und mir drei Paar Socken und erklärte, dass da eine Hochzeit stattgefunden habe, sie sei sich ganz sicher und habe alles beobachtet.

Mein Blick blieb kurz an einer sehr jungen und sehr hübschen Frau, welche mir schon vorher aufgefallen ist, hängen. Sie bemerkte sofort, dass ich sie einige Sekunden zu lange fixiert habe. Geradewegs schritt sie auf mich zu und fragte: «Was guckst du? Findest du mich hübsch?» Zweifellos war meine Antwort: «Du bist sogar sehr hübsch!» Sie lächelte und antwortete: «Du bist auch nicht übel, aber wir dürfen nur Zigeuner heiraten, also gib dir keine Mühe». Ich bin nicht auf den Mund gefallen, aber das Mädchen machte mich für einige Sekunden sprachlos! Sie fuhren los und winkten zum Abschied. Beim letzten Wohnmobil schaute die Hübsche hinten zum Fenster raus, küsste in ihre Hand und blies den Kuss in meine Richtung.

Brünu, einer meiner Mitarbeiter fuhr mit dem Traktor zu dem Abfalleimer neben der Feuerstelle, wo das

Schaf am Tag zuvor sein Ende gefunden hatte. Er hob den Kübel und leerte ihn in den vom Traktor gezogenen Abfallcontainer. Zuerst ergoss sich ein Schwall Blut über Brünus Arme, danach rutschten die Gedärme langsam aus dem Kübel und flutschten in den Container und zu guter Letzt, purzelte der Kopf des Schafes aus dem Kübel. Weil sich der behaarte Kopf drehte, verspritze das Blut, welches sich im Fell aufgesaugt hatte, Kopf und Brustkasten von Brünu. Brünus Flucherei wird hier nicht erwähnt! Wer des Berndeutschen mächtig ist, kann sich selbst einen Reim daraus machen – er beginnt mit «Himmel» und Endet mit «Donner»!

Im Laufe der Jahre suchten uns immer wieder Fahrende heim. Die Abmachungen musste ich verschärfen! In Zukunft war kein Aufenthalt mehr möglich, aber Duschen und Wasser auffüllen war ihnen erlaubt. Oft spielten unsere Kinder zusammen mit den Kindern der Fahrenden, da gab es keine Vorurteile und Rassismus war für Kinder in diesem Alter ein nicht verstehbarer Begriff. Ich verstand mich mit den meisten Clanchefs gut, was half, die Regeln durchzusetzen.

Eine mir unbekannte Gruppe nistete sich während der Nacht auf dem Parkplatz ein. Schon am Vormittag schleppten die Frauen prall gefüllte Plastiktaschen mit Kleidern und allerlei Gebrauchsgegenständen zu den Wohnwagen. Unmittelbar informierte ich die Polizei. Zwei Herren der Observierungsgruppe «Milan» richteten sich in der Rezeption ein. Fotoapparate mit riesigen Teleobjektiven und Videokameras wurden installiert. Hinter dem Vorhang waren die beiden Polizisten von außen nicht zu sehen. Die Observierung wurde während der ganzen Nacht und bis am Vormittag des folgenden

Tages aufrechterhalten. Kaum hatten die Zwei ihre Apparaturen abgebaut, stand eine der Frauen vor der Rezeption und fragte mich, ob die Bullen jetzt weg sind.

Leider ist das Verhalten der Fahrenden, also ihre Sozialkompetenz selten mit unseren westlichen Werten vergleichbar und lassen sich auch schlecht miteinander vereinbaren, sie sind schlicht nicht kompatibel. Zu unterschiedlich sind die Auffassungen von Anstand und Erziehung. Ein kürzlich erlebtes Beispiel zeigt wie unterschiedlich unsere Kulturen sind:

Eine Fahrende, Mutter mehrerer Kinder, die ich schon lange kenne, erklärte mir verzweifelt: «Du Scheff, was soll ich nur machen? Sieh dir mein Sohn an, aus dem wird es nie einen Mann geben. Sie dir diesen Idioten an, er will Spielzeug von anderem Jungen haben und weint daneben, weil er es nicht kriegt, dieser Idiot». Der Kleine war keine vier Lenze alt und bemühte sich irgendwie zu dem Bobbycar zu kommen, der von einem etwa gleichaltrigen Jungen besetzt war. Ich erklärte ihr, dass er ihn doch fragen solle, ob er das Spielzeug auch einmal haben dürfe? Sie meinte entsetzt: «Spinnst du Scheff? Ich habe ihm gesagt, hau im eine runter, dann hast du Spielzeug! Aber sieh in dir an, er steht nur da und weint, was soll ich nur machen?»

Welthunde-Ausstellung in Bern 1994

Anhand der Briefflut für Anfragen und Reservationen und des dauernd klingelnden Telefons, ließ sich vermuten, dass viele europäische Hundebesitzer, die ihren vierbeinigen Liebling für die Welthundeausstellung angemeldet hatten, mangels Alternativen im Eichholz nächtigen werden. Die meisten Hotels verweigerten Hundebesitzern die Unterbringung. Professionelle Züchter waren mit umgebauten Lastwagen unterwegs, die mit Schlafgelegenheiten für die Hunde und deren Begleiter ausgerüstet waren. Die deutschen, belgischen und französischen Züchter schickten ihre Angestellten nach Bern, meist Arbeiter aus ärmlichen Verhältnissen, denen es oft schlechter ging als den Hunden. Die riesigen Hundetransporter und Lastwagen ließen vermuten, dass die Hundezüchterei wohl ein weltweites riesiges Geschäft sein muss.

Wir sassen im Restaurant des Campingplatzes, als ein großer Lieferwagen vorfuhr. Ohne uns zu beachten oder mit jemandem Kontakt aufzunehmen, öffnete der Fahrer das Blachenverdeck. Das ohrenbetäubende Gejaule von Welpen aus dem Innern der Ladefläche, ließ erahnen, was für eine Ladung der unbekannte Fahrer geladen hatte. Die Nummernschilder des Fahrzeugs waren derart verschmutzt, dass sich die Herkunft des Fahrzeugs nicht sofort bestimmen ließ. Beim genaueren Hinsehen ließ sich feststellen, dass das Fahrzeug in Rumänien immatrikuliert sein musste. Ich fragte mich, wie der Fahrer es mit seiner lebendigen Fracht über die verschiedenen Landesgrenzen geschafft hatte. Er lud die über zwanzig Kisten aus und stapelte sie an der prallen Sonne, gleich neben dem Zugang zum Restaurant, auf. Die winzigen weißen Welpen, manchmal vier Stück in einer Box, manchmal nur eines, jaulten und zappelten wie wahnsinnig in ihren engen Gefängnissen. Sie hatten weder Wasser noch etwas zu essen. Das Geschrei wurde immer lauter. Ratlos sahen wir dem Treiben zu. Als das Gejammer der Welpen unerträglich wurde und sich immer noch kein Mensch um die Tiere kümmerte und die Sonne immer erbarmungsloser auf die Hundeboxen brannte, mussten wir handeln. Wir transportierten die Boxen mit unserem Traktor und Anhänger an einen schattigen Platz. Aus dem Absperrgitter, welche wir damals aus der alten Fasanerie beiseitegelegt haben, bastelten wir einen Zwinger. Beim Bauer in der Nachbarschaft besorgte ich zwei Strohballen und verteilte diese im improvisierten Gehege. Ein Arbeitskollege schleppte ein liegengelassenes kleines aufblasbares Kinderpool herbei. Es wurde unmittelbar in Betrieb genommen. Alle Welpen stürzten sich aufs und ins Wasser und wollten kaum mehr aufhören Wasser zu trinken. Die hätten es nicht mehr lange ausgehalten, meinte Willi. Mit dieser Feststellung hatte er ausnahmsweise recht! Die ganze Übung wurde natürlich auch von Passanten wahrgenommen. Verwundert und interessiert blieben viele auf dem Aareweg stehen und beobachteten die Meute der kleinen weißen Hunde mit ihren auffälligen Köpfen. Kurz darauf fuhr ein großer Mercedes vor, gefahren von einem äußerst suspekt wirkenden Typen mit Spiegelglasbrille, Goldketten und unzähligen Tattoos auf den Armen. Er fragte nach dem Verkäufer der Tiere. Da sich immer noch niemand als Besitzer der Welpen geoutet hatte, konnte ich nicht helfen. Nach dem zweiten Tag, wir verpflegten nun die Welpen mit Futter aus der Landi, und unzähligen Besuchen weiterer komischer Vögel, schlichen plötzlich zwei Gestalten ums Gehege. Der Mann, wohl nicht ein Europäer, und kaum größer als 1.60 m, die Frau, über 1.80 m groß, schlank und mit halblangen schwarzen Haaren, fragten mich auf Spanisch, wo denn die restlichen Welpen geblieben sind. Wir haben die Tiere nicht gezählt, als wir sie hier in den Zwinger verfrachtet haben. Und, bei der Menge ist es mir nicht aufgefallen, dass Welpen fehlen könnten. Unfreundlich und harsch schnauzte mich die Dame an und sagte mir deutlich, dass ich Probleme haben werde, wenn die Welpen nicht mehr auftauchen sollten. Normalerweise hätte man sich wohl bedankt für die Leistungen, ohne diese die Welpen den ersten Tag nicht überlebt hätten. Der Südamerikaner packte mich am Shirt und schrie mich an «dónde están los tres cachorros?» Es fehlten also drei Hunde! Wie die Zwei die Tiere so schnell zählen konnten, war mir ein Rätsel und wo die Drei sein sollen noch das Größere. Ich getraute mich nicht, ihm die Rechnung für Stroh, Futter und unsere Leistungen zu präsentieren. Zumal er jetzt plötzlich in Begleitung eines ausgewachsenen riesigen weißen Hundes war. «Das sind Dogos Argentino, argentinische Kampfhunde, welche abgerichtet werden und je nach Bedarf gegen Pumas, wilde Pferde, Indios oder unerwünschte Besucher eingesetzt werden» erklärte mir ein Mann, der sich von hinten genähert hatte. Er wolle einen Welpen kaufen, darum sei er hier. Der Typ schien in etwa gleich seriös, wie die früheren Besucher, die sich für die Welpen interessierten. Er zog einige blaue Scheine aus der Zigarettentasche seines farbigen Hemdes, überreichte sie dem Kleinen und schon war er Besitzer eines Hundes. Er packte den erworbenen Welpen und trug ihn zu seinem Wagen, den er vor der Rezeption geparkt hatte. Ich rief die Polizei, da mir das Ganze zu unheimlich wurde. Als erster traf der Kantonstierarzt ein und verwechselte mich sogleich mit den Besitzern der Hunde. In seinem Eifer und seiner Aufregung konnte ich ihm nur mit größter Mühe erklären, was da vor sich gegangen war. Tags darauf entschuldigte er sich bei mir. Das Veterinäramt beschlagnahmte die Tiere und verlud sie auf einen kleinen Lastwagen. Das Problem, es wusste niemand wie viele von den Hunden bereits verkauft oder gestohlen wurden. Der Tierarzt erklärte mir, dass es sich um äußerst aggressive Tiere handle und in falschen Händen seien diese eine unberechenbare Waffe. In der Schweiz seien sie nicht zugelassen! Sicher fehlten einige, erklärte ich dem Polizisten, welcher den Fall aufnahm. Einen Verkauf habe ich beobachtet und für das Fehlen der Restlichen wollte mir der Kleine die Schuld geben. Diese wieder zu finden, sei wohl kaum möglich, aber die auffälligen Hunde das Leben lang zu verstecken sei noch viel weniger möglicher, erklärte mir der Polizist. Die werden irgendwo auffallen und man wird sie finden, ergänzte er. Diese Hunde waren wir los, was mit ihnen geschehen ist, entzieht sich meinen Kenntnissen. Aber ich kann mir vorstellen, dass sich kein Tierheim finden lässt, dass über 20 Welpen einer verbotenen Hunderasse aufnehmen kann. Das ungleiche südamerikanische Betreuerpaar wurde in Handschellen abgeführt.

Der Tagesablauf war geprägt von Hundebesitzern und Hundezüchtern, die ihre Vierbeiner frisierten und striegelten. Den Hunden wurde in ständigen Trainings beigebracht, wie sie sich vor der Jury zu präsentieren hatten. Wir organisierten Hundekotbeutel und verteilten die Packungen auf dem ganzen Areal. Schon nach zwei Tagen roch das ganze Gelände nach Hundekot. Das schien die Besitzer und Züchter nicht zu stören, aber die paar wenigen «normalen» Campinggäste schon. Es dauerte nicht lange, bis nur noch Gäste in Hundebegleitung auf dem Gelände anzutreffen waren. Wir sehnten uns dem Ende der Ausstellung entgegen, da sich unsere Nasen nicht an den Geruch gewöhnen mochten und uns das tägliche Einsammeln des Hundekots so langsam aber sicher auf den Sack ging.

Willi bezahlte das Kaffee mit einer Hunderternote und lud uns alle ein. Er spendierte auch noch ein Gipfeli und bezahlte alles. Willi hatte nie Geld! Wenn er einmal ein Geldschein in der Hosentasche hatte, schien es, als ob dieser ihm die Haut unter der Hose verbrennen würde. Sofort kaufte er sich irgendwelchen Plunder oder tauschte ihn gegen Bier ein und der Schein war wieder weg. Beiläufig fragte ich Willi, wo er denn den Blauen herhatte. Zuerst wollte er nicht so recht rausrücken, da er sich überlegen musste, was er mir auftischen sollte. Die erste Story kaufte ich ihm nicht ab, die Zweite noch viel weniger. «Glaubst du, ich spinne dich an?» Entgegnete er lautstark. Ich antwortete kurz mit «ja». Sichtlich in Rage und mit zunehmend rotem Kopf versuchte Willi eine dritte Story zu kreieren. Ich unterbrach ihn und sagte zu ihm: «Du hast Welpen verkauft»! Er schluckte zwei Mal und verließ den Tisch, ohne noch etwas zu ergänzen. Dass der Kerl recht abgebrüht war, wusste ich, aber dass er zu so etwas fähig war, überraschte mich doch. Ich drängte ihn, dass er sich bei der Polizei melden solle, verpfeifen tue ich ihn nicht, aber er müsse etwas unternehmen. Ob er dann bei der Polizei vorstellig wurde, weiß ich nicht.

Meine Sockenschublade füllte sich von Woche zu Woche und ich bin immer noch mit Spatzi zusammen! Wie miss Austria leider feststellen musste.

Welt-Hundeausstellung

Soziale Integration

Die Behörden waren sehr bemüht und unternahmen viel, dass sich nie wieder eine offene Drogenszene bilden konnte. Mit verschiedenen Maßnahmen, wie der kontrollierten Drogenabgabe und Projekte zur Wiedereingliederung der Drogenabhängigen wurde der offenen Drogenszene entgegengewirkt. Die Leiter der städtischen Betriebe wurden angefragt, bei dem Programm «soziale Integration» mit zu helfen. Für mich war es, ohne zu überlegen klar, dass ich mithelfen würde! Die armen Gesellen, welche sich auf der Wiese herumtrieben, die Bekanntschaften mit Drogenabhängigen, die mir zeigten, dass es sich bei ihnen meist um ganz normale Menschen handelte, die einfach zum falschen Zeitpunkt am falschen Ort waren, oder es gerade in der Familie oder im privaten Umfeld nicht wie gewünscht lief, waren mir immer noch sehr präsent. Mein Vorgesetzter war nicht sehr begeistert. Kurz nachdem ich den Fragebogen, mit welchem das Sozialamt einen Leiter als fähig oder eher ungeeignet zur Betreuung Drogenabhängiger einstufte, ausgefüllt hatte, trat der erste Mann seinen Dienst an. Freddy, ein sehr ruhiger Mann gegen Ende Zwanzig, erschien die ersten paar Wochen regelmäßig zum Dienst, danach eher unregelmäßig und plötzlich nur noch vereinzelt. Gespräche fruchteten nichts. Das Umfeld, in dem er sich die letzten zehn Jahre aufhielt, ist zu seiner Familie geworden. Er fühlte sich zu seinen «Kolleginnen und Kollegen» hingezogen und blieb der Arbeit schließlich ganz fern. So ging es auch mit Raffi, Erich und Daniel. Ich sammelte wertvolle Erfahrung im Umgang mit den Abhängigen, welche nun alle dem Methadonprogramm oder dem Koda (kontrollierte Drogenabgabe) angehörten. Röfe, ein gewitzter blitzgescheiter Kerl, der seine ganze Kindheit und Jugend in Heimen verbracht hatte, stellte sich vor. Er arbeitet sehr effizient, konnte alle Maschinen bedienen, weil er laut seinen Angaben in Witzwil (Strafanstalt) drei Jahre als Bauer gearbeitet habe. Er war schwerstabhängig. Am Morgen fasste er in der Abgabestelle die Heroinspritze, kam zur Arbeit und schluckte schon das erste Rohypnol. Das Medikament versetzt einen «normalen» Menschen innert Minuten in einen achtstündigen Tiefschlaf. Röfe brauchte es, um auf Betriebstemperatur zu kommen! Sobald er nicht dauernd arbeitete, zeigte sich die Wirkung des Schlafmittels unbarmherzig. Regelmäßig schlief er bei der Znünipause ein und ließ sich kaum noch wecken. War er wach, verdrückte er mit halb geschlossenen Augen mehrere Gipfeli. Weil er ein Gebiss trug, klebten die Flocken vom Blätterteig unangenehm zwischen dem Gebiss und dem Kiefer. Er nahm jeweils den «Barren» heraus, blies ihn aus und setzte ihn wieder ein. Notabene am Znünitisch! Neue Mitarbeiter und Mitarbeiterinnen bekundeten anfangs schon mal Mühe mit seinem Vorgehen. Röfe wurde auch öfters während der Arbeit vom Schlaf übermannt. Ausgerüstet mit der Motorsense, war sein Auftrag, um die Bäume auf dem Areal das hohe Gras zu mähen. Nachdem mir auffiel, dass die Motorsense seit Minuten in der gleichen hohen Tourenzahl am selben Ort surrte, schaute ich nach. Röfe lehnte an einem Baum, sein Zeigfinger drückte den Gashebel bis zum Anschlag. Die Augen hatte er geschlossen. Er schlief – zweifelsohne! Der Faden vom Mähkopf hatte bereits einen tiefen Graben in die Grasnarbe gefressen. Er erwachte, sobald ich die Maschine abstellte und der ohrenbetäubende Lärm nachließ. Wie wenn nichts geschehen wäre, zog er die Maschine ab, den Motor trug man wie ein Rucksack am Rücken, startete den Motor und arbeitet weiter. Wochen später fragte er mich, ob er eine WC-Brille haben dürfte. Wir hatten genügend Ersatz, da ich diese regelmäßig auswechselte. Die Stadt hat bestimmt schon mehr Geld für größere und dümmere Projekte ausgegeben, dachte ich mir und händigte ihm, bevor er nach Hause ging, eine aus. Er öffnete die Verpackung und stülpte sie sich den WC-Sitz über den Kopf, da sein Fahrrad nicht mit einem Gepäckträger ausgerüstet war. Er verließ den Campingplatz durch das Tor gegen den Wasserfahrverein. Er überquerte den Rasen vor dem Klubhaus, fuhr die kleine Böschung hinunter zum Aareweg. Statt links in den Weg einzubiegen, fuhr er geradewegs in die Aare. Die versammelten Wasserfahrer, welche sich zum Training trafen, beobachteten zum Glück die Szene. Sie sprangen auf, fassten Röfe samt Fahrrad und WC-Brille und zogen ihn aus den Fluten auf den Aareweg hoch. Ohne etwas zu sagen, setzte er sich aufs Velo und fuhr Richtung Stadt davon. Die verdutzten Pontoniere erzählten mir, was geschehen war und meinten, er hätte besser einen Rettungsring als eine WC – Brille um den Hals getragen. Röfes Zustand verschlechterte sich von Monat zu Monat. Das Bier, welches er literweise in sich hineinschüttete, trug nicht zu einer Verbesserung seines Gesundheitszustandes bei. Etwa zwei Jahre später wurde Röfe auf dem Allgemeingrab des Bremgartenfriedhof beigesetzt. Ein Pfarrer, welcher sich dauernd versprach, der Totengräber und ich waren die einzigen anwesenden

Personen an der Abdankungsfeier. Etwas später gesellte sich noch ein Gärtner mit einer Schaufel dazu. Er wartete ungeduldig und ständig auf die Uhr schauend, bis der Pfarrer seine ohnehin sehr kurze Rede beendet hatte und schaufelte dann unmittelbar das Urnengrab zu. Ohne sich bei mir zu verabschieden, entfernte sich der Pfarrer. Er wusste sicher um die Vergangenheit Röfes und dachte, wenn einer einen solchen Kerl kennt, muss er sicher auch etwas mit Drogen zu tun haben oder sonst wie kriminell sein. Da ich es mit den Gottesvertreter eh nicht so hatte, verzichtete ich auf ein klärendes Gespräch und machte mich auf den Heimweg.

Wale, ein weiterer Klient aus dem Programm für soziale Integration erzählte mir von seinem früheren Leben. Er arbeitet als Sek-Lehrer, kam aus reichem Haus und sein Leben nahm einen geordneten erfolgreichen Lauf. Er lernte eine Frau kennen, heiratete und das Glück schien perfekt. Seine Frau hatte jedoch eine dunkle Vergangenheit. Immer mehr zog sie ihn in den Strudel des illegalen Drogenkonsums. Anfangs «nur» mit Kokain und Tabletten. Doch schon bald mussten stärkere Drogen her. Die Arbeit verlor er, die Frau auch, aber die Sucht blieb! So landete Wale im Eichholz. Er beherrschte mehre Fremdsprachen. Schließlich unterrichtete er viele Jahre Franz und Englisch. Sein Umgang und sein Wissen machten ihn bei den Touristen sehr beliebt. Er arbeitete sicher drei Jahre ununterbrochen im Eichholz. Eines Tages erschien Wale nicht mehr auf der Arbeit. Eine Rückfrage bei seiner Betreuerin brachte auch keine Klärung. Wale blieb verschollen. Niemand wusste wo er war. Wie kann ein Mensch einfach verschwinden, fragte ich mich. Selbst Monate später fand man keine Spur von Wale. Er blieb verschollen!

Die zwei ungleichen Brüder, nennen wir sie Urs und Peter, welche in der Zuhälterei und im Drogenhandel aktiv waren, besuchten bei einigermaßen schönem Wetter täglich die Eichholzwiese. Um zu differenzieren, sie waren beide nicht in einem Resozialisierungsprogramm und so gesehen hatte ich direkt nichts mit ihnen zu tun. Sie trafen sich mit den wenigen Abhängigen, die gelegentlich im Eichholz herumirrten und mischelten irgendwelche Geschäfte. Urs, der Gescheitere der beiden, fiel dauernd negativ auf. Er fuhr mit seiner Harley auf dem Gelände herum, hatte Sex auf der Wiese und pöbelte laufend Badegäste an. Peter, lief ihm dauern hinterher und kommentierte seine idiotischen Handlungen. Das Fass zum Überlaufen brachte dann schließlich sein Auftreten an einem 1. August. Zur Feier des Tages schnallte er sich einen echt aussehenden Dildo auf die Stirn. Was von Weitem aussah wie ein Einhorn, wurde von nah betrachtet zum Ärgernis der Besucher. Entsetzt verdeckten die Mütter ihren Kindern die Augen, flüchteten unmittelbar und wichen auf Fragen der Knirpse mehr oder weniger geschickt aus. Der Kleine, welcher in der Glacetruhe seine Lieblingsglace suchte, fragte seinen Papa, warum der Mann denn ein Schnäbi auf der Stirn habe, erhielt aber wohl keine verbindliche Antwort auf seine durchaus berechtigte Frage. Die Polizei versuchte mehrmals die zwei Brüder aus der Anlage zu verweisen. Nach zwei drei Tagen U-Haft suchten sie das Eichholz, sehr zum Leidwesen der Gäste und mir, wieder heim. Irgendeinmal hatten es die zwei dann doch zu sehr übertrieben. Sie zügelten in denselben Betrieb, wo früher Röfe den Umgang mit Motorgeräten gelernt hatte. Und, Barbara erhielt einen Blumenstrauß, ich einen Heiratsantrag, zwei Paar Socken und einige farbige Slips der neusten Generation. Die Überbringerin war fortan mit Inline-Skates unterwegs – etwas wacklig – aber die Aufmerksamkeit war ihr gewiss, da diese Sportgeräte bis dahin noch nicht im Handel waren.

Der Heiratsschwindler

Sein Pass wies ihn als Staatsangehöriger von Israel aus. Sein Aussehen war speziell. So speziell, dass zusammen mit seinem Charme es ihm wohl leichtgefallen war, Frauen zu bezirzen. Er machte sich an alle Frauen heran, die ihm gerade über den Weg liefen. Bei einigen biss er auf Granit. Zwei Mal fasste er eine Klatsche und ganz oft gelang es ihm, anzubändeln. Sogar verheirateten Frauen mit Kindern waren vor ihm nicht sicher. Eine Ehekrise während den Campingferien oder eine sonstige Unstimmigkeit mit dem Partner, mehrere Tage schlechtes Wetter und andere Einflüsse, machten offensichtlich die Zielfrauen anfälliger. Kaum hatte er eingecheckt, sah man ihn oft schon mit einer Frau an der Hand. Er ließ sich im Restaurant einladen, erzählte den Frauen, dass er eine große Reederei besitze, aber leider sein Vermögen gerade eingefroren worden sei und er in der Schweiz nicht auf die Millionen zugreifen könne. Daher sei er auf den Campingplatz ausgewichen. Er müsse nur einige Tage warten und eine Gebühr von rund tausend Franken bezahlen. Danach hätte er Zugriff auf die Millionen. So manche Dame ließ sich blenden, verbrachte die Nacht im Zelt des Israelis und lieh ihm das Geld für die Gebühren aus. Eine völlig aufgelöste weinende Frau in Begleitung zweier Kleinkinder verlangte mich zu sprechen. Sie erklärte mir, dass sie vor zwei Tagen einen Mann kennengelernt habe. Er war unglaublich hübsch, sehr nett und reich. Er war so lieb zu den Kindern und zu mir. Sie habe als Alleinerziehende kaum Geld, zumal der Vater der Kinder die

Unterhaltskosten unregelmäßig oder gar nicht bezahle. Heute Morgen versprach er ihr, sie zu heiraten, er müsse auf ein Büro der Einwanderungsbehörden, dort eine Gebühr bezahlen, um zu seinem Geld zu kommen. Danach werde er ins Eichholz kommen, um sie abzuholen. Sie würden dann gemeinsam in die Toskana fahren, wo er eine groß Villa besäße. Sie habe ihr letztes Geld zusammengeklaubt, um ihm die Gebühr vorzuschießen. Das sei aber schon heute Morgen gewesen. Nun ist es schon Nachmittag und er sei immer noch nicht zurück, erzählte sie schluchzend. Sie habe Angst, dass ihm etwas passiert sei, vielleicht wissen Kriminelle um den Reichtum von ihm und haben ihn überfallen, fantasierte sie. Leider musste ich der armen Mutter erklären, dass er heute Morgen seine Schulden bei uns beglichen habe, das wohl mit ihrem Geld und zusammen mit seinem Hab und Gut in ein Taxi gestiegen war. In ihrer Naivität behauptete sie, dass er das Zelt nicht mehr brauchen würde, da sie zusammen in die Toskana fahren würden. Er habe das Zelt sicher einer gemeinnützigen Organisation gespendet. Gemeinsam fanden wir den Zeitpunkt optimal, um die Polizei zu verständigen. Ich aus Überzeugung dem Halunken das Handwerk zu legen, sie aus Angst, dass ihrem Angebeteten etwas passiert sein könnte. Irgendeinmal im Laufe des späten Nachmittags gingen der armen Frau auf dem Polizeiposten die Augen auf, als ihr Bilder vorgelegt wurden. Auf einem erkannte sie ihren reichen israelischen Reeder. Er war zur Fahndung ausgeschrieben und hatte unzählige Frauen um ihr Geld betrogen. Einige dazu sogar geschwängert!

Da er in regelmäßigen Abständen immer wieder eincheckte, vermutete ich, dass er in naher Zukunft bestimmt wieder auftauchen würde. Ich erhielt von der Polizei den Auftrag bei seinem allfälligen Erscheinen eine bestimmte Nummer anzurufen. Es werde dann eine verdeckte Ermittlerin auf dem Camping eingeschleust, um mit ihm anzubändeln. Tatsächlich, kurz vor Ende der Sommerferien erschien der Typ an der Rezeption. Er werde bei der Abreise bezahlen, erklärte er der Rezeptionistin. Diese war vorgewarnt und forderte ihn auf, die Gebühren sofort zu bezahlen. Ohne zu murren, beglich er die Rechnung. Zwei Stunden später, bereits in Begleitung einer Frau, saß er bei einer Flasche teuren Wein im Restaurant. Keiner und keine von uns hatte die verdeckte Ermittlerin vor ihrem Einsatz gesehen, so wussten wir nicht, ob er die «Richtige» erwischt hatte. Bereits am Nachmittag hatten wir die Gewissheit, dass es die Falsche war! Hinter dem Rücken seiner momentanen Begleiterin, machte er sich an die Polizistin heran. Dummerweise wurde er von der Nebenbuhlerin dabei beobachtet. Diese ging mit einem Regenschirm gleich auf alle beide los. Unser Personal musste eingreifen. Die Polizistin zückte die Handschellen und wie von Geisterhand erschienen plötzlich zwei weitere Polizisten, die den Israeli abführten. Unser Personal war immer noch damit beschäftigt, die Dame mit dem Regenschirm zu beruhigen. Erst als eine weitere zivile Fahnderin auftauchte und der Betrogenen erklärte, dass ihre Aussagen wichtig sein könnten, beruhigte sie sich.

Krieg auf dem Balkan

In den Neunzigerjahren wütete auf dem Balkan im ehemaligen Jugoslawien ein übler Krieg. Kaum hatte Tito die Macht über den Vielvölkerstaat verloren, beanspruchten verschiedene Ethnien und Völker Land- und Machtanteile für sich. Zuerst bekämpften sich die Serben und Bosnier. Die Fahrenden galten als staatenlos, wurden verfolgt, eingesperrt, zwangsrekrutiert oder sogar getötet. Die Zwangsrekrutierten wussten nicht, ob sie in der serbischen Armee oder in der bosnischen Miliz eingetreten sind. Als «Minderwertige» schickten die Feldherren sie an die Front an dem sowieso seltenen Bosnier oder Serben kämpften, sondern Söldner aus westeuropäischen Staaten. So kam es, dass sich Familienmitglieder an der Front gegenüberstanden. Wer nicht flüchten und desertieren konnte, hatte kaum eine Überlebenschance. Viele flüchteten über Slowenien, das Land, welches sich aus den Kriegswirren heraushalten konnte, nach Österreich. Darum besuchten nun Fahrende mit Wiener Kontrollschilder das Eichholz. Die Geschichten vom Krieg erzählten mir junge Männer am Lagerfeuer am Aareufer. Es gab keine Familie, die nicht mindestens ein Familienmitglied verloren hatte.

Alban, er arbeitet als zuverlässige Hilfskraft seit einigen Jahren bei mir auf dem Campingplatz, stammte aus dem Kosovo. Seine Familie wohnte in der Nähe von Srebrenica. Am Morgen des 2. Juli 1995 teilte mir Alban mit, dass er sofort in den Kosovo fahren müsse, um seine Familie zu retten. Obwohl wir mitten in der

Touristen-Hochsaison waren, erlaubte ich ihm sofort zu fahren. Eine Woche später fuhr der weiße Toyotabus vor die Rezeption. Alban stieg aus und stellte mir seine Familie vor, also nur die Männer, den Frauen war der Kontakt mit anderen Männern verboten. Sein Vater, traditionell albanisch gekleidet, trug auf dem Kopf die Qeleshe, das typische weiße Käppi. Als Kleidungsstück diente ein weißer Umhang, der mit einem Gürtel um die Taille befestigt war. Alban stellte zwei Zelte auf und seine Familie lebte einige Wochen im Eichholz, welches für sie wie ein Flüchtlingslager wirken musste. Die Rettung der Familie geschah in letzter Minute! Am 9. Juli 1995, also bloß ein Tag, nachdem Alban mit seiner Familie im Eichholz eingetroffen war, richteten die Serben in Srebrenica ein Blutbad unter den Augen der dort stationierten NATO-Soldaten an. Tausende Männer und Jugendliche wurden abgeführt und in den umliegenden Wäldern hingerichtet. Alban, der die Geschehnisse am Fernsehen mitverfolgte, war ab diesem Zeitpunkt nie mehr derselbe. Geplagt von Depressionen und Schuldgefühlen, ließ die Arbeitsleistung nach. Das Erlebte auf der Flucht, er musste das Land über die Grenze nach Griechenland verlassen, hinterließ ebenfalls tiefe Spuren in seiner Psyche. Er heuerte, wie er mir später erzählte, eine Gruppe UCK Söldner an, welche ihn und seine Familie bis zur griechischen Grenze eskortierten. Der Grenzübergang war von Serben besetzt, ein Passieren für muslimische Albaner somit unmöglich. Die Söldner scherten etwa 500 Meter vor dem Stützpunkt rechts und links in den Wald aus und griffen die serbischen Milizen von der Seite her an. Alle dort anwesenden serbischen Soldaten wurden erschossen! Die Söldner winkten dann Alban mit seiner Familie über den Grenzübergang, kassierten eine Handvoll Geldscheine und verschwanden wieder. Seine Nichte, die er gerne auch in die Schweiz mitgenommen hätte, sprang vor seiner Ankunft aus Verzweiflung und Scham aus dem dritten Stock des Wohnhauses ihrer Eltern. Sie wurde einige Tage zuvor von einem serbischen Söldner vergewaltigt.

Der Hochstrasser

Immer mehr häuften sich die schriftlichen Reservationsanfragen. Zu diesem Zeitpunkt eine Herausforderung, da es weder Computer noch E-Mail gab! Die Anfragen trafen per Briefpost bei uns ein. Kurz vor der Hochsaison überquoll unser Briefkasten mit Briefen aus der ganzen Welt. Auf der alten Hermes-Schreibmaschine beantwortete Barbara die Briefe. Als gelernte Kauffrau tippten ihre Finger in einem unglaublichen Tempo über die Tasten. Ein Kohlepapier zwischen den zwei eingespannten Blättern garantierte eine Kopie für die Ablage. Für mich war das Schreiben auf dem Gerät kaum möglich.

Eine Hermes Schreibmaschine

Als gelernter Landschaftsgärtner beherrschte ich nur das Schreiben mit den beiden Zeigefingern. Verfehlte ich eine Taste, verklemmte sich mein Finger schmerzhaft zwischen den Metallbügeln, an deren oberen Ende die Taste angebracht war. Die Briefe glichen sich fast aufs Wort, nur die Anrede, das Datum und die Preisangaben waren verschieden. Warum mussten diese Briefe immer wieder neu geschrieben werden, wenn es nur so wenige Änderungen gibt? Ich rief den Herr Hochstrasser an, welcher in Muri die Computer für groß Unternehmen zusammenbaute und einrichtete. Nachdem ich ihm meine Situation geschildert hatte, meinte er, ich soll doch vorbeikommen und gleich ein Fahrzeug mitbringen, in dem die Geräte verladen werden können. Das Fahrzeug war kein Problem, wir hatten damals einen VW T2 Diesel mit 42PS und ganz viel Laderaum! Vom Rückweg aus den Skiferien in Grächen, schafften wir es von Gampel bis nach Goppenstein auf nie mehr als 40km/h. Vor uns war die Straße jeweils leer – hinter uns bildete sich eine lange Kolonne! Ich parkte den Bus vor der Villa von Herrn Hochstrasser und klingelte. Sofort surrte das groß Gartentor, öffnete sich langsam und ich trat ein. Herr Hochstrasser schleppte verschiedene graue Kisten herum und meinte, dass das alles für mich sei, schließlich sei ich der beste Gärtner gewesen, der je seinen Garten gepflegt hatte. Er habe eine große Bank mit neuen Computern ausgerüstet und diese, die Alten, seien nun zum Entsorgen bereitgestellt. Der beste Bildschirm, Drucker und das beste Floppy-Laufwerk habe er für mich so umgerüstet, dass die Bankdaten gelöscht sind und so können sie auf dem Campingplatz zweckdienlich eingesetzt werden. Barbara war anfangs alles andere als begeistert!

Das größte Gerät war der Drucker! Eine flache Kiste mit unglaublichen Dimensionen. Im Papierfach war Platz für 500 A4 Blätter. Das System funktionierte wie eine alte Kugelkopfschreibmaschine. Die Kugel drehte sich in atemberaubendem Tempo um die eigene Achse, beim gewünschten Buchstaben angekommen, schlug sie auf das Farbband und druckte so das Gewünschte auf das Papier. Ich schaute beim ersten Brief, den ich ausdruckte, gespannt auf das Vorgehen. Welch eine Meisterleistung der Technik. Bis zu 5 Buchstaben druckte die Kugel pro Sekunde, was natürlich fernab meiner Schreibtechnik lag. Aber, da sich Briefe nun abspeichern ließen, konnte selbst ich als Bürobanause einfach die Anrede, das Datum und die Personenzahlen und den Preis ändern und den Druckbefehl geben. Mit lautem Rattern schoss das bedruckte Papier aus der Kiste. Das Format stellte ich so ein, dass einmal gefaltet, die Adresse genau da zu liegen kam, wo das Fenster des Kuverts war. Die anfängliche Skepsis von Barbara wich mit jedem Tag. Das Laufwerk, doppelt so groß wie ein Toaster, bot Platz für zwei Disketten in der Größe eines Esstellers. Die Disketten waren nicht fest wie eine Vinyl-Musikplatte, sondern flexibel und deformierbar, daher der Name «Floppydisk». In das eine Fach wurde die Programmdiskette geschoben, in das andere die Daten-CD. Kaum verriegelte man das Fach mit dem großen Hebel am Laufwerk, begann die Wunderkiste auch schon zu arbeiten! Wir legten uns innert kurzer Zeit ein kleines Archiv mit Daten-CDs an. Anfragen und Bestätigungen – pro CD eine Sprache. Die sich häufenden schriftlichen Anfragen waren nun sehr schnell beantwortet. Nicht selten, gerade einige Wochen vor den Sommerferien, brachte Barbara mehrmals die

Woche eine ganze Plastikkiste voller Briefe auf die Post. Leider konnten zu dieser Zeit die Reservationen noch nicht digital erfasst werden, daher mussten wir alles sauber und konsequent in die große Agenda eintragen. Unser Briefkasten drohte in dieser Zeit immer wieder mal zu überquellen. Schließlich empfing man mindestens gleichviel Briefe, wie danach versendet wurden. Barbara und ich nannten das neue technische Wundergerät «Hochstrasser». Meine Chefs interessierten sich umgehend für unseren Computer, da dieser viel moderner und praktischer war als die neuen Casio- Speicherschreibmaschinen, mit denen vor Kurzem die Verwaltung ausgerüstet wurde. Briefe und Dokumente ließen sich auf den neuen Geräten nur sehr beschränkt speichern. Schrieb ein gelernter Bürolist, welcher das 10-Finger-System von Berufes wegen gut beherrschte auf dem Gerät, arbeitete er deutlich schneller, als das Gerät die Daten zu verarbeiten mochte. Die Folge davon war, dass die Maschinen noch lange und mit viel Verzögerung das vorher Eingetippte auf das Papier wiedergab. Druckfehler waren demnach erst auf dem Ausdruck zu erkennen. Eine wirkliche Erleichterung für die Verwaltung waren diese Geräte sicher nicht.

IBM Flobby Disk Personal Computer

Eidgenössisches Turnfest 1996

Ab Februar brachte Ueli der Pöstler täglich viele Briefe zu uns. Barbara und der Hochstrasser waren im Dauereinsatz. Bereits bei Saisonbeginn am 20. April merkten wir, dass während der Dauer des eidgenössischen Turnfestes in Bern, etwas Besonderes auf uns zukommen wird. Der ganze Juni bis zum Beginn der Sommerferien war von Turnvereinen belegt. Mehr oder weniger große Gruppen, die im Innern von Lastwagen mit Zivilschutzbetten ausgestattet eine provisorische Unterkunft gebaut hatten. In Zelten zu übernachten pflegten, oder große Festzelte aufbauten, ausgerüstet mit Liegebetten und so zu provisorischen Unterkünften umfunktioniert wurden. Viele Wohnwagen und Familienzelte bedeckten die gesamte zur Verfügung stehende Fläche des Camping-Areals. Die je sechs Männer- und Damentoiletten, sowie die sechs Duschen, waren dauernd belegt und es bildeten sich jeweils lange Schlangen davor. Mir war es ein Rätsel, das Sportler, welche zu Wettkampfzwecken am Turnfest teilnahmen, solche Mengen Alkohol konsumieren konnten. Jede Gruppe brachte ihren eigenen Kühlschrank mit. Die größeren Gruppen sogar Kühlanhänger, um das Bier auf angenehme Trinktemperatur zu kühlen. Selbstverständlich wurde den Angestellten und mir dauernd Bier angeboten. Meist lehnte ich dankend ab. Anders Willi, er nahm jede Gelegenheit wahr, um zu einem oder mehreren Bierchen zu kommen. Bei Gruppen, welche freizügig mit dem Gerstensaft umgingen, schlich er bereits am Vormittag um deren Lagerplatz herum. Das Ergebnis war verheerend! Willi war während der drei Wochen Turnfest nie wirklich nüchtern. Gegen Ende des Anlasses wartete er bei einigen Gruppen gar nicht mehr, bis sie ihn fragten, ob er ein Bierchen möchte. Er öffnete jeweils selbstständig den Kühlschrank und bediente sich. Ich versuchte ihm klar zu machen, dass das so nicht gehe, hatte aber von den «Athleten» keine Unterstützung. Im Gegenteil, sie belustigten sich an dem betrunkenen Willi und hatten ihm tatsächlich erlaubt, sich selber zu bedienen.

Das größte Festzelt stand etwa in der Mitte des Wohnwagenplatzes. Ausgerüstet mit Küche, Schlafräume, Essecke und natürlich einem Kühlwagen, bot das Zelt Platz für etwa fünfzig Personen. Der Leiter der Gruppe beschwerte sich wegen plötzlichen Wasserlachen, welche sich im Zelt bildeten. Das Wetter war trocken, Anschlüsse und Abläufe waren richtig angeschlossen, es konnte sich also nur um einen Rohrleitungsbruch handeln. Ich organisierte einen kleinen Bagger, um im Zelt den nötigen Aushub vorzunehmen. Sobald sich die Gruppe auf den Weg ins Wankdorfstadion aufmachte, begannen wir mit den Bauarbeiten. Schon nach kurzer Zeit hatte ich eine große Grube ausgehoben, die sich langsam mit Wasser füllte. Daneben lagerte ein Stapel Rasengittersteine und ein großer Erdhaufen mit dem Aushubmaterial. Peter vom Marzilibad brachte mir eine Tauchpumpe, um das Wasser abzupumpen. Das Wasserrohr war freigelegt und die schadhafte Stelle sofort gefunden. Peter, als Leiter des alten Marzilibades, erfahren mit dem Reparieren defekter Leitungen, besorgte das Material und half mir die undichte Stelle fachmännisch zu reparieren. Die Grube mit dem Bagger zuschaufeln und die Gittersteine samt dem darin wachsenden Rasen wieder zu verlegen, war für mich ein Leichtes. Als die Truppe Turner und Turnerinnen wieder zurückkamen, war alles wie vorher, mit dem Unterschied, dass der Boden nun trocken war.

Angeln am frühen Morgen

So zwei drei Mal pro Woche gönnte ich mir ein paar Würfe mit der Spinnrute. Anstelle eines Spinners montierte ich ein sogenanntes «Tyroler System». Auf dieses wurde ein totes Fischchen montiert. Mit kurzen ruckartigen Bewegungen führte ich das Fischchen knapp über dem Grund durchs Wasser. Meist ging mir eine mehr oder weniger große Forelle an die Angel, obwohl ich nie länger als 15 Minuten dem Hobby frönte. Wieder einmal ging ich frühmorgens, ausgerüstet mit meiner Angelrute, zur Aare. Auf der großen Wiese kommandierte ein französisch sprechender Mann, der auf dem Campingplatz als Tourist angemeldet war, zwei Jungs herum. Der Kleinere war etwa 7 Jahre alt und der Größere so um die 10. Dem Größeren wurde ein Seil um die Taille gebunden. Am Ende des Seils war ein alter Autoreifen samt Felge befestigt. Der Mann jagte das Kind mit dem Autoreifen im Schlepptau, kreuz und quer über die Wiese. Wurde der Junge etwas langsamer, schrie ihn der Mann an und er steigerte sein Tempo wieder. Das ganze Prozedere dauerte täglich etwa eine halbe Stunde. Danach rannte der größere Junge sofort zu mir und er sah mir völlig verschwitzt und ausgelaugt mit Begeisterung beim Angeln zu. Ich verspürte nahe dem Ufer einen kräftigen Ruck an meiner Angelschnur. Da interessiert sich eine Forelle für meinen Köder, dachte ich. Ich fragte den Jungen, ob er es auch mal versuchen möchte. Sofort willigte er ein. Ich drückte ihm die Rute in die Hand, öffnete den Bügel der Rolle und mit meiner Hilfe schleuderte er das

Köderfischchen genau dahin, wo ich vor einigen Sekunden den Ruck verspürt habe. Kaum hatte Daniel, seinen Namen hat er mir inzwischen verraten, an der Kurbel gedreht, gab es einen kräftigen Ruck an der Angelschnur. Die Bremse der Rolle surrte und die Forelle nahm sofort einige Meter Schnur. Nach einem kurzen Drill gelang es mir mit dem Kescher die kapitale Forelle ans Ufer zu heben. Der Mund des Jungen stand weit offen, seine Hände zitterten. Hei, das hast du gut gemacht, lobte ich ihn. Voller Stolz präsentierte der Junge die über ein Kilo schwere Forelle seiner Familie. Die Familie, die aus einer heruntergekommenen Plattenbausiedlung in Charlesroi in Belgien stammte und deren Familienoberhaupt sich das Geld mit Wrestling-Kämpfen in rauchigen Kneipen verdiente, besuchte das Eichholz jedes Jahr. Ein paar Jahre später überragte klein Daniel mich um einen halben Kopf. Er spielte Fußball in der U16- später in der U20 Nationalmannschaft von Belgien. Als Daniel etwa 18 Jahre alt war, begleitete er mich das letzte Mal beim Angeln. Er erhielt einen Profivertrag bei einem großen Fußballklub und fand fortan keine Zeit mehr mit der Familie in die Ferien zu verreisen. Gelegentlich hörte ich etwas von ihm, als er bei Olympic Marseille und später bei Bayern München und in der Belgischen Nationalmannschaft spielte, aber grundsätzlich war der Kontakt abgebrochen.

Ich hatte immer mehr Mühe, überhaupt eine Forelle zu fangen. Innerhalb wenigen Jahren sank der Fischbestand in der Aare massiv. Turi, in der Zwischenzeit ein alter Mann geworden, erklärte mir, als ich ihn einmal zufällig traf, dass sich die Strategie des Fischereiinspektorats grundlegend verändert hatte. Es werden keine Fische mehr gezüchtet und ausgesetzt, um diese wieder zu fangen. Da wurde mir bewusst, dass wir Fischer nicht besser waren als die Jäger, welche die Fasane gleich nach dem Entlassen in die Freiheit abknallten. Vielmehr setze man jetzt auf Laichfischfang, erklärte mir Turi. Mit dem Elektrofangerät werden groß Muttertiere aus den Gewässern entnommen und gestreift. Das heißt, den weiblichen Tieren werden die Eier aus ihren Leibern in einen Kübel gepresst. Danach kommt vom männlichen Tier die «Milch» dazu. Mit einer Feder werden die beiden Komponenten sorgfältig miteinander verbunden. Die Eier sind nun befruchtet! In speziellen Gläsern werden diese nun ausgebrütet und als Sömmerlinge, Fischchen von etwa 3-5 Zentimeter Länge, in das Gewässer ausgesetzt, wo ein halbes Jahr zuvor ihre Eltern gefangen wurden. Welch ein Verbrechen an der Evolution, welche hunderttausende Jahre benötigte, um die Lebewesen zu spezialisieren und überlebensfähig zu formen! Das komplizierte Auswahlverfahren, welches sich jedes Lebewesen selbst auferlegt, wird umgangen. Der Eingriff in die fortlaufende Evolution wird durch den Menschen ignoriert, ja sogar massiv beeinflusst! Schlechte Gene gelangen in die Umwelt, die Folgen sind nicht absehbar!

Das Jahrhundert Hochwasser 1999
«Schläppi und das Hochwasser»

Der letzte Blumenstrauß von der «Prinzessin», wie sie sich nun selbst betitelte, welkte schon arg. Die Blumen konnten nicht vom tagelangen Dauerregen im Mai 1999, ausgelöst durch ein Tief über Genua, profitieren. Ihre Zeit in der Vase ohne Wurzeln war abgelaufen. Die Wetterlage ließ den Pegel der Aare jeden Tag höher steigen. Das Mattequartier und die leidtragenden Anwohner waren wieder einmal gefordert. Unmengen von Schwemmholz stauten sich an den Schleusen des Schwellenmätteli. Der Wasserdurchfluss wurde dadurch so stark eingeschränkt, dass sich das Wasser den Weg durch das Quartier suchte. Meterhoch rauschte die Aare durch die Straße und riss alles, was nicht festgebunden war, mit. Anwohner wurden mit Booten evakuiert und das Wasser stieg immer weiter. Im Eichholz reichte das Wasser bereits bis halb auf die Wiese. Die Kinderplanschbecken bildeten eine Stromschnelle. Das Schwemmholz türmte sich bei jedem Hindernis hoch auf. Die Feuerwehr gab den Befehl, die Zeltwiese zu evakuieren. Das war zwar kaum nötig, da bei diesem Hundewetter fast keine Zelte mehr auf dem Areal standen. Nur der Schläppi, zurzeit ohne Loge, wie er sagte, harrte beharrlich in seinem Zelt aus, obwohl das Wasser bedrohlich nah am Eingang seiner temporären Unterkunft stand. Der übermäßige Alkoholkonsum der letzten Nacht, hatte bei ihm Spuren hinterlassen. Er klagte über Kopfschmerzen und wollte unbedingt weiterschlafen. Ich setzte ihm eine Frist, da das Wasser bereits bei den ersten Heringen seiner Zeltverankerung angelangt war. Es folgte eine Besprechung mit dem Feuerwehrkommandanten. Mein Freund Pesche vom Marzili rief während der Besprechung an und schilderte mir die Situation vor Ort. Die Werkstatt und die Waschküche, sowie die Keller der Wohnungen seien soeben geflutet worden, erzählte er hörbar aufgeregt. Es gelte nun die Wasseraufbereitungsanlage der Schwimmbecken zu retten. Personal war genug vor Ort im Marzili. Pesche wurde zusätzlich vom Personal auch noch von der Feuerwehr Bern unterstützt. Ich sollte mich also aufs Eichholz konzentrieren. Da fiel mir Schläppi ein! Ich rannte zu seinem Zelt, das nun schon ganz vom Wasser umschlossen war, öffnete den Reisverschluss seines billigen Zeltes und fand Schläppi immer noch schlafend im Zelt vor. Seiner Atemtechnik hatte er zu verdanken, dass er kein Wasser inhaliert hatte. Er zog die Luft laut durch die Nase ein und ließ sie durch den Mund wieder entweichen. Sein Mund lag aber bereits unter der Wasseroberfläche, so dass bei jedem Ausatmen gurgelnde Geräusche zu vernehmen waren. Die Blasen, welche sich dabei bildeten, formten wohl begünstigt durch die Verunreinigung des Wassers, einen kleinen Schaumberg vor seinem Gesicht. Ich weckte Schläppi und konnte ihn endlich überzeugen, sich an einen geschützteren Ort zu begeben – dort schlief er weiter!

Das Jahrhunderthochwasser Mai, 1999

In den kommenden Tagen lies der Regen nach. Die Aare zog sich langsam wieder in ihr Flussbett zurück. Was blieb waren Unmengen Sand und Schwemmholz. Sofort bestellte ich einen 6 Tonnen Bagger bei einer bekannten Firma. In den nächsten Tagen wird wohl in der ganzen Schweiz kein Bagger mehr zur Vermietung frei sein, daher dürfte es von Vorteil sein, wenn ich mir früh genug Einen sichere. Bereits drei Stunden später fuhr der Tieflader vor und der Fahrer des schweren Gefährts lud den Bagger, ausgerüstet mit einer großen Planieschaufel ab. Sofort begann ich sorgfältig den abgelagerten Sand vom Rasen abzutragen, ohne die Grasnarbe zu verletzen. Innert kurzer Zeit türmten sich entlang des Aareweges groß Sandberge. Das Holz deponierte ich auf dem bereitgestellten Anhänger. Das Wasser zog sich langsam zurück und fast zeitgleich entfernte ich den Sand vom Rasen. Nach zwei Tagen, die schwere Maschine zeigte 21 Betriebsstunden an, war der Rasen freigelegt, der Fluss zurück in seinem Bett und dort, wo der steinige Strand war, erstreckte sich nun ein langer Sandstrand, den ich mit der Baggerschaufel geschickt planierte. Eine Woche später, der Bagger war längst wieder abgeholt worden, wurde eine Delegation der Stadtverwaltung und der Gemeinde Köniz vorstellig, um sich den Schaden an der Grünanlage anzusehen. Der Campingplatz war kaum betroffen, ein paar Äste und kleine Schwemmholzteile hatten wir längst weggeräumt. Die Wiese war zum Erstaunen der Delegation sauber von Sand und Holz. Sogar das Gras begann zu sprießen und bildete einen hellgrünen Flaum auf der ganzen gereinigten Fläche. Zusammen mit den noch vorhandenen Gräsern, schloss sich die Grasnarbe innert kurzer Zeit wieder zu einer schönen Rasenfläche. Die Feuerstellen entlang der Aare und das Kinderplanschbecken konnte bereits genutzt werden. Sie fragten mich, wie denn das möglich sei, da überall viel Sand und Holz angeschwemmt worden war und die Eichholzwiese sauber blieb. Kurz erklärte ich mein Vorgehen und ergänzte, dass dann demnächst eine Rechnung für die Baggermiete ins Haus flattern dürfte. Was machen wir jetzt und wo ist der ganze Sand geblieben? Fragte mich ein Verantwortlicher der Stadtgärtnerei. Ich zuckte mit den Schultern und zeigte auf den Sandstrand, wo sich bereits einige Leute niedergelassen hatten und die neue Attraktion genossen. Das Holz haben wir bei den Feuerstellen aufgetürmt. Scheint die Sonne ein paar Tage, werden sicher zahlreiche Grillfeuer dafür sorgen, dass das Depot schnell kleiner wird. So war es dann auch. Bereits zwei Wochen nach dem Hochwasser mussten die Gäste schon wieder Holz suchen für ihre Lagerfeuer. Der Sandstrand hielt bis Ende Sommer. Nach einem kräftigen Gewitter schwoll die Aare schnell an und der Wasserstand erreichte fast den Aareweg. Der ganze Sand wurde abgetragen und der Strand präsentierte sich danach wie früher mit steinigem Untergrund.

Besuch aus Tunesien

Eine sichtlich beunruhigte Dame, nur bekleidet mit einem Bademantel, beschwerte sich an der Rezeption, dass da irgendetwas in der Ecke in der Duschkabine läge. Ich habe da schon einiges erlebt: Gebrauchte Pariser, Windeln, Binden, Slipeinlagen, verdreckte Unterhosen und gelegentlich kam es vor, dass einem Gast die Zeit zur Toilette nicht mehr reichte und als Folge davon ein Häufchen in der Duschkabine lag. Aber das, was ich vorfand, übertraf meine Erwartungen! Ganz in der Ecke der Kabine war zwar ein «Häufchen», aber dasselbe bewegte sich ganz langsam. Beim genaueren Hinsehen stellte ich fest, dass es sich um eine Schlange handelte. Das Tier hatte wohl bei dem nasskalten Wetter ein warmes Versteck gesucht. Oft fanden wir Schlangen auf dem Areal, gerade gegen Ende des Sommers, in dieser Zeit gehen die Reptilien auf Brautschau. So kam es jeden Sommer vor, dass wir Schlangen in Sicherheit bringen mussten. Meist Ringelnatter und gelegentlich kriegten wir eine Aspisviper zu Gesicht. Letztere verkrochen sich mit Vorliebe in den Haufen des Hecken-Abschnitts, welche nach dem Zurückschneiden entstanden sind. Hob man den Haufen mit der Gabel hoch, blieb die schwarz-weiß gefärbte Schlange am Boden zurück. Da ein Biss unangenehm schmerzhaft ist, luden wir sie jeweils auf die Schneeschaufel, um sie in Sicherheit zu bringen. Mit dem Federbesen bildeten wir einen Käfig, so waren die Tiere gefangen und ließ sich problemlos transportieren. Gerade Touristen aus Südeuropa kannten in der Regel keinen Skrupel gegenüber den Reptilien und würden diese töten. Da die heimischen Arten allesamt bedroht sind und wir zum Schutz beitragen wollten, mussten wir jeweils schnell handeln, damit uns kein Tourist zuvorkam. Das Reptil am Schwanz packen, in einen Reinigungseimer legen, am besten mit etwas Wasser am Grund, damit das Tier nicht herausspringen kann, dann so rasch wie möglich ins Gebiet der alten Fischzucht gehen, um sie dort wieder in die Freiheit zu entlassen. Aber dieses Exemplar, das sich in der Duschkabine eingenistet hatte, ließ sich nicht am Schwanz packen! Sein Kopf, so groß wie eine Kinderhand drehte sich genau zu mir und beobachtete jede Bewegung von mir. Die kalten langen vertikalen Pupillen ließen vermuten, dass es sich wohl nicht um eine der bedrohten einheimischen Arten handelte! Die zwei Hörner oberhalb der Augen bestätigte meine Vermutung. Besser die Hände weg und mit einem Hilfsmittel versuchen die Schlange zu fangen. Mit einem Ruder eines Gummibootes versuchte ich sie aus der Ecke zu ziehen. Sehr rasch und flink huschte sie jedoch immer wieder in die Ecke zurück. Nun lud ich die Schlange auf die Ruderschaufel und hob sie vorsichtig hoch und bewegte mich langsam rückwärts aus der Duschkabine. Etwa zwei Meter von der Kabine entfernt, geleitete sie vom Ruder und versuchte zu flüchten. Ich packte das Tier am Schwanz, wie ich es bei vielen mir bekannteren Schlangen auch schon getan hatte, und hob sie sofort hoch. Die sandfarbige Schlange wand sich um ihren eigenen Körper und schaffte es, sich an sich selbst in die Nähe meiner Hand zu bewegen. Mit der linken Hand packte ich nun, bevor der Kopf meine rechte Hand erreichte, das Reptil am Hals, unmittelbar hinter dem flachen Kopf. Nun wand sie sich um meinen linken Arm, konnte aber mit ihren Zähnen keinen Schaden mehr anrichten. Vorsichtig und ohne Hast lief ich über die Wiese, auf der sich einige Badegäste sonnten, der Fischzucht entgegen. Plötzlich stand ein Mann neben mir und stellte sich als Arzt vor, der im Berner Tierspital in der Abteilung Pathologie arbeitete. Er kenne sich aus mit Reptilien, da er Untersuchungen an kranken Reptilien vornehme. Diese Schlange scheint aber ziemlich gesund zu sein, gab ich zur Antwort. Ich habe ihn falsch verstanden, meinte er habe nicht daran gedacht diese Schlange als Studienobjekt zu missbrauchen, vielmehr wolle er mich warnen! Es handle sich um eine Art einer Hornviper, welche hier nicht heimisch sei. Es gäbe zwar Antivenine in den Spitäler, welche wirksam gegen Schlangenbisse wirken, aber ein Antivenin das gegen das Gift einer Hornviper wirkt, das sei schwierig innert nützlicher Frist zu bekommen. Intuitiv streckte ich das Tier etwas weiter von meinem Körper weg und ging mit etwas schnelleren Schritten meinem Ziel entgegen. Natürlich habe ich den Arzt gefragt, was ich mit dem Tier anstellen soll. Aber eine Lösung ließ sich nicht finden. Er meinte, dass in Freiheit, die sich an heißen Wüstensand gewöhnte Schlange, kaum lange überleben würde. Und ewig ließe sich das Tier auch nicht so herumtragen. Eine zeitnahe Lösung musste gefunden werden! So setzte ich mit einem kräftigen Wurf die Schlange in der alten Fischzucht aus, im Wissen, dass das ihr Todesurteil war. Sie landete in einem Weiher und machte sich sofort und unglaublich schnell davon. Sie tat mir leid, aber eine andere Lösung gab es leider nicht. Zu Hause bei Frau, Kindern und Hund wäre eine Haltung schlicht nicht zu verantworten gewesen, zumal ich keine Ahnung hatte, wie

Schlangen zu halten sind. Wer weiß, wie lange es dauern würde, bis ich einen Platz für das Reptil gefunden hätte? Dazu wären vermutlich meine Frau samt Hund und Kindern sofort ausgezogen, wenn ich das Tier nach Hause gebracht hätte.

Von irgendwoher musste die Schlange gekommen sein! Am Abend klärte sich dann das Rätsel. Eine große Familie aus Tunesien war zu Gast bei uns. Auf einem alten Saurer-Lastwagen war ein großer Caravan montiert. Eine Einrichtung, welche wohl in Europa nicht straßentauglich gewesen wäre. Der lange gerippte Schlauch des Grauwassertanks lag am Boden und das schmutzige Wasser versickerte im Gras. Vermutlich entsorgten sie bereits, bevor sie die Straße von Gibraltar mit der Fähre überquerten, das Schmutzwasser auf diese Weise. Angezogen von Essensresten oder sogar von Mäusen, fand die Schlange den Weg in den Tank, aber kein Weg mehr hinaus, bis die Familie bei uns Halt machte. Das kalte Wetter und der vermutlich bis zum Abflussrohr volle Wassertank ermöglichte der Schlange ihr Versteck zu verlassen. So jedenfalls hat es Miss Austria nach genauen Recherchen herausgefunden!

Tiere entlaufen

Während der Kaffeepause beobachteten wir, wie ein Lastwagen beladen mit Kies, rückwärts bis zum Büffelgehege, welches damals noch an der Aare lag, zirkelte. Dort angekommen, kippte er seine Ladung seitwärts ins Gehege der Wisente (Europäische Bisons). Vermutlich planten die Tierpfleger die Anlage mit neuem Kies aufzuwerten. Der große Kieshaufen reichte bis zur Oberkante der Mauer, welche den Wisenten der Weg in die Freiheit versperren sollte. Einige Mitarbeiter warteten in ihren orangen Arbeitergewänder bereits auf die bestellte Ladung Material. Kaum hatte sich der Lastwagen von der Abladestelle entfernt, vernahmen wir auf der gegenüberliegenden Flussseite ein aufgeregtes Geschrei. Einige der Arbeiter rannten auf dem Aareweg flussaufwärts und verfolgten einen offensichtlich über den aufgeschütteten Kies entkommenen Büffelbullen. Das verstörte Tier sah sich bald mit entgegenkommenden Hündelern mit ihren Vierbeinern konfrontiert. Auf der Höhe des letzten Geheges bellten gleich mehrere Hunde das arme Tier an. Wohl von der plötzlich erhaltenen Freiheit überfordert, kehrte der Bulle um 180 Grad und lief wieder in die Richtung seiner Artgenossen. Doch da versperrten ihm anfänglich die Arbeiter den Weg. Er entschloss sich für das kleinere Übel und rannte gegen die Arbeiter, welche nun selbst die Flucht ergriffen. Das Bild hatte sich nun geändert. Noch vor einigen Sekunden verfolgten die «Orangen» den Wisent und nun schien es, als ob der Wisent die «Orangen» verfolgte. Einige Arbeiter, die weniger schnell rennen konnten, flüchteten auf die Treppen, die etwa alle 30 Meter zur Aare führten und den mutigen Schwimmern den Flussausstieg ermöglichen. In der Hoffnung, dass der Bulle nur gerade ausschauen und weiter flussabwärts rennen möge, kauerten bald auf jeder Treppe ein Arbeiter. Auf der Höhe des Geheges trabten die Artgenossen nervös und aufgeregt in ihrem Habitat herum. Einige Tiere brüllten laut, wohl um dem Flüchtigen zu sagen, dass er wieder heimkehren solle. Tatsächlich blieb der Bulle stehen und sprang zurück in das Gehege, auf demselben Weg wie er es verlassen hatte. Rasch rannten die Arbeiter heran und trugen mit den Schaufeln den Kieshaufen soweit ab, dass kein Tier mehr entweichen konnte.

Gelegentlich büxten Tiere aus dem gegenüberliegenden Tierpark aus. Meist war dies nach einem heftigen Sturm oder einem Gewitter der Fall. Herabstürzende Äste oder vom Sturm gefällte Bäume, welche die Gehege beschädigten, waren die Gründe, dass Tiere das Weite suchten. Da zwischen dem Eichholz und dem Tierpark die Aare eine natürliche Grenze bildet, fanden wenig Tiere den Weg ins Eichholz. Und doch schafften es gelegentlich einige bis auf die Liegewiese. So trafen wir einmal eine Gämse an, welche über den zu Boden gedrückten Zaun ihres Geheges entweichen konnte. Von Hunden gejagt, blieb der Gämse keinen anderen Weg als die Flucht in die Aare. Sie schwamm auf die andere Flussseite und erholte sich auf der sattgrünen Wiese von ihrem Schrecken.

An einem frühen regnerischen Morgen schnatterte ein Pelikan auf der Wiese. Überrascht rief ich den Tierpark an und informierte den Tierpfleger über den entflohenen Vogel. Kurze Zeit später fuhr in hohem Tempo ein Motorboot flussaufwärts Richtung Eichholz. Die Besatzung bestand nebst dem Bootsführer, aus einigen Tierpflegern, bewaffnet mit einem großen Netz. In der Zwischenzeit interessierte sich der Pelikan offensichtlich für mich. Er watschelte auf mich zu und bearbeitet meine Arbeitshose mit dem Schnabel. Das Boot legte im Eichholz an und ein Pfleger schrie, dass ich den Vogel sofort am Schnabel packen soll. Zur Erinnerung: Der Schnabel eines Pelikans ist so lang wie der Unterarm eines Menschen. Ich überlegte nicht weiter und griff beherzt zu, unmittelbar erstarrte der Vogel und bewegte sich nicht mehr, bis die Pfleger neben mir standen und ihn fachmännisch «transportfähig» verpackten. Sie hätten es verpasst, ihm rechtzeitig die Flügel zu stutzen, daher sei er entflogen. Wäre er hier nochmals gestartet, wäre er wohl verloren gewesen, klärten mich die Pfleger auf.

Wildtiere

Aufgeregt beklagen sich immer wieder Gäste, dass ihnen Hosengurten und Schuhe gestohlen wurden. Sogar eine lederne Handtasche sei nicht mehr zu finden. Die Bauchtasche, welche am Vortag auf dem Markt erstanden wurde, fehlte ebenfalls. Die Vorkommnisse zogen sich über mehrere Monate hin, ohne dass wir dem Rätsel auf die Spur kamen.

Ein Riesengeschrei, eine Traube Kinder und Erwachsene, die sich über die Zeltwiese bewegten, ließ uns vermuten, dass etwas Außergewöhnliches vor sich ging. Wir beobachteten zu zweit das Geschehen aus Distanz, konnten aber nicht feststellen, was der Grund der Aufregung war. Plötzlich rannte uns ein halbwüchsiger Junge entgegen und schrie zu uns, dass wir doch eingreifen sollen. Die verängstigte Füchsin mit ihren Jungen wisse doch nicht mehr, wohin sie fliehen soll. Wir gingen auf die Menge zu, verschafften uns etwas Platz und sahen umringt von Menschen, die verängstigte Familie Fuchs, die, gefangen in einem Gehege aus Menschenbeinen, nicht mehr wusste, wo sie hin sollte. Die Welpen scharrten sich um die Mutter und suchten Schutz. Sie fühlten wohl, dass sie ihnen auch nicht helfen konnte. Wir trieben die Leute auseinander. Zwei Hundebesitzer ließen sich nur mit Mühe vom Schauplatz entfernen. Sobald die Fuchsfamilie die gebildete Rettungsgasse sah, bewegte sich die Füchsin ganz vorsichtig vorwärts. Wir baten die Leute, sich weiter von den Tieren zu entfernen, aber schon nur ein rennendes Kind in weiter Entfernung reichte, dass die Fuchsfamilie wieder einen Fellknäuel bildete und regungslos im Gras verharrte. Wir schafften es einfach nicht, alle Leute, die sich auf dem Gelände befanden, zu erreichen und schon gar nicht sie ruhig zu stellen. Mein Kollege umlief die Menschentraube und brachte von der Werkstatt eine große Rolle gelbes Plastik-Absperrband. Schnell fanden wir einige hilfsbereite Frauen, Männer und Kinder, die uns halfen mit dem Band eine Fluchtzone abzusperren. Die Freiwilligen dienten als menschliche Zaunpfosten und wir zwei versuchten uns als Hirtenhunde und trieben die Menschenmenge hinter das Absperrband. Nun hatte Familie Fuchs freie Sicht ohne jegliche Menschen dazwischen, zu dem nahen rettenden Wald. Die Fähe, wie Mutterfüchse genannt werden, ergriff die Flucht, dicht gefolgt von ihren Welpen. Wir dachten, dass das für sie eine Lektion gewesen sei und sie sich sicher in nächster Zeit tagsüber nicht mehr sehen ließ. Diese Annahme stellte sich leider als falsch heraus. Bereits am nächsten Tag zottelte Familie Fuchs wieder gemütlich über den Campingplatz. Der Grund für ihr erneutes Erscheinen, waren Häppchen und Fleisch, die sie von Campinggästen erhalten hatten. Die gutgemeinte Fütterung war gar nicht in unserem Sinn. Die Aufregung legte sich zwar, weil die Familie Fuchs schon fast zur Normalität gehörte, aber mit jedem Tag und jedem Stück Fleisch wurden die Tiere frecher. Nach einer Woche munterten die ersten Kinder bereits mit viel Geduld die Füchse dazu auf, ihnen Fleischstücken aus der Hand zu schnappen. Wir versuchten die Gäste mittels Flyer «Wildtiere nicht füttern» zu animieren, dass sie die Tiere ja nicht füttern sollen. Den Allgemeinbegriff verwendeten wir, weil wir früher auch schon beobachtet haben, dass Igel und Marder verpflegt wurden. Trotzdem kam es einige Tage später zur Katastrophe. Ein zu vorwitziges Mädchen, welches dem Jöö-Effekt der Welpen nicht widerstehen konnte, streckte seine Hand mit einem Stück Brot soweit zu den Tieren, dass die Fähe zubiss. Eine tiefe Bisswunde in der Hand, die wir notdürftig verarzteten, eine hysterisch schreiende Mutter, ein noch lauter schreiendes Kind was das Ergebnis der unvorsichtigen Aktion. Die sofortige Einweisung ins Spital war unumgänglich. Die Übertragung der Tollwut, eine Krankheit, die bei Füchsen oft verbreitet ist, kann man nie ausschließen. Später meldete sich der Wildhüter bei uns. Er klärte uns auf, dass es für die Fuchsfamilie keine Rettung mehr geben kann. Einmal so an Menschen gewöhnt, werden wir die nie mehr los und Unfälle würden sich häufen. Vor all den Menschen könne er die Füchse nicht einfach erschießen. Er werde ihnen auflauern und so feststellen, wo sie ihren Bau haben. Danach werde er Gas einsetzen. Das Haus, welches sich unmittelbar neben dem Fuchsbau befand, verfügte über eine große Veranda. Der Zwischenraum vom Boden bis zur Unterseite der Veranda diente den Füchsen offensichtlich als Materiallager. Der Wildhüter bat uns, mit unserem Traktor und einem großen Abfallbehälter bei den Hausbesitzern vorbeizugehen. Da gebe es allerlei Sachen, die auf den Campingplatz gehörten oder zumindest von dort stammten. Tatsächlich fanden wir einen großen Berg an Schuhen, Ledergürteln, Handtaschen und sonstige Kleider sowie Gebrauchsgegenstände an denen sich Leder befand oder die aus Leder gefertigt wurden.

Das Ende der Kinderplanschbecken

Bei schönem Wetter rückte immer ein Angestellter mit dem Veloanhänger, beladen mit einer Kanne Javelwasser, einem Schlauch, Besen, Schaufel und Gießkanne aus, um die Planschbecken zu reinigen. Die Arbeit musste exakt erledigt werden, ein falsches Manipulieren des Ablassschiebers hätte zur Folge, dass das stark mit Javel (Chlor) versetzte Wasser direkt in die Aare gelangen konnte. Ein erster Schritt war das Wasser, vom vorigen Tag jeweils verschmutzt, abzulassen. Danach musste um das Becken herum mit dem Besen gewischt werden, weiter wurde der Beckenumgang und das Becken mit dem Schlauch abgeschwemmt. Der Schieber wurde nun geschlossen, damit der direkte Zugang zur Aare versperrt ist. Ein Liter Javel auf 15 Liter Wasser in der Gießkanne zubereitet, diente dazu die Betonböden, um und im Bassin zu desinfizieren. Das so ausgebrachte Chlor war bis zum Mittag in mehr oder weniger tolerierbarer Konzentration im Wasser nachzuweisen. Die regelmäßigen Wasserkontrollen durch den Verantwortlichen vom Kanton brachten immer dieselben Erkenntnisse: Erfolgte die Kontrolle am Morgen, überstieg der Chlorgehalt den Sollwert um ein Mehrfaches, in den Kontrollen am Nachmittag oder Abend konnten kein Chlor mehr nachgewiesen werden, was zur Folge hatte, dass sich Bakterien explosionsartig vermehren konnten. Zumal die Planschbecken oft zweckentfremdet wurde und zum Abwaschen der Pfannen, in welchen die immer zahlreicher werdenden Gruppen ihre Beilagen zum Grillfleisch kochten, als Hundepool oder zum Reinigen und Abwaschen der sandigen oder mit Rasenabschnitt verschmutzen Füße. Kein Wunder wurden wir regelmäßig auf den unhaltbaren Zustand aufmerksam gemacht. Eine Filteranlage einzubauen war keine Option, da kein Stromanschluss in der Nähe war. Die Frischwasserzufuhr immer etwas laufen lassen, war die einzige Möglichkeit das Becken einigermaßen «badfähig» zu halten. Das Fischereiinspektorat kontrollierte ebenfalls gelegentlich den Auslauf am Aareufer. Wurde zu viel Chlor nachgewiesen, musste die Frischwasserzufuhr sofort unterbrochen werden, da diese zur Folge hatte, dass das überflüssige Wasser in die Aare entwich. Ich hatte immer ein ungutes Gefühl, wenn ich Willi mit dem Veloanhänger über die Wiese zu dem Bassin schlendern sah. Diesmal sollte sich mein Gefühl nicht täuschen. Kurz nachdem Willi zurückgekehrt war, meldete ein Spaziergänger, dass tote Fische in der Aare trieben und es nach Chlor rieche! Ich wusste sofort was passiert war. Willi vergaß den Schieber zu schließen, bevor er das Bassin mir Wasser zu füllen begann. Die Polizei und das Fischereiinspektorat waren sofort vor Ort und nahmen den Schaden auf. Unmittelbar wurde das Planschbecken außer Betrieb genommen – für immer! Einige Jahre später mietete ich einen großen Raupenbagger und riss das ganze Bauwerk aus der Erde. Zerlegte es in kleinere Betonteile und fügte es mit mehreren 20m3 Abroll-Mulden der Entsorgung zu. Eine Transportfirma lieferte drei Lastwagen Erde, welche ich auch gleich mit dem Bagger in das große Loch schaufelte und planierte. Bereits im folgenden Sommer sprießte der Rasen und nichts schloss darauf, dass hier einmal Planschbecken standen.

Materialräume

Schnell wuchs der Geräte- und Maschinenpark, sobald ich die Anlage übernommen hatte. Ende der 80er-Jahre standen gerade mal zwei Container à 800 Liter zur Verfügung, um den anfallenden Unrat zu entsorgen. Auf der Wiese und dem Campingplatz standen vereinzelte Drahtkörbe mit einem Stahldeckel, die als Abfalleimer dienten. In diese Körbe passten dann 60 Liter Kartontüten. Das hatte bis jetzt ausgereicht. Doch die Besucherzahlen und vor allem das Verhalten der Besucher änderte sich schlagartig. Immer häufiger brannten Lagerfeuer, rauchten Grilleinrichtungen und fanden rauschende Partys statt. Um den anfallenden Unrat rationell entsorgen zu können, tauschte ich die Drahtkübel mit den Papiereinlagen gegen massive Stahlfässer aus. Zusätzlich kauften wir weitere vier 800 Liter Abfallcontainer. Das alte winzige Traktorli, welches knapp in der Lage war einen Container zu schleppen, wurde durch eine größere Maschine ersetzt. Weitere Gerätschaften kamen rasch dazu, doch Lagermöglichkeiten fehlten. Die Gemeinde Köniz nutzte den alten Schopf der Fischzucht als Materiallager. Nach kurzer Rückfrage durften wir den Schopf für unsere Zwecke nutzen, um Geräte, welche schließlich mehrheitlich für den Unterhalt der Liegewiese, die zu dieser Zeit vertraglich der Gemeinde zugeteilt war, dienten. In die beiden anderen Gebäuden zogen die Kaninchenzüchter ein. Hunderte Kaninchen wurden hier über Jahre gezüchtet. Der eine Züchter nennte zudem einige Schafe sein Eigen. Der Züchter, welcher seine Tiere im Gebäude hielt, wo früher die Eier der Fische in «Zugergläser» ausgebrütet wurden, gab sein Hobby auf und sogleich stand uns dieses Gebäude ebenfalls zur Verfügung. Hier werden bis heute Maurerwerkzeuge, Kies, Sand und sonstige Gerätschaften, die zum Bauen dienen, gelagert. Daher gaben wird dem Gebäude den Namen «Muurerbude»!

Housi der Schafzüchter, der das groß Gebäude nutzte, wo sich vor Jahren die Rundtröge reihten, fragte mich, ob ich während seinen paar Tagen Ferienabwesenheit seine Schafe und Kaninchen füttern könne. Da wir an unserem alten Wohnort in Ittigen Kaninchen und einige Schafe hielten und das Hobby zu Gunsten des Jobs im Eichholz aufgaben, freute ich mich wieder einmal ein paar Tiere betreuen zu dürfen. Täglich zwei bis drei Mal kontrollierte ich die Tiere. Der Gesundheitszustand der Schafe gab mir von Anfang an zu denken. Sie waren abgemagert, die Augenlider weiß, was auf eine Blutarmut hinwies. Als Ursache kam wohl nur falsche Ernährung oder zu wenig Futter in Frage. Beim genaueren Hinsehen entdeckte ich ein totes Lämmlein, abgemagert bis auf die Knochen, lag es wohl schon einige Tage in den hohen Brennnesselstauden. Die Aue, also die Mutter des Lamms, ebenfalls mager und ohne sichtbares Euter, trat nervös um den Brennnesselstock herum als ich mich näherte. Bei Bauer Bienz holte ich einige Ballen Heu und verfutterte diese sofort den Tieren. Bienz erlaubte mir eine Böschung zu «grasen». So rückte ich jeden Morgen um fünf mit der Sense aus um Gras zu mähen. Dieses verfutterte ich ebenfalls. Nach einer Konsultation mit dem Tierarzt, erhielten die Tiere zusätzliches Kraftfutter. Bereits nach wenigen Tagen ging es ihnen viel besser. Die Auen blökten als sie mich kommen sahen und rannten mir entgegen, die Lämmer spielten und hüpften im Gras herum. Vom Besitzer der Tiere fehlte weiterhin jede Spur! Aus den paar Tagen Urlaub die er sich gönnen wollte, wurden mehr als drei Wochen Abwesenheit! Ich präsentierte ihm bei seiner Rückkehr die Rechnung für den Tierarzt, das Futter und das Heu. Er erklärte mir, dass er gerade kein Geld habe und dann später bezahlen werde. Das Geld habe ich bis heute nie gesehen und ich werde es nie mehr sehen, da er längst verstorben ist. Ein paar Jahre später wurde das große Gebäude geräumt und diente von nun an dem Verein Naturreservat Eichholz als Stützpunkt. Die ehemalige Fischzucht wurde nun als Biotop bezeichnet. In unzähligen Fronarbeitsstunden bauten ein paar Individualisten das Gebäude zu einem Informationszentrum um. Ordnung und Sauberkeit hielten Einzug. Dinge die der Fischzucht seit der Schließung fremd waren. Die Socken, die ich erhielt, waren olivgrün, das passe nun besser zu mir, da ich ja nun mit der Landwirtschaft verbunden sei, wusste Miss Austria zu berichten.

Portatel

Fast zeitgleich mit der Erneuerung der administrativen Verwaltung des Campingbüros durch «Hochstrasser» führte Swisscom das erste Tastentelefon ein. Im Wohnhaus hing ein schwarzer Drehscheiben-Apparat mit einem roten Knopf in der Mitte. Der Hörer hing an einem Bügel seitwärts am Gerät und in der Rezeption wurde ein Drehscheiben- Standapparat eingesetzt – ebenfalls mit einem roten Knopf. Dieser diente dazu intern verbinden zu können oder intern zu telefonieren. Der Hörer lag auf zwei Bügeln über dem Gerät. Von einem Bekannten erfuhr ich, dass Swisscom neue Tastentelefone anbietet! Sofort tauschte ich die beiden Geräte gegen neuere Geräte aus. Die Schelte meines Chefs blieb nicht aus! Solch modernes Zeug sei nicht nötig und die Gerätemiete sei fünf Franken teurer, wer soll das den bezahlen? Er brauste mit seinem Opel Manta verärgert davon und irgendjemand hat es dann doch bezahlt – sicher nicht ich! Kurze Zeit später, die Kommunikationstechnik entwickelte sich in unglaublichem Tempo, wurde das erste drahtlose Telefon angeboten. Ohne vorher zu fragen, wer denn die nun noch teurere Miete bezahlen soll, bestellte ich ein solches Gerät. Die Reichweite übertraf all meine Erwartungen. Auf dem ganzen Gelände bis fast zum Schönausteg konnte ich telefonieren. Für Barbara eine riesige Entlastung. Musste sie doch immer das Telefon hüten, was damit verbunden war, dass sie sich nie allzu weit von einem unserer zwei Apparate entfernen konnte. Die außen am Wohnhaus montierten «Außenglocke» signalisierten zwar laut einen Anruf, aber in der Regel brachten die Anrufer zu wenig Geduld mit und legten auf, bevor man den Apparat erreicht hatte. An der Rezeption war ebenfalls eine Außenklingel montiert. Der Ton ließ einem vermuten, dass eine Herde Ziegen vorbeizog. Bis der Schlüssel gefunden, in schnellen Schritten zum Apparat geeilt, die Türe geöffnet und der Hörer abgehoben war, hatte das Gegenüber oft schon wieder die Geduld verloren.

Wandtelefon

Ein Aussteller, der jeweils an der BEA, die Landwirtschaft und Gewerbeausstellung in Bern, seine selbstgefertigten Lederwaren anbot, fertigte mir eine Ledertasche an, die ich am Gürtel tragen konnte. Das Portatel war zwar schwer und unangenehm zu tragen, aber unglaublich praktisch. Sogar mein Kollege und Freund, der Badmeister Peter, der die Anlage im Marzilibad leitete, besorgte sich ein solches Gerät. Nun konnten wir den Rüffel unseres Chefs auf zwei Schultern verteilen – und der blieb nicht aus! Er zweifelte an unserer geistigen Verfassung, betitelte uns als faule Säcke und das Herumtragen solcher Geräte sei nur Bluff. Aber der Wirbel legte sich einige Tage später wieder und Funktelefone gehören seit dieser Zeit zur Standardausrüstung aller Sportanlagen, Freibäder und Kunsteisbahnen. In der heutigen Zeit wird viel in komplexe Drahtlosanlagen investiert, gibt es einmal ein technisches Problem, befassen sich gleich eine ganze Anzahl «Verantwortlicher» damit. Die Reparaturen der Anlagen kosten dann mehrere Jahresmieten unserer Portaltelgeräten, geschweige denn die Neuanschaffung!

Sobald wieder ein neueres Gerät auf dem Markt war, tauschten wir das Alte aus. Die neuen Funktelefone waren witterungsbeständig, wiesen eine Tastensperre aus, damit man bei einer irrtümlichen Berührung nicht ungewollt ein Telefonanruf tätigte, waren aber nie mehr so leistungsstark wie das alte Portatel.

Portatel

Das Kamel

Bei einem meiner täglichen Kontrollgänge am frühen Morgen, in Begleitung von Cita, unserem ersten Hund nach Paddy, geschah etwas, was mir ohne geeignete Beweismittel kaum jemand geglaubt hätte. Wie immer lief ich gemütlich Richtung Aare. Der sonst am Morgen aufgeregte Hund schnüffelte an jeder erdenklichen Ecke und rannte gegen die Aare. Wie von einer Tarantel gestochen, kam der Hund angerannt und wollte unbedingt nach Hause. Er lief vors Haus, schaute die Türklinke an und winselte. Ich leinte den Hund, eine Deutsche Schäferhündin, an und marschierte wieder zügig Richtung Aare. Auf der Höhe der Schranke, die die Zufahrt zum Fluss absperrte, wollte Cita unbedingt nicht mehr weiter. Mit allen Vieren sträubte sie sich nur einen Schritt weiter zu gehen. Ich drehte mich um, lief rückwärts an der Leine zehrend und beruhigend auf den Hund einredend, dem Fluss zu. Sein Widerstand wurde mit jedem Meter größer und ich fragte ihn, im Wissen, das ich keine Antwort erhalten werde, ob er dem Leibhaftigen begegnet sei. Ich drehte mich wieder um 180° um und meinte etwas forsch zu ihm «schau, da ist nichts, komm jetzt einfach mit und mach nicht ein solches Theater». Ich traute meinen Augen nicht. Unmittelbar vor mir stand ein riesiges Kamel auf dem Aareweg und fraß genüsslich an der Hecke, welche um den Campingplatz den Maschendrahtzaun begrünte. Die Szene wirkte surreal und Cita suchte samt der Leine das Weite, weil ich vermutlich erschrocken bin und den Griff an dem Lederriemen unbewusst gelockert habe. Weil ich wusste, dass Kamele Vegetarier sind, beruhigte sich mein Puls langsam wieder. Im allerersten Moment war ich mir nicht sicher, ob ich überhaupt wach oder das alles ein Traum war. Da ich eigentlich nie Träume, oder zumindest am Morgen nichts mehr davon weiß, konnte ich diese Möglichkeit sofort wieder ausschließen. Die riesigen Füße, welche für das Fortbewegen im Sand optimiert sind und sich im Laufe der Jahrmillionen immer weiterentwickelt haben, sind wohl immer größer geworden, weil die Wüsten auch immer größer werden, befinden sich keine 50 Zentimeter von meinen Füssen entfernt. Angst, dass ich gefressen werde, hatte ich aus dem oben genannten Grund nicht, aber wenn ich die riesigen Füsse anschaute, wurde mir etwas mulmig. Wie würde ich das der SUVA erklären, wenn mir das Vieh auf die Zehen treten würde? Die logischste Frage war natürlich, wo kam das Tier her? Ein langsam dem Ufer entlang schlendernden Mann kam mir entgegen. Er erklärte mir, dass er zu der kleinen Community gehöre, die Rennkamele halte. Da es europaweit jährlich einige Treffen gab und er unterwegs zu einem solchen Treffen war, kam es zu der Begegnung. Er sei spätabends im Engadin Richtung Frankreich abgefahren und kurz vor Bern war er so müde, dass an ein Weiterfahren nicht mehr zu denken war. Im Ostring verließ er mit seinem Anhänger die Autobahn und folgte der Camping-Signalisation. Camping ließ sich mit schlafen in Verbindung bringen! Daher landete er im Eichholz. Er parkte den großen SUV mit dem Viehtransportanhänger auf dem Parkplatz und lud das Kamel aus. Das Paar marschierte Richtung Flussufer. An einem lauschigen Plätzchen band er das Kamel an einem viel zu dünnen

Zweig fest und schlief sofort ein. Nachdem ich nun den Grund für die Anwesenheit des Wüstentieres wusste, half ich dem Mann sein Tier in den Anhänger zu verladen. Bei der Wegfahrt winkten wir uns gegenseitig zu. Meine Kontrollrunden dauern in der letzten Zeit nicht mehr lange, da ich die Angelrute nie mehr dabei hatte. Der Fischbestand brach so stark ein, dass ich nicht einmal mehr das Fischereipatent löste. Im Haus angekommen fragte mich Barbara, wo ich solange gewesen sei. Sie habe sich schon Sorgen gemacht, weil Cita allein nach Hause gekommen war. Ich erklärte ihr, dass ich einem Typen geholfen habe, sein entlaufenes Kamel in den Anhänger zu verladen. «Ja genau, und ich habe mit einem Alien einen Stadtrundflug gemacht,» entgegnete Barbara – Ende der Konversation! Als Beweis meiner Begegnung mit dieser Art dienten dann die Fotos, welche ich geschossen hatte. Meine Kamera ließ ich tags zuvor in der Rezeption liegen. Als Cita das erste Mal den Rückweg antrat, schnappte ich sie intuitiv und es gelang mir einige Bilder zu schießen. Da zu dieser Zeit alle Kameras mit Filmstreifen gefüttert werden mussten, dauerte es noch eine Weile, bis das Beweismaterial nach dem Entwicklungsprozess per Post zugestellt wurden.

Kamel

Vom Affen gebissen

Bis Ende der neunziger Jahre stellte die Show «Holiday on Ice» ihr neues Programm zusammen. Im alten Zent-Areal in Ostermundigen betrieben sie eine kleine Eisfläche. Da wurde trainiert, Kostüme gefertigt und an der Technik geschliffen, dass die damals beliebte Show erfolgreich durch Europa touren konnte. Russische Eiskunstläufer quartierten sich gelegentlich bei uns ein. Sie verdienten zwar mehr Geld als in Russland, aber zu wenig um sich ein Hotel leisten zu können. Die Crew, viele Holländer und Franzosen hausten wie Zirkusartisten und Mitarbeiter in Wohnwagen und belegten damals jeweils gut einen Drittel der Fläche unserer Wohnwagenplätze während der Vorsaison. Da die Vorbereitungen von April bis Juni stattfanden, waren sie bei uns willkommene Gäste, denn zu dieser Jahreszeit waren damals wenige Touristen unterwegs. Die Beleuchtungsspezialisten waren meistens Holländer. Tontechniker und Bühnenbildner stammten oft aus der Tschechoslowakei. Wie beschrieben, mussten mangels finanzieller Möglichkeiten die Artisten, sehr gute Eiskunstläufer und Eiskunstläuferinnen aus Russland, welche es bis fast an die Weltspitze gebracht hatten – aber eben nicht ganz, in unseren bescheidenen und günstigen Zimmern hausen. Die Artisten, verwöhnt und sich an verschiedene Privilegien, die nur Spitzensportlern in der ehemaligen Sowjetunion vorbehalten waren, gewöhnt, traten entsprechend arrogant auf. Die ersten Tage, bis wir sie eines Besseren belehrt haben, brachten sie ihre verschwitzen Trainingssachen in einer Tragtasche zur Rezeption. «Waschen» meinten sie und drängten neben den anderen Touristen an den Schalter und legten die stinkenden Plastiksäcke auf die Theke. Ebenso einen Einkaufszettel mit Fressalien und Getränken, die sie gerne bis am Mittag hätten, wurde uns überreicht. Fast alle sprachen etwas Englisch, so konnten wir ihnen verständlich erklären, dass sie ihre Wäsche selber waschen müssen und erklärten ihnen das Kochen und Einkaufen für Gäste nicht zum Kerngeschäft westlicher Campingbetreiber gehörte. Dafür meldeten sie sich jeweils an der Rezeption ab, wenn sie in die Stadt gingen und sogar die etwaige Ankunftszeit, wann sie gedenken zurück zu sein, wurde uns mitgeteilt. Einige leisteten sich ein japanisches Auto, wenn es ihnen gelang, ihren antiken Wolga oder Antanov zu verkaufen. So nach ein paar Wochen normalisierten sich die Abläufe jeweils. Allerdings grenzten sich die Athleten immer von den Crewmitgliedern ab. Die Handwerker saßen jeden Abend um ein Grillfeuer, assen und tranken und rekapitulierten das Tagesgeschehen. Die Athleten verpflegten sich einzeln mit Fertiggerichten aus dem Warenhaus und probierten ihre neuen glitzernden Kleider an. Frauen und Männer immer getrennt – am Anfang! Sobald sie bemerkten, dass wir keine Staatsspitzel waren und uns egal war, was sie trieben, nutzten sie ihre Freiheiten und es ging sogleich drunter und drüber – vor allem drüber! Müssten frisch geborene Russen und Russinnen mit einer Warendeklaration versehen sein, würde sicher bei einigen «made in Switzerland, Eichholz» auf dem Deklarationsaufkleber stehen.

Die Eis-Shows mussten immer aufwendiger und spektakulärer gestaltet werden, um noch Besucher anlocken

zu können. Die Produzenten engagierten nun ehemalige
Spitzenathleten als «Headliner». Diese hausten dann natürlich in Hotels! Eine weitere Attraktion sollten eislaufende Schimpansen sein! Niemand war in der Lage, die
Tiere und ihren Betreuer samt großem Wohnwagen und
Anhänger zu beherbergen. Im Eichholz war das jedoch
problemlos möglich, dachte ich. Der englische Dompteur fuhr an einem milden Mainachmittag mit seinem
Gespann vor und wir haben ihm einen Platz neben den
Crewmitgliedern zugewiesen. Ich schaute in den Trailer,
welcher wie ein fahrendes Wildtiergehege aussah, aber
nur gegen hinten freie Sicht bot. Die armen Viecher saßen zusammengekauert in einer Ecke des Käfigs. Der
Betreuer rief etwas unverständliches in den Käfig und
sofort schnellten die Affen an das Gitter. Er streichelte
den Vordersten zärtlich über den Hinterkopf. Sichtlich
genoss der Primat das Prozedere. Ich versuchte ebenfalls
meine Hand auf einen Schimpansen zu legen. Mein Arm
war noch etwa zehn Zentimeter vom Gitter entfernt,
als die große schwarze Hand mich packte und zu sich
zog. Es fühlte sich an, wie in einem Schraubstock eingeklemmt. Je länger mich der Schimpanse im Griff hatte,
umso mehr schmerzte mein Arm. Der Betreuer redete
auf den Schimpansen ein, aber er lockerte seinen Griff
nicht. Nun drückte der Betreuer mir eine Orange in die
freie rechte Hand und animierte mich dazu die Frucht
so hinzuhalten, dass sie ins Blickfeld des Affen rückte.
Unmittelbar ließ der Griff nach und die schwarze Hand
schoss nach der Orange. Er packte sie und verzog sich
wieder in die Ecke im Käfig zu seinem Artgenossen. An
meinem Arm entstanden langsam blaue Flecken. Jeder
einzelne Finger des Primaten zeichnete sich auf der Haut

ab. Am Abend fragte mich Barbara, was denn mit meinem Arm geschehen sei, ich meinte, dass mich hier ein Menschenaffe gepackt und ordentlich zugedrückt hatte. Wenigstens wurden meine Schilderungen von Barbara nicht gleich als Unsinn abgetan, das Erlebnis mit dem Kamel hat wohl seine Spuren hinterlassen! Ihrem Gesichtsausdruck konnte ich entnehmen, dass sie berechtigte Zweifel an meiner Darstellung, wie es zu den blauen Flecken am Arm kam, hatte. Der Betreuer der Tiere fuhr jeden zweiten Tag in den Supermarkt in der Nähe und deckte sich mit Früchten ein. Er handelte ein Abkommen aus, welches ihm ermöglichte, kurz vor Ladenschluss das Gemüse und die Früchte, die am nächsten Tag nicht mehr verkauft werden konnten, zu einem günstigen Preis zu erwerben. Zu meinem Erstaunen war jeweils auch Fleisch dabei! Große Fleischstücke, die den Affen in den Käfig gelegt wurden. Ein paar Sekunden später war jeweils nichts mehr davon zu sehen. Der eine Affe schnappte sich ein Stück, schrie den anderen an, riss sein Maul auf und zeigte drohend die Zähne. Der Bedrohte wiederum wartete mit gesenktem Kopf in der Ecke kauernd, bis es ihm von seinem Artgenossen erlaubt wurde, auch davon zu fressen.

Die Tiere brauchten Bewegung und Training. Sie spazierten an der Leine des Betreuers, sehr zur Freude der anderen Campinggäste und Eichholzbesucher, auf dem Gelände herum. Beide Tiere waren mit poppigen T-Shirts und Latzhosen bekleidet. Eine kurze Unaufmerksamkeit beim Einkleiden ermöglichte einem Schimpansen die Flucht auf die neben dem Wohnwagen stehende große Pappel. In Windeseile kletterte der Affe bis fast zuoberst auf den Baum und schrie laut heraus und sprang auf einem Ast auf und ab. Der Betreuer fragte mich um Rat und ich rief die Feuerwehr. Schon bei der Alarmierung, als mich der Einsatzleiter am Telefon fragte um was es ginge, hatte ich das Gefühl nicht ernst genommen zu werden. Der Einsatzleiter und ein Feuerwehrmann fuhren mit einem Golf 2 vor. Ich fragte ihn, wo denn die Drehleiter sei. Er wolle sich zuerst einen Überblick verschaffen, meinte er. Als er feststellte, dass tatsächlich ein Affe auf der Pappel herumturnte und sich zu allem Unglück seine lange Leine um einen Ast verheddert hatte, avisierte er die große Drehleiter. Die Vorschriften erlaubten keine Fremdpersonen auf der Leiter, welche bereits bis zu dem Affen ausgefahren war. So kletterten zwei Feuerwehrleute ohne Plan, was sie mit dem Tier anstellen sollten, wenn sie es erreichten, die Leiter empor. Der Betreuer warnte die Feuerwehrmänner und erklärte, dass ein richtiger Griff eines Schimpansen einem Menschen locker den Arm brechen konnte. Professionelle Feuerwehrmänner lassen sich nicht einschüchtern und beide stiegen zielstrebig dem Affen entgegen. Dieser merkte, dass seine Freiheit langsam aber sicher in Gefahr war, riss Äste ab und warf sie den mutigen Männern entgegen. Dabei schrie er immer lauter und sein immer wilder werdendes Gebaren auf dem Ast ließ befürchten, dass der Ast dem Druck nicht mehr lange standhalten konnte. Schließlich erreichten die Zwei ihr Ziel. Was denn nun genau anzustellen war, wusste jedoch keiner der beiden. In der Zwischenzeit steckte sich der Betreuer eine Zigarette an, öffnete eine Dose Bier, setzte sich auf einen Campingstuhl neben dem Wohnwagen und beobachtete die Szene mit einem Schmunzeln im Gesicht. Der Einsatzleiter befahl den beiden das Tier zu packen und es hinunterzubringen. Der mutigere der Beiden langte nach dem Schimpansen. Der war zwar durch die Leine in seinen Bewegungen stark eingeschränkt, aber schneller als der Feuerwehrmann war er allemal. Er schnappte die Hand des Mannes und biss kräftig zu. Zum Glück trug der Mann starke Arbeitshandschuhe, trotzdem konnte er seine Hand nicht mehr einsetzen und trat den Rückweg an. Er jammerte und zog vorsichtig den Handschuh aus. Das sah übel aus! Neben dem Daumenmuskel klaffte eine Fleischwunde und der Handrücken war bereits stark geschwollen und verfärbte sich dunkelblau. Nun genug meinte der Betreuer der Tiere, er stand auf kletterte die Leiter empor, schickte den zweiten Mann herunter und setzte sich zuoberst auf die Leiter. Er flüsterte mit dem Schimpansen und löste dabei die Leine. Der Affe ging auf seine Bezugsperson zu, klammerte sich an ihm fest und ließ sich langsam die Leiter heruntertragen. Bereitwillig ließ er sich in den Käfig legen und als Belohnung erhielt er einen ganzen Bund braun angelaufener Bananen. Der verletze Feuerwehrmann musste sofort ins Spital gebracht werden. Noch vor Ort füllte, wie es die Vorschriften verlangte, der Einsatzleiter ein Unfallprotokoll aus. Er fragte mich, was er den bei «Unfallhergang» schreiben sollte. «Schreib einfach vom Affen gebissen, die werden sich dann schon melden, wenn sie Fragen haben», entgegnete ich ihm. Der andere Feuerwehrmann entledigte sich in der Zwischenzeit von Teilen seiner Uniform, um überhaupt im VW-Golf Platz zu finden. Der Verletzte setzte sich jammernd und immer noch in voller Montur auf den Beifahrersitz und sie fuhren los! Gerne hätte ich erfahren, wie sie den Ärzten den Unfallhergang glaubwürdig schilderten.

Osttouristen und «moderne» Technik

Einige Jahre nach dem Fall der Mauer, trafen gelegentlich auch «ganz normale» Touristen bei uns ein. Familien, welche von der neuen Möglichkeit die Grenze nach Westen ohne Hindernisse zu überqueren, Gebrauch machten. Die Autos, mit welchen die Osteuropäer den Weg unter die Räder nahmen, hießen Antonov, Trabant, Wolga, UAZ oder im Westen auch bekannt der Lada. In ihrem Heimatland war der Besitz eines Autos nur für Kolchose-Leiter, hohe Beamte oder Parteifunktionäre möglich. Das änderte sich erst einige Jahre nach der Wende. Die Autos, bei uns eine Sensation, wurden von den europäischen Touristen bestaunt und bewundert. Oft machte ein einheimischer Sammler einem Touristen ein Angebot, welches den Neupreis eines Ostmodells bei Weitem überstieg. Oft wurden die Autos gleich getauscht. Sehr gut erhaltene Japaner wurden gegen die Ostmodelle eingetauscht. Die Händler organisierten die Formalitäten für die Touristen, übernahmen die Überschreibungsgebühren und bezahlten auch gleich die fälligen Zollabgaben. Heute würde man von einer Win-Win-Situation sprechen. Groß war die Freude jeweils bei den Ost-Familien, die ihren alten, über zwanzigjährigen Wolga oder Antonov gegen einen zwei Jahre alten Toyota Previa oder sonst einen gut erhaltenen Japaner oder Franzosen eintauschen konnten und erst noch tausend deutsche Mark dazu erhielten, was deutlich mehr war als damals ein Monatslohn. Mit den hier üblichen technischen Geräten taten sich die Osteuropäer anfangs schwer. Da wollte ein älterer Mann aus

Polen, welcher vorher noch nie weiter als in die nächste Stadt nahe dem ehemaligen Fürstentum Siebenbürgen gereist war, ein Anruf nach Hause tätigen. Die gelbe große Kiste neben dem Eingang der Rezeption, musste für den Mann aussehen, wie ein moderner Telefonautomat. Er fütterte den Automaten mit einer Anzahl Münzen und tippte auf der Tastatur eine lange Nummer ein, welche er von einem zerknitterten Notizzettel ablas. Offensichtlich suchte er irgendetwas an dem Apparat. Überall tastete er das Gerät ab, ohne das von ihm gesuchte Objekt zu finden. In seiner Verzweiflung fragte er Barbara, welche die Szene aus der Rezeption aus verfolgte; «wo Mikrofon?» Barbara versuchte ihm zu erklären, dass es sich bei dem Gerät um einen Briefmarkenautomaten handle, die Telefonzellen befänden sich zwanzig Meter oberhalb der Rezeption, meinte Barbara und zeigte mit dem Finger in die besagte Richtung. In der Zwischenzeit druckte der Briefmarkenautomat eine Wertmarke über Fr. 7.85 aus, das machte das Ding automatisch, wenn die OK Taste nicht innert fünf Sekunden gedrückt wurde. Auf der Poststelle konnte der arme Mann sein Wertpapier wieder gegen Bares umtauschen – er war sichtlich erleichtert! Eine große Familie, welche mit einem UAZ anreiste, fragte nach dem Einchecken, ob sie waschen könnten, da die Kinder ihre Hosen und Unterwäsche beim letzten Campingplatz im Osten Deutschlands verschmutzt hätten. Wir erklärten kurz den Ablauf und wie der Geldautomat funktionierte, und machten uns keine weiteren Gedanken darüber. Kurz darauf wurde die Frau vorstellig und erklärte, dass beim Waschautomaten kein Wasser in der Trommel sei und daher die Wäsche nicht gewaschen wird. Die Trommel drehe sich und Motorengeräusche waren bis vor Kurzem auch zu vernehmen, aber eben, dass Wasser fehlte. Ihr Mann habe nun Abhilfe geschaffen. Verwundert machte ich mich auf den Weg zur Waschküche. Die Waschmaschine drehte wie gewohnt, der Schaum den die Wäsche rumwirbelte, ließ auf nichts Außergewöhnliches hin schließen. Doch aus dem danebenstehenden Wäschetrockner floss das Wasser aus der Türspalte. Ich öffnete den Tumbler und ein Schwall Wasser schoss mir entgegen. Da er festgestellt hatte, dass der Maschine kein Wasser zugeführt wurde, habe er mit einem Eimer Wasser nachgegeben, erklärte mir der erstaunte Mann. Ich erklärte ihm, dass es sich bei dieser Maschine um einen Wäschetrockner handelte. Bei einigen Familien im Osten waren selbst zu dieser Zeit Waschmaschinen im Einsatz. Es gab auch Kolchosen, welche bereits mit Waschautomaten ausgerüstet waren, aber von einer Maschine die Wäsche trocknet, hatte der nette Herr noch nie etwas gehört.

Während einigen Jahren boomte das Reisen mit Reisebussen. Vor allem spanische Gruppen bevorzugten die Art der Reiserei. Die spanische Wirtschaft, welche sich zwanzig Jahre nach dem Tod von Franco, unter dem König Juan Carlos langsam erholte, ermöglichte dem Mittelstand zu reisen. Kompliziert zwar, aber es war möglich und günstig. Im Bauch der Reisebusse lagerten jeweils pro zwei Personen ein Zelt, sowie ein Pavillon für die Küche. Die für diese Zeit modernen Busse, die zum Teil sogar schon mit Klimaanlage ausgerüstet waren, meldeten sich immer vorher an. Ein Brief bestätigte die Ankunft und Barbara schrieb auf dem Hochstrasser die Bestätigung, dass wir Platz haben für 30–40 Zelte.

Oft kamen sogar mehrere Busse an einem Tag an. Die Aufenthaltsdauer war nie länger als drei Tage. Lachend und johlend trugen jeweils die Spanier die Zelte, Esswaren, Bier und Wein auf die Zeltwiese. Nach einiger Zeit standen die Zelte und die Gruppen vertrieben sich die Zeit mit Geschichten oder jagten Eichhörnchen hinterher, welche als Fotosujet hinhalten mussten. Cerveza und Wein flossen in Strömen. Die Stimmung war ausgelassen. Gegen zehn Uhr nachts begann die Kocherei für die Gruppe. Vor Mitternacht lag niemand im Zelt. Das günstige Reisen entdeckten auch die Polen. Lautes Röhren und Rauch, verursacht durch die alten Dieselmotoren der antik anmutenden Autobusse, kündigte jeweils an, dass eine polnische Gruppe in Kürze eintraf – immer ohne Voranmeldung! Generalstabsmäßig befahl der Reiseleiter jeweils wer welches Material auf die Wiese zu schleppen hatte. Die Zelte standen innert Minuten. Die gelben oder orangen Vorhänge der alten Busse wurden gezogen, um das Innenleben vor neugierigen Blicken zu verbergen. Der Kontakt mit der «Außenwelt» war nur den Reiseleiter vorbehalten. Die Leiter sprachen immer perfekt Deutsch und fragten ohne Umschweif das Nötigste, um der Gruppe die Schweizer Hauptstadt zeigen zu können. Fragen von unserer Seite, wenn es nicht gerade ums Campen ging, wurden keine beantwortet. Ich fragte mich, ob die Mauer wirklich gefallen war. Wenn die Spanier langsam die Cocina in Betrieb nahmen, war bei den Polen bereits Nachtruhe. Mit dem Alkoholkonsum konnten es die Polen locker mit den Spaniern aufnehmen, nicht mengenmäßig, aber promillemäßig, da ausnahmslos Schnaps getrunken wurde. Zu meinem anfänglichen Entsetzen wurde vor dem Schlafengehen sogar den Jugendlichen und Kindern Alkohol verabreicht. Die Chauffeure der Busse unterschieden sich auch stark voneinander. Die Spanier, an schöne Parkanlagen gewöhnt, nahmen immer Rücksicht auf unsere gepflegte Anlage und Rasenflächen. Die Polen hingegen scheuten sich nicht, den Ölwechsel über einem Gullideckel vorzunehmen, oder die Busse mit Seifenwasser am Aareufer zu waschen. Aus Platzmangel parkten wir jeweils die Busse, nicht selten vier pro Nacht, unmittelbar nach der Schranke zur Wiese rechts auf den Rasen. Mit je einer Person rechts und links des Busses, zirkelten die Spanier ihren Bus vorsichtig rückwärts auf den Wendeplatz. Anders die Polen; Vorwärtsgang rein, ein paar Mal hupen, die Badegäste schnappten ihre Badetücher und flüchtetet vor den alten rauchenden und stinkenden Bussen, während der Fahrer in einem großen Kreis über die Wiese das Wendemanöver vollzog. Der Strandweg wurde im Schritttempo mit eingelegter Untersetzung im ersten Gang gemeistert. Eine sich langsam verziehende Dieselwolke erinnerte noch lange an die Wegfahrt der Gruppen.

Gewitter und Blitze

Dunkle Wolken zogen bereits im Laufe des Nachmittags über dem Berner Himmel auf. Gegen Abend verstärkte sich das Wetterleuchten immer mehr und gegen 23 Uhr ging das erste heftige Gewitter nieder. In der Zwischenzeit hat mich der Security, welcher in der Nacht auf dem Gelände für Ruhe und Ordnung sorgen soll, abgelöst. Urplötzlich blitzte es und unmittelbar danach gab es, einer Explosion gleich, einen unheimlichen Knall. Der Security wählte meine Nummer und erklärte mir, dass ein Blitz in einen Baum auf dem Campingplatz eingeschlagen habe. Ich solle doch sofort kommen, da sich in unmittelbarer Nähe des Baums ein Zelt befand. Ausgerüstet mit Taschenlampe und Regenjacke machten wir uns auf den Weg zu der Einschlagstelle. Die größte und älteste Weide wurde in Mitleidenschaft gezogen! Im Umkreis von mindestens 30 Meter lagen lange Holzsplitter und Äste verstreut auf dem Rasen. Das Zelt, ein kleines Iglu, welches direkt neben dem Baum stand, war übersät mit Erde, Laub und kleineren Holzsplitter. Unmittelbar neben dem Zelt klaffte ein etwa 30 Zentimeter tiefes Loch mit einem Durchmesser von etwa einem halben Meter im Rasen. Es roch nach Verbranntem. Von diesem Loch ausgehend windete sich spiralförmig eine tiefe Kerbe dem Stamm hinauf bis in die Baumkrone. Von dieser Furche mussten die Splitter stammen. Ich schlug dem Security vor, dass ich mit der Taschenlampe auf den Zelteingang leuchte und er den Reißverschluss öffnen solle, um zu sehen, was im Inneren des Zeltes geschehen ist. Er verneinte sofort und machte den Gegenvorschlag, dass wir es genau umkehrt machen werden. Mit ungutem Gefühl öffnete ich langsam den Reißverschluss des Igluzeltes. Zwei weit geöffnete ungläubige Augen starrten mich an. Der australische Backpacker hat noch nicht wirklich begriffen, was ihm geschehen war. Nach meinem Erkunden nach seinem Gesundheitszustand zuckte er nur mit den Schultern und zeigte auf seine Ohren. Er konnte mich noch nicht verstehen, weil das Pfeifen in seinen Ohren für ihn lauter war als meine Worte. Offensichtlich hat er den Blitzeinschlag ohne weitere Blessuren überstanden. Nach einigen Minuten antwortete er auch wieder auf unsere Fragen. Er sei wach gewesen, geweckt vom starken Wind und den Regenschauer. Plötzlich habe er das Gefühl gehabt, es kitzle ihn am ganzen Körper, seine Haare wurden wie von Geisterhand angehoben und fast zeitgleich habe es geknallt. Bis eben habe er dann nur noch ein lautes Pfeifen in den Ohren wahrgenommen.

Bei Tagesanbruch war das ganze Ausmaß des Einschlags zu sehen. Über die halbe Zeltwiese verstreut lagen Holzstücke und Äste. Der Boden unterhalb des Baums war mit Laub bedeckt. Die Holzertruppe, der damals noch unter dem Namen «Stadtgärtnerei Bern» laufende Abteilung, musste den Baum entfernen.

Wohin mit den Badebetrieben

Durch die Reorganisation der Sanitätspolizei wurden die Badebetriebe zum unliebsamen Anhängsel. Neue Lösungen wurden gesucht. Kurzzeitig wurden wir der Berufsfeuerwehr angegliedert. Die monatlichen Rapporte der Anlageleiter fanden jeweils in den Räumlichkeiten der Feuerwehrkaserne im Breitenrainquartier statt. Neue Chefs neue Regeln! Wir wurden von einem Feuerwehrmann in den Konferenzraum geführt, er wies uns an abzusitzen. Er werde dann, bevor der Kommandant zur Türe hereinkommt, uns den Befehl geben aufzustehen. Verwundert schauten wir uns an! Einige Minuten später trat der Feuerwehrmann in den Raum und befahl uns aufzustehen. Er verließ den Raum und nur Sekunden später trat der Kommandant durch die Türe in den Raum und befahl, ohne einen von uns anzusehen, laut und deutlich «absitzen»! Pesche vom Marzili stupste mich an und wir beide mussten das Lachen unterdrücken. Ich schaute in die Runde und stellte fest, dass es den anderen gleich ging. Er habe keine Ahnung von einer Badi und noch viel weniger Ahnung von einer Eisbahn, daher wolle er sich auf das Wesentliche konzentrieren. Jeder erhielt fünf Minuten, um die anstehenden Geschäfte und Probleme darzustellen. Wer vergaß, sich vorher kurz vorzustellen, wurde Kommandant unterbrochen und rutschte zuhinterst in die Warteschlaufe. Nach einigen wenigen Rapporten wurde der Stadtverwaltung wohl klar, dass die Leitung der städtischen Freibäder, Eisbahnen und des Camping Eichholz wohl nicht zur Kernaufgabe der Feuerwehr gehören kann. So wechselten wir zum Zivilschutz- und Quartieramt. Die Leitung dieses Amtes war im Grunde sehr kompetent, der Umgang für uns angenehm. Wir erhielten guten Support bei Problemen, welche wir nicht selbst bewältigen konnten. Einige Jahre später, der Leiter des Amtes stand kurz vor der Pensionierung, wechselte unsere Abteilung zur Schuldirektion! Das mache Sinn, weil die Schulen ja auch die Bäder und Eisbahnen nutzten. Länger als ein Jahr hielten wir es dort nicht aus und wir wurden in die Direktion verschoben, wo das Sportamt angegliedert war. Nach der gefühlt zehnten Reorganisation, wurden die Eisbahn Ka We De und das Hallenbad Hirschengraben, besser bekannt unter dem Namen «Muubeeri», von der Sportbetriebe Bern AG in das Sportamt überführt und die neue Situation hielt mehr oder weniger bis heute an. Zahlreiche Reorganisationen, Leitbilder und Zielsetzungen prägten von nun an die Verwaltung.

Mischu

Seit einigen Jahren (!) schlief in der Umkleidekabine auf der Liegewiese, welche heute als Materialraum dient, ein Obdachloser. Er verbrachte die Nächte im Sommer und Winter in dem Schopf. Aus Mitleid brachten ihm die Angestellten jeweils liegengelassenes Essbares und vor allem Trinkbares vorbei. Im Winter, wenn es sehr kalt war, ging ich jeweils am Morgen kurz nachschauen, ob Mischu nicht etwa erfroren war. Zu meinem Erstaunen überlebte er selbst die strengsten Winter! Die Skiferien standen an, mit den Kindern fuhren wir für zwei Wochen nach Grächen. Am Abend vor der Abfahrt schaute ich kurz bei Mischu vorbei und informierte ihn über meine Abwesenheit. Er solle aufpassen, es ist kaltes Wetter angesagt, meinte ich zu ihm. Mach dir keine Sorgen, entgegnete Mischu bereits stark alkoholisiert. Aus den Ferien zurück, fiel mir am Abend vor dem TV ein, dass da noch Mischu war! «Du, ich geh mal schauen, ob der immer noch da drüben pennt», sagte ich zu Barbara. Tatsächlich, in einer dünnen Decke eingehüllt, lag Mischu auf der Bank. Da die Distanz von einem Abstützpfosten zum anderen deutlich kürzer war als Mischus Körpergröße, musste er sich jeweils um den Pfosten herum einbetten. Ich schüttelte in heftig an der Schulter. Nichts passierte. Erst nach noch heftigerem Rütteln und mehrmaligen «Mischu»-Rufen, drehte er den Kopf und entgegnete: «Heillanddonner, wo bist du eigentlich gewesen? Man könnte verrecken es würde keiner merken». Erleichtert nahm ich zur Kenntnis, dass er noch am Leben war und ging zurück in die warme Stube. Barbara erkundigte sich nach dem Zustand von Mischu und ich gab zur Antwort, dass alles in Ordnung sei.

Einige Wochen später klingelte es mehrmals an unserer Haustüre, sofort war ich hellwach, eine meiner schlechten Tugenden! Ich schaute auf die Uhr und stellte fest, dass es kurz nach halb zwei Uhr nachts war. Barbara fragte, was denn los sei und ich ging im Pyjama die Türe öffnen. Zu meiner Überraschung standen zwei Polizisten vor der Haustüre und begrüßten mich eher unfreundlich und streng mit folgenden Worten: «Guten Abend Herr Friedli, sie müssen mitkommen, gegen sie läuft ein Haftbefehl, ziehen sie sich sofort etwas an!» Barbara rief vom Schlafzimmer her nochmals fragend, was den los sei und ich solle aufpassen. Ich konnte keine Antwort geben, weil ich auch nicht wusste was da vor sich ging. «Meine Herren, ich heiße Müller» «und ich Meyer» entgegnete der Polizist. Ich versuchte ihnen klar zu machen, dass ich wirklich der Müller und nicht irgendein Herr Friedli bin. Alles zwecklos! Ich könne ihnen anhand meiner ID bestätigen, dass ich seit 35 Jahren auf den Namen Beat Müller höre, versuchte ich langsam genervt, dem einen Polizisten zu erklären. «Ich gehe doch am besten die ID holen, dann könne er sich vergewissern.» Er wich mir nicht von der Seite, als ich zu Barbara ins Schlafzimmer ging. Fluchtgefahr im Schlafanzug ohne Schuhe und erst noch mitten im Winter? Machen sie sich nicht lächerlich, fragte ich ihn. Barbara fragte erstaunt, immer noch im Bett liegend, wer das denn sei und ich stellte ihn als Herr Meyer vor. Er heiße nicht Meyer, meinte er streng. „Vor drei Minuten hießen sie aber noch so", murrte ich ihn an. Und, sie wollen mir ja auch nicht glauben, dass ich

Müller heiße. Also bleibt uns Zwei nichts anderes übrig als uns gegenseitig auszuweisen, um unsere Identität zu bestätigen. Ich kramte die ID aus dem Nachttischli und streckte sie ihm entgegen. Nun sind sie an der Reihe, bitte zeigen sie mir ihren Ausweis! Ungern streckte er mir seinen Dienstausweis entgegen, der ihn definitiv nicht als Herrn Meyer identifizierte. «So, wer von uns hat nun gelogen?», fragte ich ihn. Eine knappe Entschuldigung ist alles, was er von sich gab. Würden sie jetzt bitte unser Schlafzimmer verlassen, forderte ich ihn auf. Beim Nachdraußengehen, fragte mich der Beamte beiläufig, ob ich einen Michel Friedli kenne. Nein, nie gehört, antwortete ich schulterzuckend. Am folgenden Morgen begab ich mich schnurstracks zum Schopf, wo Mischu schlief. «He wach auf» schrie ich ihn an». Wie immer bei der ersten Aufforderung, rührte sich nichts. Nach mehrmaligem Anstupsen kam langsam Bewegung in das Knäuel und Mischu streckte den Kopf unter einem schmutzigen Badetuch hervor, welches er am Abend zuvor auf der Wiese hatte mitgehen lassen. Wie kommt es, dass die Polizei dich bei mir zu Hause sucht? Fragte ich ihn. Er erklärte mir, dass er einen Job in Aussicht habe und eine Adresse angeben musste, so habe er halt als Mangel an Auswahl meine angegeben – und so falsch sei die ja auch nicht, das sei von hier, wo er penne, die nächste offizielle Hausnummer! Er bedankte sich, dass ich ihn nicht verpfiffen habe und schlief weiter.

„The Guardian" – auf Deutsch der Wächter – ist ein Kunstwerk von Margret Hugi-Lewis. Die in Kanada wohnende Schweizerin erschuf die Metallskulptur im Jahr 2002 mit Unterstützung der Lernenden der Stiftung Bächtelen, eine Institution für lehrbehinderte Jugendliche. Die ursprünglich an der Expo 02 ausgestellte Skulptur wurde 2005 im Eichholz aufgerichtet. Zu der Einweihungsfeier wurden regionale Größen aus der Politik und Kultur eingeladen – und ich! Die Stiftung Bächtele lieferte ein großes Buffet mit allerlei Köstlichkeiten. Getränke wurden reichlich angeboten. Von den gut gekleideten Damen und Herren kannte ich kaum jemand. Von der Stadt Bern, so wie ich es beurteilen konnte, war außer mir, niemand anwesend, da wieder einmal Eiszeit herrschte zwischen den beiden Gemeinden. Ich beobachtete die Eingeladenen, damit ich in etwa wusste, wie ich zu erscheinen habe. Ein Griff in den Kleiderschrank und mit meinem Outfit passte ich zu den geladenen Gästen. Mischu beobachtete die Szene von seiner temporären Unterkunft aus. So viele Köstlichkeiten und vor allem Wein und Bier so viel man will! Mischu rief mir mehrmals diskret zu. Ich schlich mich davon und fragte ihn, was den los sei. «Wird da gerade das Paradies auf Erden aufgebaut», fragte er mich. Ich erklärte ihm kurz, um was es ging. Ob ich ihm etwas zu Essen von dem Buffet bringen könnte und noch viel wichtiger, etwas zu trinken, fragte er. Wohl kaum, sagte ich zu ihm, aber ich hätte da eine Idee: «Hol's dir doch selber»! «Spinnst du», entgegnete er, mit seinen Klamotten würde er wahrscheinlich die ganze Party sprengen, meinte er. Da konnte ich ihm zustimmen. Das war definitiv so! Ich wies ihn an, er solle zu der Rezeption gehen und Barbara fragen wegen den schwarzen Hosen, die vor einigen Tagen jemand liegengelassen hatte. Sie soll ihm auch den dunkelblauen Kittel geben, den ich jeweils für Taufen, Hochzeiten und Beerdigungen anzog. Das weiße Shirt, welches auf der Ablage beim Eingang lag, solle er verkehrt rum anziehen, damit das Logo «Badebetriebe Bern» nicht sichtbar sei. Einige Minuten später erschien Mischu und gesellte sich zu der illustren Gruppe. Mit sein gegen hinten gekämmtes Haar, sah er aus wie die Typen von der Krimiserie Miami Vice. Ich musste hoffen, dass alles aufging, denn sollte er auffliegen, hätte ich keinen Plan B bereit! Ich ging einige Schritte zu ihm und überreichte ihm ein Glas Weißwein und erklärte ihm beiläufig, wie er sich zu verhalten hatte. Man stieß gegenseitig an, einige stellten sich vor, wieder andere bevorzugten die Anonymität. Viele der Gäste kannten einander nicht, was die Sache für Mischu und mich einfacher gestaltete. Zwischendurch flüsterte ich ihm zu, wenn er sich beidhändig vom Buffet bediente oder wenn er ein Glas Wein in einem Zug hinunterschüttete. Mir ist sofort aufgefallen, dass Mischu ziemlich schmutzige Hände hatte. Wohl ein Überbleibsel der nächtlichen Sause am Lagerfeuer. Die ersten Gäste verabschiedeten sich bereits wieder und die Gruppe wurde kleiner und kleiner. Ein Herr vom Gemeinderat näherte sich Mischu und versuchte, ihn in ein Gespräch zu verwickeln. Er schaute dauernd auf Mischus Hände. Sofort unterbrach ich den Politiker und erklärte ihm, dass selbst Sponsorenbeiträge von Kleinstfirmen wichtig seien, um solche Projekte zu verwirklichen. Sogar der Kaminfeger hatte seinen Beitrag beigesteuert und mitgeholfen, dass die Skulptur nun hier das Aareufer zieren kann, erklärte ich ihm. Der Politiker bedankte sich bei Herrn Friedli und verabschiedete sich. Irgendwie musste ich es schaffen, Mischu nun von der Getränkeausgabe fernzuhalten. So verabschiedete ich mich ebenfalls und sagte zu Mischu, so laut, dass es einige mitbekommen haben: «Herr Friedli, sie wollten gehen? Ich komme auch gleich». Ich fasste ihn behutsam am Ellenbogen und gab ihm zu verstehen, dass der Anlass für ihn gelaufen war. Ich mahnte ihn, dass er sich nach dem Umziehen nicht gleich hier blicken lassen sollte, da ihn womöglich noch einer der wenigen verbliebenen Gäste wiedererkennen würde. Er tat, wie befohlen und ließ sich bis zum nächsten Tag nicht mehr blicken. Mischu arbeitete später als Küchenhilfe in einem bekannten Berner Altstadtrestaurant. Gelegentlich begegnete ich ihm in der Stadt. Er wohnt nun in einer kleinen Wohnung und hat sein Leben, mit Ausnahme der Alkoholsucht, recht gut im Griff. Bei jeder Begegnung erwähnte er lachend immer sofort die Einweihung des Guardians und wie wir das damals eingefädelt hatten. «Weisch no?» Kurz nachdem Mischu ausgezogen war, bauten wir die Umkleide zum Materialschopf um. Das Gittertor stammt vom alten Fuchsgehege des Tierparks Dählhölzi gleich gegenüber vom Eichholz.

The Guardian

Jugendbanden

Immer häufiger geriet das Eichholz in die Schlagzeilen, weil sich am Wochenende jugendliche Banden trafen und sich gelegentlich wüste Schlägereien lieferten. Die Medien bliesen das Geschehene auf, was für noch mehr Unruhe sorgte. So wurden aus ein paar Halbwüchsigen, einige davon mit weißen Trainerhosen bekleidet, von den Medien gleich die «weiße Bande» ins Leben gerufen. Unangenehm war der Umgang mit den wandelnden Testosteronbomben alleweil. Durch laute Geräusche wurde ich weit nach Mitternacht aufgeweckt. Ich sprang in die Arbeitshosen, die wie immer gleich neben dem Bett lagen, zog mir ein Shirt über und machte mich auf die Suche nach der Lärmquelle. Cita, der deutsche Schäferhündin befahl ich beim Hauseingang «Platz». Ich wusste, ein Pfiff und sie stand neben mir und wird die Situation in Sekundenbruchteilen analysieren und entsprechend zur Tat schreiten. Ein einzelner Junge, wohl keine 16 Jahre alt, drosch mit einem Holzstück auf die Dachrinnen und Dachabläufe des Sanitärgebäudes ein und richtete Schaden an. Er schrie sich irgendeinen Frust vom Leibe, verfluchte Staat und Schule und alle Spießer und natürlich die Polizei lauthals. Sofort trat ich zu ihm heran und befahl ihm aufzuhören. In schnellen Schritten trat er an mich heran und drohte mir mit der Holzlatte und schrie mich an. Der Zeitpunkt Cita zu rufen war da! Ein kurzer Pfiff und Sekunden später stand Cita bellend und zähnefletschend neben mir. Der Junge ließ das Holzstück fallen, griff in seine Hosentasche und richtete eine Dose

Pfefferspray gegen Cita und mich. Der Strahl traf mich mitten ins Gesicht. Die Augen und mein Hals brannten wie Feuer und ich konnte nichts mehr sehen. Dann verspürte ich an meiner rechten Gesichtshälfte einen heftigen Schlag. Ich holte ebenfalls aus und meine Faust traf einen Körperteil des Angreifers. Soweit ich es realisieren konnte, musste es den Kopf des Jungen gewesen sein. Ich ging zu Boden. Cita hatte ebenfalls Sprühnebel abbekommen und lief winselnd nach Hause. Die Hundenase soll hundert Mal sensibler sein als die Menschliche. Wie muss sich Cita gefühlt haben, wenn selbst mir Nase, Hals und Augen brannten wie die Hölle? Barbara, alarmiert durch das Geschrei und vor allem durch das Eintreffen von Cita, die sich im Wohnzimmer auf den Boden legte und mit den Vorderpfoten ihre Augen und die Nase bearbeitete, rief die Polizei. Als diese eintraf war von dem Jungen nichts mehr zu sehen. Nach dem üblichen Prozedere, erfassen von Namen, Geburtsdatum, musste ich das Erlebte genau schildern. Die Schäden an den Gebäuden wurden aufgenommen und meine Aussagen wurden minutiös protokolliert. Mein rechtes Auge schwoll immer mehr an, die Wirkung des Pfeffersprays ließ langsam nach, dafür schloss sich das Auge infolge der Gewalteinwirkung ganz. Um die Anzeige zu vervollständigen musste ich am kommenden Morgen zum Arzt und den Bericht der Polizei auf den Posten bringen. Der Täter, hieß es, falls er verletzt ist, wird man schnell finden, meinte der Diensthabende. So war es dann auch! In einer Gymnasialklasse blieb ein Sitz leer! Die Polizei, welche Mitteilungen an alle Schulhäuser verteilte, wurde umgehend informiert. Beim Schulschwänzer handelte es sich tatsächlich um den Schläger vom Vorabend! Er wohnte bei seinen Eltern in einer Villa im Kirchenfeldquartier. Ich wurde auf die Polizeiwache vorgeladen. In einem hellen Raum, der vermutlich als Büro eines Chefpolizisten diente, erklärte mir ein gut gekleideter Mann, dass sich die Situation etwas verändert habe. Ich müsste eine Verzichtserklärung und eine Schweigevereinbarung unterzeichnen. Die Eltern des Beschuldigten würden dann dasselbe tun. Ich fragte genervt, was das soll, ich werde von einem Jugendlichen angegriffen, verletzt und soll nun auf eine Anzeige verzichten? Und, was ist mit dem Schaden, den er angerichtet hatte, fragte ich. Da seien sich die Eltern und die Stadtbauten als Liegenschaftsbesitzerin bereits einig geworden, antwortete der Mann. Dürfte ich vielleicht wissen, wer die Eltern des Sprösslings sind, fragte ich. Das gehe nicht, erst wenn die beiden Dokumente unterschrieben sind, könne er mir Auskunft geben. Ich hätte zwar eine Möglichkeit, ich könnte mir einen Anwalt nehmen, aber er empfehle mir dringend, das nicht zu tun. Ich verlangte bei der gegenseitigen Unterzeichnung, dass die Eltern anwesend sein müssen. Meinem Antrag wurde stattgegeben und so saß ich Minuten später einem Ehepaar gegenüber, das mich freundlich anlächelte. Ich zog meine dunkle Sonnenbrille aus, damit die Zwei mein lädiertes Auge und meine geschwollene Gesichtshälfte sehen konnten. Die Dame war überdurchschnittlich gut gekleidet, der Mann trug einen Nadelstreifenanzug. Ich musterte die beiden genau und sagte ihnen: «...Und ihr Sohn hat mich einen Spießer genannt, bevor er mir eine Ladung Pfefferspray und einen Faustschlag verpasste?». Die Dame wirkte eher konfus, der Mann rechtfertigte sich und meinte, dass halt bei den pubertierenden Jungen schon mal die Fetzen fliegen können. Er ermahnte mich nun endlich das Dokument zu unterschreiben, weil er nicht den ganzen Nachmittag Zeit habe. Ich zog die beiden vorbereiteten Papiere zu mir und stellte sofort fest, dass mein Name unten auf der rechten Seite des Papiers stand, aber der Name des zweiten Unterzeichners fehlte! Ich schob beide Papiere dem Herrn zu und machte ihn darauf aufmerksam, dass wohl mein Name da niedergeschrieben sei, aber seiner wohl vergessen gegangen sein muss. So werde das nichts, sagte ich ihm. Der Beamte flüsterte dem Herrn etwas ins Ohr, dieser nickte mürrisch und setzte nebst seiner Unterschrift auch seinen Namen auf das Dokument. «Bitte in Blockschrift» forderte ich ihn auf – danach unterschrieb ich. Beide Dokumente wurden sofort vom Polizisten beschlagnahmt und in eine Mappe gelegt. Der Mann reichte mir die Hand und bedankte sich. Ich streckte ihm die Hand langsam entgegen. Meine Finger fassten seine Hand und ich drückte so stark zu wie ich konnte und zog ihn näher zu mir heran. «Wissen sie was sie Arschloch, wenn sie ihrem Fillius alle Steine aus dem Weg räumen, wird er früher oder später gegen einen Felsen rennen», fauchte ich ihm ins Gesicht. Ich ließ ihn los und er rieb sich mit der linken Hand die Finger seiner Rechten. Zwei Tage später habe ich herausgefunden, dass es sich um einen nationalen Politiker einer bürgerlichen Partei handelte. Bei den nächsten Nationalratswahlen strich ich diesen Namen genussvoll vom Wahlzettel und panaschierte den Namen einer mir völlig unbekannten Frau einer linken Partei auf die Liste. Nicht aus Überzeugung, aber als Genugtuung!

Die Prinzessin, Miss Austria erbarmte sich dermaßen, dass sie mir gleich eine ganze Plastiktüte voller

Socken und einen gigantischen Blumenstrauß vorbeibrachte. Sie fragte, ob mein Spatzi mich denn gut pflegen würde. Wenn ich sie heiraten würde, wäre die beste Pflege garantiert!

Von Kupferdieben und Drogendealer

In der ersten Dezemberwoche haben in der Regel alle Bäume ihre Blätter verloren. Die Anlagen mussten vom Herbstlaub gereinigt werden. Als letzte Anlage zügelten wir jeweils mit Werkzeug und Maschinen ins Lorrainebad, um die Anlage auf den Winter vorzubereiten. Schon beim Eintreffen stellten wir fest, dass sich einige Personen auf den mit Kupferblech gedeckten Gebäuden herumtrieben. Wir fragten uns, wer denn die Handwerker aufgeboten habe. Die etwas merkwürdig gekleideten und Rastafrisuren tragenden «Handwerker und Handwerkerinnen» ließen sich durch unsere Anwesenheit nicht stören. Sie rollten das Kupferblech, welches auf den alten Gebäuden im Bad seit Jahrzehnten zuverlässig gegen Regen schützte, auf und luden es auf bereitgestellte Handwagen und Fahrradanhänger. Auf die Frage, wer ihnen den Auftrag für das Abdecken der Dächer gegeben habe, antworteten sie bloß mit «verpisst euch», wobei sie die Antwort mit einer Geste mit erhobenem Mittelfinger unterstrich. Dies war die Bestätigung, dass da etwas nicht mit rechten Dingen zu und her ging. Peter verständigte die Polizei. Diese befahl uns, dass wir die Dachabdecker festhalten sollen, bis die ausgerückte Patrouille eintreffen würde. Das Unterfangen gestaltete sich recht schwierig, zumal die «Handwerker» vermuteten, dass die Polizei verständigt worden war. Eine gewisse Hektik kam auf. Sie rissen rasch einige Laufmeter Kupferblech von dem einen Dach, nahmen sich aber nicht mehr die Mühe dieses aufzurollen, sondern legten das groß Stück über die

Rollen auf dem Handwagen. Das Blech rutschte immer wieder vom Wagen und die «Handwerker» waren laufend damit beschäftigt, ihre Beute zu sichern. Tinu hatte in der Zwischenzeit das Eingangstor abgeschlossen. Nun gab es für die Bande kein Entkommen mit ihren Wagen und Anhängern. Zu Fuß war dies ein Leichtes, aber nur ohne Beute. Sie erkannten das Dilemma und reagierten entsprechend aggressiv. Wir versuchten die dubiosen Gestalten in Gespräche zu verwickeln, um Zeit zu gewinnen. Einige Minuten später traf bereits die Polizei ein. Zwei der flinksten Typen flüchteten über die groß Wiese, kletterten über die Mauer und verschwanden im Wald. Die Restlichen wurden von der Polizei angehalten. Ein wildes Schreien und Gestikulieren ging los. Schlussendlich, nachdem der Mannschaftsbus der Polizei mit mehreren Beamten eingetroffen war, wurden die Delinquenten in Handschellen in den Bus befördert.

Einige Jahre später, am selben Ort aus selbem Grund: Wir fuhren mit unserem Gefährt, einem Landrover Defender mit einem 3,5 Tonnen Kippanhänger entlang der Aare zum Lorrainebad. Kurz bevor wir den kleinen, dem Bad vorgelagerten Parkplatz erreichten, viel uns auf, dass sich außergewöhnlich viele Personen scheinbar ziellos auf dem steilen Weg, der vom Bad in das Lorrainequartier führte, bewegten. Eine große athletische Frau mit schnittiger Kurzhaarfrisur kam uns in schnellen Schritten entgegen. Sie zückte ein Ausweis, der sie als Polizistin identifizierte. Vor einigen Tagen habe ich den Trailer vom neuen Tomb Raider Film angeschaut. Die Hauptfigur, Lara Croft und die Polizistin könnten Zwillinge sein! Sie schaute der Schauspielerin Angelina Jolie derart ähnlich, dass ich meine Blicke kaum mehr von ihr abwenden konnte. Sie erklärte uns, dass wir uns «ganz normal» zu verhalten haben. Sie seien einer Gruppe Drogendealern auf den Fersen, die hier im Aarehang ihre Ware in abgemachten Orten versteckten. Die Konsumenten wiederum legten für das Heroin den Geldbetrag in das Versteck, das dann wieder von den Händlern abgeholt wurde. So gegen Mittag erwartete sie die Händler und dann wollten sie zuschlagen. Die Polizei beobachtete nämlich das Treiben schon mehrere Tage und nun seien genügen Beweise da, um einige der Dealer dingfest zu machen. Wir machten uns an die Arbeit und schenkten der Aktion keine Beachtung mehr. Kurz vor Mittag, ich war gerade damit beschäftigt den alten Post-Handwagen gefüllt mit Herbstlaub auf den Parkplatz zu schieben, als ein Geschrei meine Aufmerksamkeit weckte. Aus dem Wald oberhalb des Bades rannte Lara Croft einem Mann in meine Richtung hinterher. «Halt ihn fest» schrie sie. Ich ließ den Handwagen los und rammte dem Flüchtigen mein rechtes Bein in seine Unterschenkel. Meine schweren Arbeitsschuhe verfehlten ihre Wirkung nicht! Er flüchtete mit seinem Oberkörper, in immer noch hohem Tempo, Richtung Aareweg, seine Füße, gebremst durch meine Intervention, konnten das Tempo nicht mehr mithalten. Innert Sekunden flog der Mann bäuchlings auf den harten Asphaltbelag des Weges. Bevor er sich aufrappeln konnte, sprang ich ebenfalls bäuchlings auf ihn und drückte sein Gesicht gegen den Boden. Ich zog seine Hände unter seinem Körper hervor und fixierte sie auf dem Rücken. Lara Croft war bereits zur Stelle und war damit beschäftigt, die Handschellen einsatzbereit herzurichten. Ich hörte, wie das Metall der Handschellen klickte, und spürte zugleich ein

Druck in meinem linken Handgelenk. Irrtümlicherweise verwechselte Lara Croft mein linkes Handgelenk mit dem vom Drogendealer. «Pass auf ihn auf» befahl sie mir und rannte wieder zurück, wo sie hergekommen war, um ihre Kollegen zu unterstützen. Ich konnte gar nicht anders, als auf ihn aufpassen! Sie hatte ihren Irrtum noch gar nicht bemerkt. Das Einzige, was uns verband war eine Kette und wir waren wir uns physisch näher, als mir lieb war. Pesche und Tinu beobachteten mich aus sicherer Entfernung und verstanden nicht, warum ich nicht aufstehen wollte, und schon gar nicht, warum da ein Typ unter mir lag. Plötzlich versuchte sich der Dealer zu wehren, unmittelbar drückte ich seinen Kopf mit genügend Schwung zurück auf den Asphalt. Ein dumpfes Geräusch und ein schmerzvoller Schrei und für mich besonders wichtig, ein wieder ruhiger Drogendealer signalisierte mir, dass meine Aktion die Wirkung nicht verfehlt hatte. Der weiße Manta unseres Chefs fuhr vor! Er stieg aus und fand mich immer noch auf dem Dealer liegend auf dem Aareweg vor. Als ehemaliger Polizist analysierte er die Situation schnell und fragte mich, was mit dem da los sei. Ich versuchte kurz zu erklären, was passiert war, da stand auch schon Lara Croft neben uns. Sie sagte ich könne ihn nun loslassen, sie werde ihn übernehmen. Ich stand auf und nun realisierte sie, dass sie ein Handgelenk verwechselt hatte. »Oh bitte um Entschuldigung», das sei dummgelaufen und wohl passiert, weil sie sich beeilen musste, um den Kollegen zu helfen, die anderen Delinquenten zu schnappen. Sie fragte mich, ob es mir etwas ausmachen würde, gleich mit dem Dealer in den in der Zwischenzeit vorgefahrenen Bus einzusteigen. Sie werde ihn an das im Inneren des Busses befestigte Rohr anketten und mich befreien. So marschierten wir zum Bus und stiegen ein. Ich ließ meinem Partner widerwillig den Vortritt und setzte mich anschließend neben ihn auf die Bank. Ein Polizist mit gezückter Waffe stand etwa drei Meter vor der Hecktüre und überwachte uns beide. Lara Croft öffnete die Handschellen am rechten Handgelenk des Verhafteten und Sekunden später klickten die Handschellen an dem Rohr im Bus. Nun war ich anstelle des Delinquenten am Rohr gefesselt. Ich machte Lara Croft höflich darauf aufmerksam, dass sie wohl schon wieder etwas verwechselt habe. Ein lautes «Scheiße» entfuhr ihrem Mund. Mit Hilfe eines weiteren Kollegen schafften sie es, den Verhafteten ans Rohr zu ketten und mich zu befreien.

Später, als wir wieder unserem Kerngeschäft nachgingen, dem Befreien der Anlage vom Herbstlaub, entdeckte Housi, er war uns von der Stelle «Soziale Integration» zur Verfügung gestellt worden, in einem Entwässerungsrohr der großen Stützmauer bei der Liegewiese, ein Plastikbriefchen mit weissem Pulver. Triumphierend hielt er seinen Fund in die Höhe und machte sich hastig in den zahlreichen weiteren Entwässerungsröhren auf die Suche nach weiteren Plastiktüten. Im Rohr unmittelbar neben mir, entdeckte ich ebenfalls ein Briefchen. Ich steckte meine Hand in das Rohr und klaubte noch zwei weitere kleine Plastikbriefchen aus dem Rohr. Ich öffnete die Tüten, schüttelte sie und rief Housi zu: «schau mal, jetzt flashen die Fische ab». Das weiße Pulver verteilte sich auf der Wasseroberfläche und wirkte wie ein fahler Nebel. Housi war geschockt und konnte meine Handlungen nicht begreifen. «Spinnst du, du hast gerade mehrere Lappen in die Aare geworfen». Wir hätten das Zeug verkaufen und uns einen schönen Tag machen können, meinte Housi. Wir hätten uns einen tollen Abend in einer teuren Bar mit allem Drum und Dran leisten können, erklärte er mir. «Oder ein paar Tage im Knast verbringen», war meine Antwort.

Windows 3.1

Was für eine Revolution, als die ersten farbigen Bildschirme und Personalcomputer die Haushaltungen eroberten. Innert weniger Jahren standen in vielen Haushaltungen ein PC, zwar noch mit sehr geringem Speicherplatz, aber doch viel bequemer und vor allem viel platzsparender als Hochstrasser es war. So dauerte es nicht lange, bis im Büro des Campings ein PC stand. Das Gerät war in meinem Privatbesitz, wie tausende Andere die geschäftlich genutzt wurden, auch im Eigentum ihrer Benutzer waren. Die Verwaltungen hinkten wieder einmal arg dem technischen Fortschritt hinterher! Bald darauf konnte mittels eines Modems über die Telefonleitung Verbindung zum Internet hergestellt werden. Die Verbindung war noch so langsam, dass es zum Herunterladen eines Bildes mehrere Minuten dauerte. Bis die Verbindung endlich stand, begleitetet einem ein minutenlanges Pfeifen in verschiedenen Tonlagen. Die Stadtverwaltung war noch nicht mit PCs ausgerüstet. Die Büroangestellten kämpften immer noch mit den Tücken der elektronischen Schreibmaschinen. Fast alle Leiter der Städtischen Freibäder, der Eisbahnen und natürlich des Campingplatzes erledigten ihre immer häufiger anfallenden Büroarbeiten auf ihren privaten PCs. Die Entwicklung war gar nicht im Sinne unserer Vorgesetzten. Natürlich war es zu spät, uns den Gebrauch der Geräte zu verbieten, aber Ersatzmaterial und dergleichen wurde von der Stadt nicht übernommen. Während eines Winters bis in den folgenden Sommer hinein, leitete ich zusätzlich zum Eichholz das Wylerbad. Kündigungen und Fehlplanungen hatten zur Folge, dass die Anlage plötzlich ohne Betriebsleiter dastand. Dienstpläne, Arbeitsvorbereitungen, Tagesprogramme, Listen und vieles mehr erledigte ich auf meinem PC. Viel einfacher wäre es gewesen, das Wylerbad auch mit einem Gerät auszurüsten. Doch bei meinem Vorgesetzten stieß ich auf taube Ohren. Zuerst würde sicher die Verwaltung ausgerüstet werden und nicht wir Arbeiter, da sie ja für die Administration zuständig sei und auch über das entsprechend ausgebildete Personal verfüge. Wenn wir aber neues Werkzeug brauchen sollten oder neue Arbeitskleider, da könne er schon helfen. Ein Kollege, der die Wohnungen an der Polygonstraße gleich neben dem Wylerbad verwaltete, erklärte mir, dass die alten Küchen im Quartier ausgebaut wurden, um die Gasherde durch elektrische Herdplatten zu ersetzen. Die Chromstahlkombinationen türmten sich vor jedem Hauseingang auf. Chromstahl, so sauber und ohne Fremdmaterial, erzielte beim Altmetallhändler einen schönen Kilopreis. Nach Rücksprache mit dem Hausverwalter lud ich an einem Freitagnachmittag so viele Kombinationen auf den Anhänger, wie ich konnte und fuhr diese zum Altmetall-Händler. Den Vorgang wiederholte ich an diesem Nachmittag noch zwei Mal und das Geld für eine PC-Anlage samt Drucker war beisammen. Bereits am darauffolgenden Mittwoch nahmen wir die Anlage in Betrieb. Der Stellvertreter übernahm meinen Posten als Chefbadmeister und ich konnte mich wieder auf die Arbeiten im Eichholz konzentrieren. Anlässlich eines Badmeisterrapportes fragte der neue Leiter des Wylerbades den Vorgesetzten, ob er einige Memory-Sticks kaufen könne, die günstigen Speichermedien könnten dem immer knapper werdendem Speicherplatz auf der

Festplatte entgegenwirken. Er wisse nicht was das für Dinger seien und überhaupt gehören solche Geräte nicht in die Hände gewöhnlicher Arbeiter, war seine Antwort. So lud ich bei der nächsten Möglichkeit erneut einen Anhänger alter Küchen und kaufte mit dem Erlös eine große externe Speicherplatte und genügend Druckerpatronen für die nächsten paar Jahre. Im Eichholz hatte ich längst einen Weg gefunden, um den Unterhalt der EDV-Anlage nicht mehr aus der eigenen Tasche bezahlen zu müssen. Mit Hilfe meines Schwagers bastelte ich eine Webseite für den Campingplatz. So war das Eichholz der erste Campingplatz in der Schweiz, welcher über eine eigene Webseite verfügte. Bereits ein paar Jahre später wurden alle Betriebe mit EDV-Anlagen und eigenen Mailadressen ausgerüstet. Parallel dazu wurden Weiterbildungen angeboten, damit die neuen Geräte auch bedient werden konnten. An einer solchen Weiterbildung traf ich auf den erwähnten Vorgesetzten. Seine Namenskarte stand auf einem Pult in der zweithintersten Reihe. Schnell schnappte er sich das Namensschild und tauschte es gegen meines in der vordersten Reihe aus. Schick gekleidet mit Krawatte und Kittel stand der über 1.90 m große Mann neben seinem neuen Platz und schaute in die Runde. Hätte er gewusst, dass ich ihn beobachtet habe, wäre er sicher weniger arrogant aufgetreten. Jeder Platz war mit Bildschirm und Tastatur ausgerüstet gewesen. Das Login für den eigenen Arbeitsplatz war auf einem Haftnotizzettel am Bildschirm vermerkt. Sobald sich die Kursteilnehmer- und Teilnehmerinnen hingesetzt hatten, loggten sie sich alsbald ein. Der Kursleiter erklärte uns Funktionen von Windows 3.1, die den meisten schon lange geläufig waren, da ihre privaten Geräte bereits über die neuere Version des

Programms verfügten. Wir sollen nun das «Word» öffnen, sagte der Kursleiter. Ich beobachtete meinen hilflos wirkenden Chef. Dank dem ungewollten Platzwechsel war mir dies nun möglich. Ich genoss förmlich seine Unfähigkeit und beobachtete mit Genugtuung, dass er sich die Krawatte lockern musste und sich der Hemdkragen langsam von hell- zu dunkelblau verfärbte, weil der Stoff den Schweiß von Gesicht und Nacken aufsaugte. Der Kursleiter bemerkte, dass er nicht folgen konnte und wies ihn an, sich endlich einzuloggen, damit wir mit dem Unterricht fortfahren können. Er schaute ihm noch kurz zu und griff dann in die Tasten, um das Login fertigzustellen. Die Schulung brachte für mich nichts Neues und war entsprechend langweilig. Auf einem einfachen Grafikprogramm, das auf der Arbeitsstation eingerichtet war, fügte ich eine Comicfigur eines Arbeiters ein, der mit einem Computer hantierte. Und, eine weitere, der einen offensichtlich gut gekleideten Angestellten mit Krawatte darstellte, der eine Schubkarrette vor sich hinschob – diese Figur ließ ich etwa auf die halbe Größe des Arbeiters schrumpfen. Die entstandene Karikatur speicherte ich als Bild ab und fügte sie einer Mail an. Beim Gang zum Pausenraum notierte ich mir den Namen des Arbeitsplatzes meines Chefs, welcher auch gleich die temporäre Mailadresse des Schülers war. Der Absender des Mails war natürlich nicht mein Name, sondern ebenfalls mein Platzname. Den änderte ich, indem ich auf das Feld «Absender» klickte und irgendeine mir unbekannte Buchstaben- und Zahlenkombination anklickte – so blieb ich anonym. Nach der Pause wurde uns das «Outlook» näher erklärt. Das Verfassen, Versenden und das Empfangen von Mailnachrichten wurden in einfachen Schritten erklärt. Der Leiter meinte, dass unser Posteingang leer ist, da uns noch niemand eine Mail geschrieben haben könne, weil unsere Mailadressen nur gerade für den heutigen Tag erstellt worden seien und nach der Schulung wieder gelöscht würden. Mein Chef meldete sich zu Wort und sagte voller Stolz, dass er schon etwas im Posteingang habe, da stehe nämlich eine «1». Er fühlte sich viel besser, weil er bemerkt hatte, was den Anderen offensichtlich entgangen war. Der Leiter schaltete den Bildschirm meines Chefs auf den Beamer, sodass er für alle ersichtlich wurde. Er wies ihn an, mit der Maus auf den Posteingang zu zielen und diesen anzuklicken. Nach mehreren Versuchen gelang es ihm den Mauszeiger auf den «Posteingang» zu setzen. Beim Klicken verrutschte der Zeiger immer wieder und der Leiter wies ihn an, er solle den Arm ablegen und die Maus nur aus dem Handgelenk bedienen. Nach dem Doppelklick öffnete sich die Nachricht, die leider ohne «Text» und ohne «Betreff» versendet worden war. Das sei jetzt sehr spannend, erklärte der Ausbildner uns. Und, es sei eine sehr gute Übung. Mails ohne Betreff und Text könnten einen Anhang haben, welcher mit gefährlicher Software infiltriert sei. So müsse man schauen, woher die Mail gekommen ist. Mit Unterstützung des Lehrers navigierte mein Chef unbeholfen auf dem Bildschirm herum. Der Absender war eindeutig die Stadtverwaltung, also bestehe keine Gefahr. Er könne nun auf den Anhang klicken, wies ihn der Kursleiter an. Innert Sekunden erschien auf der Leinwand meine Grafik mit der für ihn so eindeutigen Darstellung der zwei Personen. Interessiert blickte ich dem Lehrer in die Augen und tat so, wie mich das Erklärte unglaublich interessieren würde. Meinen Chef würdigte ich keines Blickes, um den Verdacht nicht auf mich zu lenken. Nachdem sich das

Gelächter in der Runde gelegt hatte und den Sinn der Grafik nur einer richtig zu deuten verstand, konnte der Unterricht weitergehen. Um einer direkten Begegnung auszuweichen, schlich ich mich nach dem Unterricht sofort davon. Konsequenzen hatte meine Mailsendung keine. Das Gespräch mit meinem, diesem Chef, habe ich nie gesucht, zumal es noch genügend andere Chefs gab, mit denen ich gute Gespräche führen konnte – und es wurden immer mehr, nicht Gespräche, sondern Chefs! Die Stadtverwaltung wuchs nämlich überdurchschnittlich zur Bevölkerung! Wo früher eine oder zwei Personen in der Administration mit den gleichen Aufgaben beschäftigt waren, wurden es ungebremst immer mehr, die sich um dieselben Aufgaben kümmern sollten. Jeder und jede brauchte wieder einen Vorgesetzten oder eine Vorgesetzte und die Spirale ließ sich nicht mehr bremsen und dreht bis heute munter weiter!

Das Beduinenzelt

Ein Mann mit offensichtlich arabischem Hintergrund in Begleitung von zwei Hünen, wollten unbedingt den Chef sprechen. Auf Wunsch des Arabers begaben wir uns an einen Ort, ganz am Rande der Zeltwiese, wo uns niemand hören konnte. In fast lupenreinem Hochdeutsch erklärte er mir, dass der libysche Staatschef ein Besuch in Bern plante. «Und was hat ein Staatschef auf einem Campingplatz zu suchen?» Fragte ich dazwischen. Schnell kam der Araber zur Sache und meinte, dass es eigentlich nicht um ihn selber ginge, sondern um seine Frau. Die Dame wünscht in einem Zelt zu schlafen, ihr Mann bevorzuge aber ein Bett in einem Nobelhotel. Er arbeite auf der Botschaft und ihm wurde gesagt, dass man in der Schweiz nicht einfach irgendwo ein Zelt aufbauen kann, auch nicht, wenn darin die Frau eines Staatschefs hausen will. So sei er auf den Camping Eichholz gekommen. Um der Frau Staatschefin den Wunsch zu erfüllen, müssten wir uns an ein paar Sachen gewöhnen, die bei uns im Westeuropa nicht so üblich seien, erklärte er mir. So dürfe niemand außer mir etwas vom Besuch wissen. Drohend und mit strengen Augen und tiefen Runzeln auf der Stirn, ergänzte er, dass das sonst schwerwiegende Konsequenzen haben könne. Der Besuch muss absolut geheim bleiben. Die Dame werde am späten Abend kommen und am frühen Morgen wieder weggehen, das wäre es dann schon. Ich versicherte ihm, dass ich schweigen werde wie ein Grab. Er drückte mir ein mobiles Telefon in die Hand und meinte, dass ich mit ihm nur über dieses Gerät kommunizieren dürfe.

Einige Tage später, klingelte am späten Abend das Leihgerät. «Hier Ahmed» entgegnete eine Stimme. Ahmed erklärte mir, dass morgen Mittag ein Transport mit dem Zelt kommen wird und ein paar Sicherheitsleute. Ich hätte nichts zu tun damit, es sei alles organisiert. Dann legte er auf. Es handelte sich mit Bestimmtheit nicht um den Araber, der vor ein paar Tagen mit mir gesprochen hatte.

Am nächsten Morgen fuhr ein Sattelschlepper mit spanischen Kennzeichen vor, gefolgt von drei schwarzen Vans mit abgedunkelten Fenstern. Die Vans hielten auf dem Strandweg oberhalb der Rezeption an. Es passierte eine Weile gar nichts, außer, dass die Fahrzeuge den Verkehr blockierten, der zum Glück am Morgen um diese Zeit noch gering war. Plötzlich stiegen aus den zwei hinteren Vans etwa 15 Mann in Uniformen aus. Sie waren bewaffnet mit Maschinenpistolen. Sofort verstreuten sie sich zielstrebig in alle Richtungen. Sekunden später war niemand mehr zu sehen. Aus dem vorderen Van stiegen 8 Männer aus in grauen Arbeitskombis. Sofort machten sie sich am Lastwagen zu schaffen und schleppten Material auf die Zeltwiese – ebenfalls sehr zielsicher. Minuten später stand bereits eine aus dunkelgrauem Stoff gefertigte Sichtschutzwand kreisförmig montiert mit einem Durchmesser von etwa 25 Meter auf der Zeltwiese. Durch einen schmalen Durchgang schleppten die Arbeiter Unmengen Material ins Innere des Kreises. Plötzlich war der Giebel eines Beduinenzeltes zu sehen. Gegen Mittag verließen die Arbeiter die Zeltwiese. Rechts und links des Eingangs standen je ein Mann in Zivil. Beide waren damit beschäftigt neugierige Gäste und spielende Kinder zu verscheuchen. Die bewaffneten «Kämpfer» versteckten sich in dichten Büschen und einer verschanzte sich sogar in einer Duschkabine.

Kurz nach Mitternacht fuhr ein Konvoi von mehreren Luxuslimousinen vor. Hastig stiegen elegant gekleidete Männer aus und bildeten einen Menschenknäuel. Mitten im Knäuel war eine Frau bekleidet in einer hellblauen Burka zu erkennen. Hastig schritt die Gruppe zu dem Beduinenzelt. Die Frau des Diktators verschwand zwischen den beiden «Türsteher» hinter die Sichtschutzwand. Sofort wurde der Zugang mit Tüchern verhängt. Ihre eleganten Begleiter lümmelten lustlos vor dem Zugang herum und rauchten Zigaretten. Um Sechs in der Früh präsentierte sich das Bild genauso wie um Mitternacht. Die zwei «Türsteher» standen wie Salzsäulen vor dem verhüllten Zugang. Die Männer in Schale schlenderten immer noch gleich lustlos vor dem Zugang herum. Plötzlich wie auf ein Kommando öffnete sich der Tücherverschlag. Die Gentlemen rannten herbei und bildeten einen Knäuel vor dem Ausgang. Der Knäuel setzte sich hastig in Bewegung und verschwand kurze Zeit später bei dem Limousinenkonvoi. Die Luxuskarren standen die ganze Nacht auf der Straße. Die Fahrer der Autos schliefen hinter dem Steuer und die Motoren liefen bei allen Fahrzeugen die ganze Nacht. Zuerst wohl um die Klimaanlage in Betrieb zu halten, in den frühen Morgenstunden musste der Motor wohl als Heizung dienen. Sekunden später setzte sich der Tross in Bewegung. Zehn Minuten später fuhren die Vans der «Arbeiter» vor. Hastig wurde mit der Demontage des Zeltes im Innern des Sichtschutzkreises begonnen. Schwere Teppichrollen, dunkelblaue Kissen mit Goldrändern, ein großer Tisch mit sehr kurzen Beinen und mehrere orientalische Hocker wurden als erstes zur Straße geschleppt. Minuten später fuhr der spanische Sattelschlepper vor. Und bereits um halb neun war von der «Belagerung» nichts mehr zu sehen.

Drei Tage später erschien der Araber an der Rezeption um abzurechnen. Anstandslos beglich er die Rechnung für die Platzmiete und bedankte sich für die Gastfreundschaft.

Die Beliebtheit des Staatsgastes bei den meisten westlichen Staaten schmolz wie Schnee in der Frühjahrssonne. In seinem Land hatte der Diktator mit den Folgen einer Revolution zu kämpfen. Er endete einige Jahre später, durch unklare Umstände in seinem Heimatland.

Die Krähe

An eine schönen Spätfrühlingsabend brachte unser Sohn Daniel eine junge Krähe nach Hause, die offensichtlich aus dem Nest gefallen war. Hell begeistert waren weder Barbara noch ich, doch die beiden Kinder wollten das arme Junge füttern, weil es keine Mutter mehr hatte. Zurück ins Nest der Eltern war unmöglich, da auf jedem Baum zwischen Eichholz und Marzilibad unzählige Krähennester gebaut waren. Also beugten wir uns dem Druck der Kinder und fütterten den Vogel täglich mehrmals. Die ersten drei Tage rissen sich die Kinder um den Job, danach blieb es meine Aufgabe dafür zu sorgen, dass der Vogel nicht verhungerte. Ein paar Mal habe ich, wie ich zugeben muss, mit dem Gedanken gespielt, dem Federvieh den Hals umzudrehen. Weil ich dann nach unangenehmen Notlügen hätte suchen müssen, habe ich davon abgesehen. Wie man Hunde erzieht und folgsam dressieren kann, das wusste ich. Ob das bei Vögeln auch funktioniert, wird sich dann herausstellen. Vom ersten Tag an, als ich dem Vogel, in das zur Voliere umgebaute Gartenhäuschen, das Futter brachte, gab ich immer dieselben Laute von mir. Ein Pfeifen – tief beginnend und hoch endend – drei Mal nacheinander. Bereits nach einigen Tagen begann der kleine Vogel wild mit den Flügeln zu schlagen, wenn er die Pfeifgeräusche wahrnahm. Das Katzen- und Hundefutter wirkte wie Mastfutter! Die Krähe wuchs sehr schnell zu einem stattlichen Vogel heran. Im Gartenhäuschen wurde es langsam eng. So entschloss ich mich die improvisierte Voliere aufzugeben und mit Hilfe eines Hochdruckreinigers wieder in seine ursprüngliche Funktion als Gartenhäuschen umzurüsten. Der Vogel saß nun meist auf dem Zaun und flatterte andauernd, bis ich mit Futter vorstellig wurde, mit den Flügeln. Futter gab es jeweils erst, wenn sich der Vogel auf meine Hand oder meinen Arm setzte. Schon kurze Zeit später musste ich zum Füttern Arbeitshandschuhe und eine Jeans-Jacke anziehen, weil sich die Krallen schmerzhaft in meine Hand oder in meinen Unterarm bohrten. Weil die Artgenossen des Vogels nun oft in der Luft unterwegs waren, versuchte ich auch ihm das Fliegen beizubringen. Zuerst rannte ich in Runden mit dem Vogel auf der Hand im Garten herum, bremste abrupt, so dass es ihn von seinem Eigengewicht und der Trägheit der Materie von meiner Hand riss. Sobald er keinen Kontakt mehr zu mir hatte, flatterte er einige Meter und landete danach ungeschickt auf dem Rasen. Diese Übung wiederholte ich einige Tage mehrmals. Als seine Flüge immer länger wurden, rannte ich eines Tages den Strandweg hinunter und statt zu bremsen schubste ich den Vogel einem Modellflugzeug gleich, von mir weg. Nach einem kurzen Sinkflug stieg die Krähe in den Morgenhimmel über dem Eichholz. Was für ein Wunder der Evolution! Wenn ein am Boden lebendes Wesen beginnt zu laufen und lernt sich auf seinen Beinen fortzubewegen, ist das noch eines, aber fliegen ist eine komplexe Arte der Fortbewegung. Komplizierte physikalische Vorgänge sind nötig, um einen Gegenstand oder einen Körper in der Luft zu halten. Vögel schaffen das – einfach so! Geschickt wich sie den Hindernissen aus und kurvte, ohne mich aus den Augen zu verlieren über dem Areal. Nun war es Zeit die Futterlaute von mir zu geben! Ich pfiff dreimal nacheinander Richtung Himmel. Unmittelbar änderte der Vogel seine Flugbahn und visierte mich an. Ich streckte den Arm aus und zielsicher fassten die Krallen den Ärmel meiner Jeansjacke. Sofort fütterte ich die Krähe. Von nun an gehörte eine Konserve Katzenfutter zu meiner Ausrüstung beim Morgenrundgang. Selbst wenn kein einziger Vogel im Morgenhimmel zu sehen war, sobald ich pfiff, dauerte es nur ein paar Sekunden bis von irgendwoher «meine» Krähe angeflogen kam und sich mir auf die Schulter setzte und flügelschlagend nach Futter bettelte. Der Appetit des Vogels wurde immer grösser, ebenso der Ärger mit ihm! Mehrmals im Tag flog er in den Garten, sehr zum Ärger unserer Katze und unseres Hundes, und bettelte für Futter. Gelegentlich füttere eines unserer Kinder ihn, mehr der Sohn als die Tochter, was dem Vogel sofort auffiel. Verfolgte er doch Daniel, der mit dem Fahrrad ins Morillonschulhaus radelte, bereits am Morgen und dort wartete er auf dem Dach des Fahrradunterstandes, bis Daniel am Mittag aus dem Schulhaus kam. Der Vogel folgte ihm unmittelbar, flatterte ihm um den Kopf und versuchte sogar während der Fahrt auf seinen Schultern zu landen. Viel zu gefährlich mitten im Verkehr auf der stark befahrenden Seftigenstraße. So beklagte sich Daniel, dass er sich kaum traute auf das Fahrrad zu steigen. Ja, sogar in der großen Pause ließ der Vogel nicht von ihm ab. Was anfänglich lustig war, wurde bisweilen zu einem Ärgernis. Auch auf dem Campingareal wurde das nun zu einem großen Vogel herangewachsenen Federvieh immer mehr zum Ärgernis. Barbara musste beim Zubereiten des Essens die Fenster schließen, weil er sonst durchs Küchenfenster hereinflog und sich am zubereiteten Essen gütlich tat. Selbst im Restaurant auf dem Camping war niemand mehr sicher vor ihm. War er vollgefressen, vergnügte er sich mit glänzenden Gegenständen wie Münzen, Schlüsseln und Besteck. Besonders angetan hatten es ihm Spiegelglasbrillen. Es war ihm völlig egal, ob die Brille auf dem Tisch lag oder noch auf der Nase eines Gastes saß. Geschickt schnappte er sich mit seinem großen Schnabel die Brille und flog damit weg. Verständlich, dass die anfängliche Freude der Gäste schnell verflog und sich Ärger breit machte. Zumal es nicht sehr hygienisch war, wenn ein Vogel über das Mittagsmenü flatterte. Der Vogel war nun so groß, dass ich Verletzungen davontrug, wenn er sich unbemerkt von hinten näherte und mir auf der Schulter landete. Immer öfter biss er mich ins Ohrläppchen, was auch nicht sehr angenehm war, und die Blutungen waren jeweils kaum zu stoppen, da das Zipfelchen des Lauschers offensichtlich sehr gut durchblutet ist. Es musste etwas geschehen. Das konnte so nicht weitergehen. Konsequent verscheuchte ich die Krähe mit Klatschbewegungen, sobald sie sich mir näherte. Futter gab es keines mehr. Barbara schlug mit dem Besen um sich, sobald sich der Vogel dem Küchenfenster näherte. Nach einiger Zeit war er nicht mehr zu sehen. Ein Zeitungsbericht über einer seltsamen zahmen Krähe im Kichenfeldquartier bestätigte, dass der Vogel definitiv eine neue Bleibe gefunden hatte. Die Nomenklatur unserer Tiere versuchten wir immer möglichst praktisch anzuwenden. So hieß die Krähe «Vogel», die Katze hörte mehr oder weniger, wie das bei Katzen üblich ist, auf den Namen «Chatz». Die Ausnahme bildeten unsere Hunde, der Erste hieß Cita und der Zweite Django. Wäre es bei der Namensgebung nicht am Veto der Kinder und Barbara gescheitert, hätten die Hunde beide «Hund» geheißen.

Bergung aus dem Pool

Während meines Einsatzes im Wylerbad, es war Anfang Juni und ein kühler Vormittag, kurz ein Tag, an dem sich keine einzige verlorene Badegastseele in ein Freibad verirren mochte. Kollege Räfu, sichtlich aufgeregt, meinte, ich soll im doch helfen, ich müsste aber rasch die Badehose anziehen. Welch ein Gräuel, den flauschigen Fleecepulli abzustreifen und aus meinen warmen Arbeitshosen zu steigen, um die Badehosen anzuziehen. Räfu rannte im Laufschritt zum großen Becken und ich versuchte einigermaßen Schritt zu halten. Beim Bassin angekommen, zeigte Räfu auf ein Irgendwas, welches sich im Wasser bewegte. Es handelte sich zweifellos um einen Rehbock! Auf der anderen Seite versuchte er, an der Betonwand die Oberkante zu erklimmen. Die Vorderläufe konnte er zwar über den Rand strecken, aber um sich aus dem Wasser zu ziehen, hatte er schlicht zu wenig Kraft. Das Überwasserhalten und das ständige Schwimmen, so wie die unzähligen Versuche sich aus dem Wasser zu ziehen, ließen seine Kräfte rapide schwinden. Räfu sprang ins kalte Wasser und ich tat es ihm gleich. Beim Laufschritt von Räfu konnte ich noch einigermaßen mithalten, aber beim Schwimmen war ich chancenlos. Räfu hielt sich etwa fünf Meter neben dem Rehbock am Rand fest. Ich schwamm auf die andere Seite des verängstigten Tieres und tat in etwa gleichem Abstand dasselbe. Nun bewegten wir uns langsam in Richtung des Tieres. Als wir uns ihm etwa bis auf zwei Meter Abstand genähert hatten, unterließ er die Versuche den Rand zu erklimmen. Er schwamm in die Poolmitte, um Distanz zu uns zu gewinnen. Flankiert von uns beiden, versuchten wir, die Schwimmrichtung des Bocks so zu beeinflussen, dass er auf der Gegenseite bei der Ausstiegstreppe das rettende Ufer erreichen sollte. Fast am Ende seiner Kräfte, schwamm der Rehbock immer langsamer, die rettende Treppe war immer noch etwa zwanzig Meter entfernt. Wir schwammen nun unmittelbar neben ihm. «Der schafft das nicht» sagte ich zu Räfu – Räfu nickte. Fast zeitgleich packten wir den Bock an den Hörnern – im wahrsten Sinne des Wortes! Nun wurde es echt anstrengend, wir mussten uns über Wasser halten, das Reh seinerseits versuchte uns abzuschütteln und schlug mit dem Kopf panisch hin und her, dazu musste es uns gelingen die Nase des Rehs dauernd über Wasser zu halten. Nach etwa zwanzig Sekunden beruhigte sich, wohl aus Erschöpfung, das verängstigte Tier und wir schwammen langsam Richtung Treppe. Sobald der Rehbock festen Boden unter seinen Vorderläufen fühlte, ließen wir ihn los. Er sprang nun durch die Duschwanne und rannte auf die offene Wiese. Dort legte er sich hin, keuchte so stark, dass wir den Dunst aus seinem Rachen selbst auf diese Distanz feststellen konnten. Räfu rannte zum Hallenbad zurück, wo sich seine und meine Kleider befanden. Er holte den Schlüssel, um die Tore gegen den Wald zu öffnen. Schlotternd gingen wir zurück zum Hallenbad, die beiden großen Tore waren geöffnet, mehr konnten wir nicht tun. Gegen Mittag, nach seiner Ablösung als Badaufseher im Hallenbad, machte sich Räfu auf zu einem Kontrollgang. Der Rehbock war nirgends zu finden. Er hatte wohl nach der Erholungsphase ein offenes Tor gefunden und konnte so in den Wald flüchten.

Wieder eine Bergung

Aufgeregt und schreiend rannten einige Personen zur Rezeption. Schwimmer hatten auf der Höhe des Knechtenlochs, gleich unterhalb des Klubhauses des Wasserfahrvereins Freiheit, einen Mann aus der Aare geborgen. Ich schnappte mir den Rettungsrucksack und stieg auf das Fahrrad. Päscu, der im Restaurant arbeitete, fragte, was los sei. Mit ein paar Worten erklärte ich, was offensichtlich geschehen ist. «Ich komme dir helfen» schrie Päscu und setzte sich ebenfalls auf sein Fahrrad. Tatsächlich fanden wir eine männliche Person am Aareufer. Einige Passanten zeigten mit dem Finger zum Flussufer. Noch während Abstieg zum Fluss öffnete ich den Rettungsrucksack und riss den Defibrillator aus dem Rucksack. Wir versuchten sofort den Körper ganz ans Ufer zu ziehen und auf den Rücken zu drehen, um sofort mit der Reanimation beginnen zu können. Als der leblose Körper unter mir lag blieb mir fast der Atem stehen. Päscu schrie mich an, dass ich endlich mit der Reanimation beginnen solle. «Päscu, den kenne ich, es ist der ehemalige Feuerwehrkommandant, mein ehemaliger Chef». Einige Sekunden später, als ich mich etwas erholt hatte und Päscu mich abermals anschnauzte, begann ich mit der Mund zu Nase Beatmung. Beim Hereinblasen der Luft in die Lunge des Ertrunkenen, entstanden gurgelnde Geräusche und die austretende Atemluft roch stark säuerlich. Mehrmals musste ich mich zusammennehmen, mich nicht zu übergeben. Päscu setzte, während ich beatmete, die Elektroden des Defi und begann dann sofort wieder mit der Herzmassage. Aufgrund des Rauschens des Wassers und dem Geschrei der Badenden verstanden wir kein Wort der Anweisungen des automatischen Defibrillators. Wir wussten aber, sollte das Gerät ein Kammerflimmern feststellen, die rote Kontrollleuchte einem auffordert einen Schock auszulösen. Während der Reanimation schauten wir beide immer wieder auf die Kontrollleuchte, aber da tat sich nichts! Die Rettungsdienste brauchten etwa 20 Minuten, um zur Unfallstelle zu gelangen. Wir reanimierten beide weiter, obwohl wir wussten, dass dies zu spät war. Die Rettungssanitäter brachten Tragbarre und sonstiges Equipment ans Ufer. Mit vereinten Kräften, festgezurrt auf eine Tragbarre hievten wir den Körper auf den Aareweg, um dort sofort wieder mit Reanimieren fortzufahren. Die Arbeit von Päscu übernahm nun eine hydraulische Presse und beatmet wurde der Kommandant mit einem Ambu-Beutel. Wir packten den Rucksack und stiegen auf unsere Fahrräder, um uns wieder unserer Arbeit zu widmen.

Der Blumenstrauß auf dem Tisch in der Rezeption und zwei Pack Socken munterten mich sofort wieder auf. Der Rezeptionist ergänzte, dass Miss Austria dann später nochmals vorbeischauen werde.

Igor Evdovkimov

In mehreren Etappen legten wir jeweils im Februar und März den Grund des riesigen Bassins des Freibades Weyermannshaus mit Verbundsteinen aus. Der bestehende wasserdurchlässige Asphaltbelag war so rau, dass sich die Badegäste die Füße aufscheuerten. Nachdem wir eine Referenzfläche von etwa 200m2 probehalber verlegt hatten, entschied sich das Tiefbauamt, die ganze Fläche des Pools mit den 20 auf 20 Zentimeter messenden Steinen zu belegen. Aufgrund des stark variierenden Grundwasserspiegels des ehemaligen Natursees musste der Bodenbelag durchlässig sein, damit bei allfälligem steigendem Grundwasserspiegel der Belag vom Wasserdruck nicht angehoben wurde. Das steigende Wasser konnte durch die Fugen an die Oberfläche gelangen und auch wieder zwischen den Betonsteinen versickern, ohne Schaden anzurichten. Mehrere Tiefbau- und Gartenbauunternehmen offerierten die Arbeiten. Der zuständige Projektleiter vom Tiefbauamt händigte mir die Offerten zur Einsicht aus. Ich machte ihm den Vorschlag, dass ich mit dem Personal der Unterhaltsgruppe die Arbeiten für weniger als den halben Preis erledigen könne. Der Projektleiter nahm Kontakt mit unserer Direktion auf und schnell wurde man sich einig, dass die Arbeiten in etwa fünf Etappen von uns selbst ausgeführt werden sollen. Ich erhielt jeweils ein Budget. Alles andere konnte ich selbst organisieren. Logistik, Offerte einholen für das Material und personellen Ressourcen, das alles hatte ich selbst zu organisieren. Ein spannender Auftrag und für mich als gelernter Gartenbauer eine befristete Rückkehr in mein Kerngeschäft. Um unsere vier Mann zählende Gruppe zu verstärken, wurde uns aus dem Programm «Arbeitsbeschäftigung für abgewiesene Asylbewerber» Igor zugeteilt. Seine Betreuerin erklärte uns kurz die Herkunft und seinen Lebenslauf. Er sei der Sohn eines Deutschrussen und einer Ukrainerin aufgewachsen im Gulag, weil seine Eltern vor vielen Jahren als Systemkritiker dahin verbannt wurden. Ihm sei die Flucht gelungen und er habe den Weg via Polen und Deutschland in die Schweiz gefunden. Alle Verhandlungen mit den russischen Behörden seien gescheitert. Man könne den Mann nicht nach Russland zurückschicken, weil er unmittelbar in Haft genommen würde. Russland figuriere aber nicht auf der Liste der Staaten die Menschenrechte verletzten und russische Staatsbürger können daher nicht als Flüchtlinge anerkannt werden. Durch diesen Umstand erhielt Igor eine kleine finanzielle Unterstützung, aber weder Unterkunft noch Verpflegung. Um den Status, den es gar nicht gab, nicht zu verlieren, musste er sich täglich bei den Behörden melden. Er musste für das wenige Geld, das er erhielt, eine Arbeitsleistung von genau 6 Stunden pro Arbeitstag erbringen. Igor sprach, bedingt durch die Herkunft seines Vaters, sehr gut Deutsch. Er war schlau und es ging nicht lange, bis er sich irgendwo eine Bleibe organisiert hatte.

Er erschien jeweils genau um 07:30h auf der Baustelle und forderte die anderen, ohne vorherige Begrüßung, auf, ihm endlich Steine zum Verlegen zu liefern: «He, he bringe Steine schnell schnell». Der klein gewachsene athletische Russe arbeitete wie ein Tier und gönnte sich bis am Mittag keine Pause. Die Mittagspause hielt er exakt ein. Um 14:00h piepste seine billige japanische Uhr. Er ließ alles an Ort und Stelle fallen und verabschiedete sich mit dem Kommentar: «Zeit ist um»! Der russische Charme ist ja bekannt und entspricht nicht ganz den Umgangsformen westlicher Zivilisationen! Igors Einsatz endete nach etwa sechs Wochen, als wir den Poolboden gereinigt hatten und das Wasser einfüllten, nach Abschluss der dritten Etappe.

Einige Monate später wurde Igor im Eichholz gesichtet. Statt eines freudigen Begrüßungsrituals trat Igor in schnellen Schritten zu meinem Kollegen und mir und erklärte uns, dass er jetzt selbstständig sei. Er repariere Fahrräder, das habe er in Sibirien auch gemacht. Er verdiene so gut, dass er sich ein gutes Leben in der Schweiz leisten könne. Die Schweiz sei ein großes Ferienlager im Schlaraffenland, erklärte uns Igor, schnappte sich ein liegengebliebenes Fahrrad und verschwand.

Das Missverständnis

Offensichtlich gab der schlechte Zustand des Kinderplanschbeckens auf der Ostseite des Weyermannshaus-Bades immer wieder Anlass zu Reklamationen. Es wurde die Idee aufgenommen, dass nach Abschluss einer weiteren Etappe, auch um das Planschbecken Verbundsteine zu verlegen seien. Ich machte eine Skizze, wie man die Anlage zudem noch etwas aufpeppen konnte und schnell erhielt ich die Zusage, die Arbeiten nach meinen Ideen auszuführen. Die finanziellen Aufwände hatte ich im Budget der dritten Etappe zu «verstecken». Halt ein paar hundert Quadratmeter Verbundsteine weniger legen, hieß es. Da zugleich auf der an die Badeanlage angrenzenden Kunsteisbahn umfangreiche Sanierungsarbeiten stattfanden, nahm kaum jemand Notiz von unserer Baustelle. Die Arbeiten zogen sich über die Eröffnung des Campings hinaus, sodass ich jeweils mit einem Mann, nach den erledigten Arbeiten im Eichholz am frühen Morgen, in das Weyermannshausbad fuhr. Am späteren Nachmittag kehrten wir jeweils zurück ins Eichholz, um die Kolleginnen und Kollegen abzulösen und um sich dem Campingbusiness zu widmen. Um genügend Frischwasser ins Planschbecken befördern zu können, zapften wir das daneben liegende große Bassin an und pumpten das so gewonnene Wasser, via einer unterirdischen Leitung, in das Kinderpool. Da nun eine große Menge Wasser hineinfloss, musste diese auch wieder irgendwie abgeführt werden. Wie auf meiner Skizze bereits berücksichtigt, bauten wir einen künstlichen Bach, in dem die Kleinen ihre Modelboote, Gummientchen und sonstige schwimmende Gegenstände ins Wasser legen konnten, um ihnen vergnügt nachzurennen.

Unsere Arbeiten waren kurz vor dem Abschluss. Ein Fotograph in Begleitung zweier Frauen, offensichtlich Journalistinnen, fragten uns, ob wir von der Direktion Sport seien. Wir nickten beide und ich ergänzte: «zumindest so ähnlich!» Sie hätten einen Auftrag einen Bericht mit Fotos für die Zeitung zu erarbeiten. Mit einigen Worten erklärte ich den zwei Frauen Grund und Absicht unserer Baustelle, während der Fotograph unzählige Bilder schoss. Die eine Journalistin erklärte uns, dass die Stadt knapp 6.5 Millionen Franken in die Anlage investierte und das verschiedene Neuerungen geplant und gebaut wurden. Ich ergänzte, dass aus Umweltschutzgründen auch etwas mit Wärmerückgewinnung geplant sei, aber Genaueres wüsste ich nicht, da müsse sie sich schon an unsere Geschäftsleitung wenden. Das dürfte für den Bericht reichen, meinte sie. Ich könne ihr versichern, dass der Umbau vom Planschbecken keine 6.5 Millionen kostet, sondern nur etwa 6000, entgegnete ich und verabschiedete mich. Nachdem die kleine Gruppe sich verabschiedet hatte, schauten wir uns ungläubig an. Warum ist den unsere Baustelle so wichtig und wer hat denen den Tipp gegeben, fragten wir uns? Vielleicht hatte das Tiefbauamt oder unsere Geschäftsleitung die Presse darauf aufmerksam gemacht. Ohne weiter darüber nachzudenken, arbeiteten wir weiter und schlossen die Arbeiten ab.

Kurz bevor wir uns ins Eichholz aufmachten, kam Ueli, der damalige Chef der Eisbahn zu uns und fragte, ob wir Lust hätten auf Apéro-Häppchen und einen Schluck Wein.

Am Hunger fehlte es nicht und ein Schlückchen Wein wäre auch nicht zu verachten, also stimmten wir zu. Die Werkstatt der Kunsteibahn war sauber aufgeräumt und in der Mitte stand ein langer Tisch, bedeckt mit einem weißen Tischtuch. Die beiden Zambonis, Eisreinigungsmaschinen waren auf dem Eisfeld parkiert, um den Raum voll nutzen zu können. Allerlei Häppchen präsentierten sich auf dem Tisch. «Greift zu», meinte Ueli. Schnell füllten wir unsere Bäuche. Mit vollem Mund fragte ich Ueli, wie wir denn zu diesen Ehren gekommen seien. Er erklärte, dass eine Pressekonferenz hätte stattfinden sollen, diese habe aber aus unerklärlichen Gründen nicht stattgefunden. Unser Direktor war da und unsere Chefs sowie die Architekten, bloß die Pressefritze fehlten. «Die waren bei uns», antwortete ich immer noch mit vollem Mund. «Und, die haben so ein paar Sachen gefragt wegen dem Neubau, aber ich habe sie an die Geschäftsleitung verwiesen!» Ueli meinte in Anlehnung an den Namen des damaligen zuständigen Gemeinderates, unserem Direktor, dass die Pressekonferenz wohl ins Wasser gefallen sei! Wir lachten uns halb tot und mit vollen Bäuchen fuhren wir ins Eichholz. Der Betrieb dort ruht nie!

Einige Tage später erschein ein großer Zeitungsbericht mit der Überschrift «Der Bach, der aus dem Becken fließt». Da stand zwar, dass die Stadt ordentlich Geld verbaute, aber das größte und auffälligste Bild war das «unserer» Baustelle. Am frühen Morgen desselben Tages rief mich einer meiner Chefs an. Dem Tonfall seiner Stimme zu entnehmen, wohl etwas verärgert, fragte er mich, wie es zu dem Zeitungsbericht gekommen sei. Ich erklärte ihm, dass mich das auch interessieren würde, ich ihm aber keine abschließende Antwort auf seine Frage geben könne. Er habe auf der Kunsteisbahn zusammen mit Vertreter des Gemeinderates, den Architekten des Tiefbauamtes und unserer Direktion auf die Presse gewartet. Geplant war ein Zeitungsbericht mit Bildern, um den Einwohnerinnen und Einwohnern der Stadt Bern zu zeigen, das mit ihren Steuergeldern die Kunsteisbahnen veredelt werde zum Wohle der Allgemeinheit. Und, ein bisschen Wahlkampf für den Gemeinderat hätte es auch sein sollen, da die Wahlen unmittelbar bevorstanden!

Planschbecken

Straßenkünstler

Am meisten imponierten mich immer die Straßenmaler, welche ihre Kunstwerke auf den Asphalt zauberten. Oft zeichneten und malten vom Bundesplatz bis zur Polizeikaserne beim Waisenhausplatz gleich mehrere solcher Künstler ihre Werke auf den Boden. Die meisten von ihnen übernachteten im Eichholz, weil es günstig war. Ich schaute den Künstler zu und bemerkte, dass sie mit ihrem Werkzeug und den Farbstiften das Kunstwerk kaum berührten. Ein besonders eindrückliches Werk, etwa zwei mal zwei Meter groß, befand sich unter der Laube vor einem Fotogeschäft. Es stellte fast fotoidentisch drei weiße Pferde dar, die an einem Strand bei Sonnenuntergang entlang galoppierten. Am darauffolgenden Tag spazierte ich wieder über den Platz, um den Spanischunterricht in der Sprachschule zu besuchen. Mir fiel auf, dass das schöne Gemälde von Gestern nun plötzlich an einer anderen Stelle die zahlreichen Passanten begeisterte. Am Abend kurz vor dem Eindunkeln marschierten die Künstler oft gemeinsam wieder in ihre Basis zurück. Ein sehr gutes Deutsch sprechender junger Pole fragte ich dann, wie denn das mit den Bildern auf der Straße genau funktioniere. Er dürfe mir nichts verraten, das habe er seinem Chef versprechen müssen. Ich erzählte ihm, was ich tags zuvor beobachtet hatte, und erklärte ihm, dass ich das meiste bereits wisse und er eigentlich nichts verrate. Zumal um Mitternacht nirgends ein Bild auf der Straße zu sehen sei und diese plötzlich am Morgen wie von Geisterhand wieder da waren. Sein Chef sei der eigentliche Künstler, die Bilder seien in einem Atelier in Warschau entstanden und wurden auf feuchtigkeitsbeständiges Papier gezeichnet und mit einem Lack überzogen, damit sie keinen Schaden nahmen. Das erklärt, warum die Straßenkünstler immer eine Anzahl Kartonrohre herumtrugen. Die vorfabrizierten Bilder wurden dann auf der Straße oder dem Gehsteig aufgeklebt. Er selbst könne nicht malen oder zeichnen. Mit den Farbstiften berühre er die Folie gar nicht, es sehe nur so aus. Er studiere an der UNI in Warschau und verdiene sich so das nötige Geld, um das Studium im Herbst fortzusetzen. Das gesammelte Geld mussten sie per Western Union nach Warschau senden. Sie durften nur ein wenig Sackgeld für die Verpflegung und die Unterkunft auf dem Camping behalten, erklärte er mir. Der Lohn erhielten sie dann nach ihrer Rückkehr, wenn sie die Bilder wieder abgeliefert hatten. Ich fragte ihn, was denn da so an einem schönen Tag, wenn viele Touristen und Einheimische am Flanieren sind, zusammenkomme. Er sagte mir, dass es selten weniger als tausend Franken seien – pro Künstler!

Ebenfalls zu den Großverdienern der Straßenkünstlergilde gehörte eine Gruppe polnischer Musiker. Auch alles Studenten und Studentinnen, die an der Uni Musik studierten. Sie verstanden es, klassische Musik mit modernem Pop zu kombinieren und faszinierten die Stadtbesucherinnen und Stadtbesucher mit dem Dargebotenen. Hunderte scharten sich jeweils um die Gruppe, wenn sie ihre Musik spielte. Die aufgeklappte Geigenkiste füllte sich jeweils in kurzer mit Noten und Münzen. Der Älteste und Erfahrenste von ihnen, vielleicht Mitte zwanzig, fuhr einen schnittigen roten italienischen Sportwagen. Die älteste Frau, in etwa im gleichen Alter, steuerte einen weißen Lieferwagen, in dem die Instrumente und das «Personal» transportiert wurden. Diese Gruppe musizierte so gut, dass sie jeweils nach Sonnenuntergang Auftritte in privaten Klubs oder Restaurants hatten. Sie verdienten so rund 50'000.- Franken im Monat! Das Geld teilten sie sich, je nach Funktion und künstlerischem Können, untereinander auf. Sogar der Tontechniker erarbeitet sich so einen Monatslohn von zweitausend Franken, was damals das Zehnfache eines einfachen Arbeiters in Polen war. Die jungen Frauen und Männer waren immer sehr freundlich, bezahlten die Rechnungen für die Übernachtungen und nicht selten schaute noch etwas für unser Trinkgeldkässeli heraus. Den Vormittag nutzten sie jeweils auf dem Camping, um neue Titel einzuüben – sehr zur Freude der Campinggäste!

Die Schildkröte

Zu Weihnachten ein Terrarium zu schenken, war eine gewisse Zeit in Mode. Der Mikrokosmos in der Glaskiste im Wohnzimmer wurde von findigen Zoohändlern mit kleinen Fischchen und winzigen Schildkröten ausgestattet. Bereits zu Ostern waren die Fische doppelt so groß und auch die Schildkröten gediehen bestens. Der Glaskäfig wurde den heranwachsenden Tieren schnell zu klein. Einige spülten die Tiere das Klo herunter, ganz nach dem Motto: Aus den Augen aus dem Sinn! Wieder andere suchten ein neues Habitat und setzten die Tiere im nächstgelegenen Biotop, Naturschutzgebiet oder wie im Eichholz, in die Tümpeln oberhalb der alten Fischzucht aus. Die Fische, meist Sonnenbarsche, wohl weil diese als Babys schön farbig leuchten, sind eine besondere «Bereicherung» für ein Terrarium. Die Tiere vermehren sich in ihrer neuen Umgebung prächtig. Sehr zum Leid der einheimischen Fischarten, da die Lieblingsspeise der Sonnenbarsche Laich andere Wasserbewohner ist. Die Rotbackenschildkröten, bevölkern wie die Sonnenbarsche, den Egelsee in Bern, wie auch die Tümpel entlang der Aare.

Die Sonnenbarsche blieben, ähnlich wie im Terrarium, in ihrem von den ehemaligen Besitzern ausgewählten Lebensräumen gefangen. Ganz im Gegensatz zur Schildkröte! Zu Wasser deutlich schneller unterwegs als zu Land, aber trotzdem in der Lage ihren Tümpel zu verlassen, machen sich gelegentlich auf die Suche nach einer neuen Umgebung. Vielleicht war der Grund der

Wanderschaft die Partner- oder Partnerinnensuche? Der Arterhaltungstrieb ist auch bei diesen Tieren, auf immer und ewig in den Genen verankert! Da sich laut Angaben eines Zoohändlers männliche Tiere ihrer Farbe wegen als Terrariumbewohner besser eignen als Weibchen, ist das Verhalten der Schildkrötenmännchen absolut nachvollziehbar.

Ein sichtlich aufgeregter Gast stand vor der Rezeption. Mit beiden Händen trug er eine Rotbackenschildkröte am Panzerrand des urtümlichen Lebewesens. So konnte das Tier weder mit seinen Vorder- noch mit seinen krallenbesetzten Hinterbeinen die Hände des Mannes erreichen. Da sich Schildkröten lieber frei im Wasser bewegen oder gelegentlich herumkrabbeln und sich weniger gern von Menschen herumtragen lassen, zog das Tier seinen Kopf weit in den schützenden Panzer hinein. Der Mann fragte uns, was er mit der Schildkröte machen solle. Da sich der Tierpark gleich gegenüber des Eichholz befindet, schlugen wir ihm vor, das Tier dort abzugeben. Er nickte, hob das bratpfannengroße Reptil auf Augenhöhe und führte es nahe an sein Gesicht. Mit der Erfahrung von Jahrmillionen irdischen Daseins, wartete das Tier bis das Gesicht seines Peinigers nah genug war, um zuzuschlagen. Wie ein Pfeil schoss der Kopf aus der Deckung und biss dem Mann ein Stück aus seiner Unterlippe, um sofort wieder im Panzer zu verschwinden. Intuitiv drückte der Mann das Tier von sich weg und legte es auf den Boden. Wenigstens hatte er die Schildkröte nicht fallen lassen! Das Blut schoss aus der Wunde und bildete zu seinen Füßen eine Pfütze. Sein Shirt war innert kurzer Zeit vom Kinn über der Brust bis zum Hosenbund mit Blut getränkt. Da er Blut nicht sehen konnte, verdrehte der

Mann die Augen, es wurde ihm schlecht und schwindlig und er musste sich hinlegen. Mit einem alten Badetuch versuchten wir die Blutung etwas einzudämmen. Da es dem Mann immer schlechter ging, mussten wir die Rettungsdienste rufen. Der Mann wurde ins Spital verlegt und wir wollten uns der Schildkröte widmen. Diese war aber nirgendwo zu finden. Sie hatte wohl die menschliche Nähe satt und sich wieder in ein sicheres Habitat zurückgezogen. Trotz der gut besuchten Wiese und des stark belegten Campings, blieb das Tier verschollen. Einige Wochen später, bei einem Spaziergang mit Barbara, entdeckten wir auf einem halb im Wasser liegenden Baumstamm im großen Tümpel oberhalb der Fischzucht eine ganze Reihe Schildkröten. Eine davon, ich war mir sicher, dass es die oben Beschriebene war, stach wegen ihrer Größe aus der Gruppe heraus.

Kalter Krieg

Wir schreiben das Jahr 2003, ein Hitzesommer, wie es in scheinbar noch nie gegeben haben soll, waren sich die Meteorologen einig. Das Eichholz wurde so stark frequentiert, dass die Anwohner immer mehr unter den Freizeitaktivitäten litten. Der Suchverkehr für einen freien Parkplatz wurde unerträglich. Selbst für die Besucher des Campings fanden wir keine Parkplätze mehr, weil die immer zahlreicher werdenden Nutzer der Liegewiese jeden freien Quadratmeter belegten. Bereits einige Jahre zuvor wurden die öffentlichen Parkplätze im Quartier durch «Blaue Zone Felder» ersetzt. Der gewünschte Effekt blieb aus. Immer wieder wandten sich die Verantwortlichen der Gemeinde Köniz an die Stadt Bern, um bei einer Lösung mitzuhelfen und stießen auf taube Ohren! Zugegeben, die Vorschläge, welche gemacht wurden, taugten meist nicht viel. So wurde die Lösung, die ganze Wiese einzuzäunen, wieder verworfen. Auch der Vorschlag das Stück Grün einem Bauer zu verpachten um, darauf Kühe weiden zu lassen, würde wohl keine Besserung bringen. Die Tatsache, dass die ganze Parzelle der Stadt Bern gehört, aber politisch auf dem Gemeindegebiet von Köniz liegt, ließ die Hoffnung auf eine brauchbare Lösung in absehbarer Zeit, schwinden.

Laute Motorengeräusche schreckten mich kurz vor Mitternacht im Schlaf auf. Ich zog mich an und schaute nach. Da waren mehrere Lastwagen vor Ort, die große, über eine halbe Tonne schwere Steine abluden und damit die Zufahrt zum Parkplatz versperrten. Eine schwere

Eisenkette mit einem überdimensionierten Vorhängeschloss zwischen zwei großen Steinen, schloss die einzige Lücke, durch die ein Fahrzeug hindurch gepasst hätte. Ich fragte den Fahrer eines LKWs, wer den Auftrag für die Nachtübung gegeben hat. Er nannte mir den Namen des Liegenschaftsverwalters der Gemeinde Köniz. Die Beziehungen und Meinungen betreffend dem Betrieb der Eichholzwiese seien in den letzten Tagen derart auseinander getriftet, dass sämtliche Gespräche eingestellt wurden. Mit dem Druck der geplagten Anwohner im Rücken entschloß sich der damalige Liegenschaftsverwalter von Köniz, zu dieser «Kampfmaßnahme». Der Betrieb des Campings war unter diesen Umständen kaum noch möglich und das Restaurant, ebenfalls im Besitze der Stadt Bern, machte trotz des schönen Wetters kaum noch Umsätze. Der Suchverkehr brach ein, weil schnell jeder Automobilist wusste, dass im Eichholz keine Parkplätze mehr zur Verfügung standen. Die lokalen Medien verbreiteten die Aktion wirksam. Bereits zwei Tage nach der nächtlichen Aktion trafen sich einige ranghohe Politiker vor Ort und wieder einige Tage später saßen Verantwortliche beider Gemeinden am runden Tisch. Es wurde beschlossen, dass der Parkplatz in Zukunft nur noch dem Camping zur Verfügung stehen soll, den dieser Betrieb gab in der Vergangenheit noch nie Anlass zu Reklamationen. Kurze Zeit später entstand ein Zaun um den Parkplatz und eine elektronisch gesicherte Schranke regelte den Zugang. Die Fläche des Parkplatzes wurde aus dem bestehenden Baurechtsvertrag ausgeschieden. Welch komfortabel Situation für den Campingplatz! Einzig meine Position ließ sich immer mehr mit einem Metallstück zwischen Hammer und Amboss vergleichen. Angestellt bei der Stadt Bern und zu Loyalität verpflichtet, wohnhaft in der Gemeinde Köniz und bemüht das Beste für den Campingplatz zu bewirken, prasselten oft die Meinungen über die jeweilige Gegenseite über mich herein. In kleinen Schritten versuchte ich die direkten Verantwortlichen beider Gemeinden zusammenzuführen. Immer bedacht zu schlichten und das jeweils Erreichte, egal von welcher Seite, zu loben, gelang es mir langsam das Vertrauen der beiden Seiten zu erlangen. Tauwetter setzte erst wirklich ein als durch Wahlen bedingt, die Schlüsselpositionen in den beiden Gemeinden neu besetzt wurden.

Kostov

Georgi Kostov, ein aus äußerst ärmlichen Verhältnissen stammender Bulgare aus Sofia, der in seinem Heimatland eine große Familie zu unterhalten versuchte, war im Grunde kein schlechter Mensch. Der Titel «Kleinkrimineller», würde wohl am besten zu ihm passen. Da der Kuchen in der Schweiz deutlich größer war als in Bulgarien und weniger davon verpflegt werden müssen, erhoffte er sich hier genügend Geld zu verdienen, um seiner Familie das Überleben zu ermöglichen. Der Campingplatz erwies sich als günstigste Variante zum Übernachten und eignete sich offensichtlich auch als Einsatzbasis. Mehrere Jahre verbrachte er mit Unterbrüchen den Sommer im Eichholz. Oft half er mir am Morgen bei der Reinigung. Diese wurde nötig, wenn viele Gäste die Anlage bis spät in die Nacht frequentierten. Um fünf in der Früh waren die Sanitäranlagen meist verlassen und es war die beste Zeit diese zu reinigen. Als Lohn drückte ich ihm jeweils eine oder zwei Duschmarken in die Hand. Er duschte, wie ich einmal bemerkte immer kalt und konnte so auf die Duschmarken verzichten. Die angehäuften Marken verkaufte er den Gästen, welche mit dem Badetuch um die Hüfte ohne Marke vor der Dusche standen.

Ein deutscher Gast saß eine Nacht mit andern jungen Campinggästen bei den Küchen. Der Abend gestaltete sich feuchtfröhlich. Es wurde gelacht, Erfahrungen ausgetauscht und Bier getrunken. Der Deutsche ließ seine teure Marken-Softshell-Jacke über einer Stuhllehne hängen. Am Morgen fragte er mich, ob ich etwas gefunden hätte. Die Jacke war verschwunden! Zufälligerweise sah ich in der Waschmaschine eine schwarze Jacke, die gerade gewaschen wurde. Georgi gesellte sich zu mir. Ich drückte den Schnelldurchlauf und nahm die Jacke aus der Maschine. Es handelte sich zweifellos um das gesuchte Kleidungsstück. «Ohh, ich haben gefunden gestern, war schmutzig, ich haben waschen» meinte Kostov. «Ohh du denken schlecht, nein nein, ich nicht wollte nehmen» entgegnete er, als ich ihn fragend anschaute. Die Jacke wurde dem Besitzer zurückgegeben. Ich bestand darauf, dass er dem Deutschen die Jacke selbst überbringen musste. Als Finderlohn erhielt Kostov fünf Euro. Verärgert passierte er mich und murrte, dass er die Jacke für fünfzig Euro hätte verkaufen können.

Die Altmetallsammlung im Quartier wurde früh angekündigt. Kostov wusste immer davon. Bereits am frühen Morgen streifte er durch das Quartier, um nach Brauchbarem zu suchen, in dem, was andere entsorgten. Gegen Mittag, einen alten Rollstuhl vor sich hinschieben, machte sich Kostov bemerkbar. Er habe den Rollstuhl gefunden und werde nun damit arbeiten gehen. Tatsächlich zog er sich alte Kleider an und setzte ein Käppi auf, welches er Tage zuvor auf der Wiese gefunden hatte, und verabschiedete sich Richtung Stadtzentrum. Einziges Gepäck nebst dem Rollstuhl war eine alte Decke, die wohl auch denselben Ursprung hatte wie das Käppi. Erst gegen zehn Uhr abends kehrte Kostov zurück. Er hinkte und sein Gesicht war schmerzverzerrt. Sofort erklärte er mir den Ursprung seiner Schmerzen. Er setzte sich auf den Rollstuhl, winkelte das linke Bein an legte die Decke über die Oberschenkel, so dass nur noch ein Bein zu sehen war. «Du gucken, ich arbeiten ganzen Tag so, groß

Scheiße, jetzt schmerzen am Bein, wenn morgen auch ganzer Tag arbeiten, ich werden invalid» erklärte er mir.

Tage später, er war ohne Rollstuhl unterwegs, weil die Schmerzen in seinem linken Bein so groß wurden, dass er vorübergehend einer anderen Arbeit nachgehen musste, marschierte er mit einem Werkzeugkoffer auf dem Areal herum. Der große Aufkleber auf der blauen Kiste ließ darauf schließen, dass es sich beim Inhalt um einen Marken-Schlagbohrhammer mit Zubehör handelte. Selbstverständlich fragte ich ihn, wo das Gerät herkam. «Ohh du denken schlecht über mich, nein nein, habe ich gesehen bei Baustelle in Stadt, niemand da, musste ich nehmen, sonst jemand stehlen, ja ja! Ist mir in Hand gesprungen», ergänzte er.

Er sei jetzt gläubig geworden, erklärte er mir bei einem späteren Aufenthalt. Also, er tue so, meinte er. Die Kirche, welcher er sich anschloss, zeigte offensichtlich großes Erbarmen. Seine Geschichten konnte er durchaus glaubhaft erzählen. Aus Mitleid wurde ihm eine kleine Wohnung vermittelt. Die Kosten wurden von der Gemeinschaft getragen. Sie unterstützen ihn auch mit ein paar hundert Franken im Monat. Die Bedingung war einzig, die Gottesdienste regelmäßig zu besuchen. Er erklärte mir, dass er manchmal laut vorbeten musste, er tat dies natürlich in seiner Landessprache. «Und, was erzählst du den in deinen Gebeten den anderen Glaubensbrüdern und Schwestern so?» Wollte ich wissen: «Weißte, diese Idioten nix verstehen, ich erzähle irgendwelche Scheiße und alle sagen Amen».

Der Meyer Seppu

Wie bereits erwähnt, beschäftigten wir immer wieder
Personen aus verschiedenen Programmen. Da gab es das
Programm zur Wiedereingliederung sozial Verwahrloster,
das Programm soziale Integration, das Beschäftigungs-
programm für Drogenabhängige, ein Solches für Flüchtlinge und Langzeitarbeitslose. Schwierig wurde es jeweils,
wenn das eine Programm den Namen wechselte oder ein
neues Programm anstelle eines anderen ins Leben gerufen
wurde. Wenn wir während eines solchen Veränderungs-
prozesses, von der Verwaltung auch Reorganisation genannt, eine Person beschäftigten, war jeweils das administrative Chaos perfekt. Die ausgefüllten Rapporte verloren
plötzlich ihre Gültigkeit, der Klient war im System nicht
mehr zu finden und die Ansprechpartner auch nicht. Aus
irgendeinem Programm wurde uns Seppu zugeteilt. Der
etwas mehr als zwanzigjährige hyperschwergewichtige
Seppu sollte vorsichtig auf das zukünftige Berufsleben
vorbereitet werden. Er war mit 16 Jahren schon drogen-
abhängig, saß soeben eine Gefängnisstrafe ab und erhielt
Methadon. Pünktlich erschien Seppu am ersten Tag mit
seinem Betreuer. Gekleidet mit Jeans, Turnschuhen und
einem roten Pulli mit Brusttasche auf dem das Logo des
größten Stadtberner Eishockeyklubs prangte. Er wolle diese Kleidung zum Arbeiten behalten, das sei ihm wichtig!
Arbeitshosen in seiner Größe waren eh nicht lieferbar, so
erhielt er von uns nur eine Schirmmütze mit der Aufschrift
«Badebetriebe Bern», die er sich sofort auf den Kopf setzte.
Die ersten Tage bemühten wir uns abwechslungsweise um

das Wohlergehen von Seppu und seiner «Ausbildung». Die weiße Ratte, die Seppu immer mit sich herumschleppte, verstaute er jeweils in der Bauchtasche seines Pullis. Das war wohl der Grund, wieso er unbedingt seine Kleider tragen wollte. Während der Znünipause kroch das Tier jeweils über seine Schultern, schnupperte an seinen Ohren und ergatterte sich die Krümmel des Pausenbrotes, welche zahlreich aus den Mundwinkeln von Seppu auf den Pulli fielen. Waren die Krümmel weg, bediente sich das Vieh schon mal direkt am Sandwich von Seppu.

Nach einigen Tagen setzten wir ihn bereits zum Reinigen der Liegewiese ein. Bei der obligaten Pause ist uns sofort aufgefallen, dass die Ratte nirgends zu sehen war. Einer von uns fragte Seppu, wo er sein Haustierchen habe. «Die wird wohl hier sein» entgegnete Seppu und griff in die Bauchtasche seines Pullis. Langsam zog er seine Hand aus der Tasche. Es folgte der nackte Schwanz der Ratte und danach der leblose Körper. Das arme Tier hatte dem Druck von Seppus gigantischem Körper nicht standgehalten und wurde zwischen dem Abfallcontainer und Seppus Bauch beim Leeren eines Abfalleimers zerquetscht. Aus der Nase der Ratte tropfte Blut auf den Tisch und gemeinsam erklärten wir die Pause für beendet.

Einige Wochen später fuhr ein schwarzer Mercedes vor. Aus dem Fond des Wagens stieg ein rundlicher Typ aus. Seine Augen bedeckten eine dunkle Sonnenbrille. Seine Haare waren zu einem Rossschwanz zusammengebunden. Einige goldene Ketten zierten seinen Hals und an beiden Händen trug er eine goldene Uhr einer Schweizer Luxusmarke, die Finger zierten zahlreiche Ringe. Vom Beifahrersitz stieg ein kahlköpfiger 2-Meter-Brocken mit einem weißen Pit-Bull-Terrier aus und stellte sich mit verschränkten Armen hinter seinem Chef auf. Der mit dem Rossschwanz fragte bei der Rezeption nach Seppu Meyer. Er sei sein Bruder und eigentlich sei Seppu bei ihm angestellt – nur dass das geklärt sei, unterstrich er mit arrogantem Ton. Minuten später erschien Seppu. Er zitterte am ganzen Leib und fragte seinen Bruder, wie er ihn gefunden hatte. Der Bruder erklärte ihm mit wenigen Worten, dass sein Auffinden mit den Kontakten, die er habe, weiß Gott kein Problem gewesen sei. «Jetzt steig in den Wagen ein, du kommst mit mir, schließlich arbeitest du für mich und nicht für diese Clowns. Du bist für besseres bestimmt, als anderen Leute die Scheiße zu putzen». Seppu stieg ein. Damit war das Arbeitsverhältnis beendet und unsere Mühe umsonst gewesen. Sofort informierte ich seinen Betreuer, seit einigen Tagen wieder ein Neuer, der mit dem Fall nicht vertraut war! Ich erklärte ihm was vorgefallen war, und gab auch gleich die Autonummer des Mercedes an. Das schien aber niemand zu interessieren. Monate später fuhren meine Frau und ich mit der Straßenbahn Richtung Wankdorf zu einem Fußballspiel. Beim Bahnhofplatz, auf der Treppe der Heiliggeist-Kirche sahen wir Seppu sitzen! Er trug die «Badebetriebe Bern Mütze» und auf seiner Schulter auf dem roten Pulli krabbelte eine Ratte herum. Während des kurzen Halts der Straßenbahn beobachteten wir drei Personen, die kurz zu Seppu gingen, ihm etwas aushändigten, um wiederum von ihm etwas in Empfang zu nehmen. Unschwer festzustellen, dass es sich um Drogen handelte, die den Besitzer wechselten. Seppu wurde an verschieden einschlägigen Orten von einigen unserer Angestellten gesichtet, immer mit der «Badedebetrieb Bern Mütze» und dem roten Pulli bekleidet. Und, mit Ratte!

Koreaner

Ein wildes Geschrei auf dem Platz lenkte die Aufmerksamkeit eines unserer Angestellten auf das Geschehen. Eine Gruppe Koreaner, alle aus der Megacity Seoul, rannten bewaffnet mit teuren Fotoausrüstungen über den Platz. Sie zeigten mit den Fingern auf einen Baum, danach wieder auf den Rasen und nach einem weiteren Anfall wilden Geschreis, setzte sich die Truppe wieder in Bewegung. Kollege Hene machte sich auf in Richtung der Ereignisse. Eine junge Koreanerin hielt ihn auf und versuchte ihn am Weitergehen zu hindern. «Caution, wild animals» meinte sie. Er versuchte sie zu beruhigen und erklärte ihr, dass es hier keine wilden Tiere gebe. In typischem asiatischem Englisch versuchte sie ihm zu erklären, dass es sich hier sehr wohl um ein wildes Tier handelte. «Da, da», schrie sie und zeigte auf ein Eichhörnchenpaar, welches ab all den Frühlingsgefühlen derart mit sich selbst beschäftigt war, dass es die Gruppe Menschen, welche Eichhörnchen üblicherweise als Bedrohung ansehen, gar nicht wahrnahm. Sie jagten einander nach, kletterten flink auf Bäume, sprangen von Ast zu Ast und verfolgten einander wieder, sehr zur Freude ihrer Beobachter auf dem Rasen. Die Fotoapparate surrten und klickten andauernd. Die Koreanerin fragte Hene, ob es noch andere Wildtiere gäbe hier. Hene erklärte ihr, dass es zahlreiche Vögel gibt, und gelegentlich verirre sich ein Fuchs oder ein Reh auf den Platz. Sofort zückte sie ein Buch und hielt Hene eine Seite mit Bildern einheimischer Vogelarten unter die Augen. Hene zeigte auf den abgebildeten Fischreiher, auf eine Amsel, einen Milan und auf das Bild einer Krähe. Sie drehte sich zu ihren Reisebegleiterinnen und Begleiter um und erklärte ihnen offensichtlich, was hier alles fleucht und kreucht. Die Menge entgegnete mit einem «ohh ohh» und einem erstaunten Kopfnicken.

Die Koreaner landeten jeweils sehr früh am Morgen in Zürich, oft mit einem Direktflug aus der Stadt Seoul. Mit einem der ersten Züge am Morgen trampten sie jeweils nach Bern, stiegen dort in die Straßenbahn und nahmen den restlichen Weg von der Haltestelle ins Eichholz zu Fuß in Angriff. Viele waren junge Studenten und Studentinnen, die in Gruppen von acht bis zwölf Personen unterwegs waren. Diese Gruppengröße erwies sich für sie als die günstigste Reiseform, da sie vielerorts bereits von Gruppentarifen profitieren konnten. Oft mieteten sie auch Kleinbusse mit maximal 12 Plätzen, um ihre Reiseziele effizienter und günstiger zu erreichen. Zu zweit übernachteten sie meist in winzigen Iglu-Zelten. Öfters ist es auch vorgekommen, dass sie mit der Plastik-Kontrollnummer, welche sie beim Einchecken erhielten, über den Platz irrten und ihr vermeintlich gemietetes Zelt suchten. Für solche Fälle haben wir immer eine Anzahl Iglu-Zelte auf Lager. Dieser Umstand hat schon manchem Koreaner und mancher Koreanerin das Übernachten im Zelt ermöglicht.

Der Herbst zog ins Land, die Tage wurden kürzer und oft legte sich am Abend ein Nebelschleier über die Aare. Der, sobald die Sonne am nächsten Morgen über den Horizont aufstieg, vom warmen Sonnenlicht wieder weggefressen wurde. Mitten in der Nacht klingelte die Nachtglocke – gleich mehrmals! Intuitiv schnellte ich aus dem

Bett und zog mir die immer neben dem Bett liegenden Arbeitshosen an und machte mich sofort auf den Weg zur Rezeption. Die Erfahrung zeigte, wenn mitten in der Nacht jemand die Nachtglocke gleich mehrmals drückte, muss wirklich etwas Außergewöhnliches geschehen sein. Ein junges koreanisches Pärchen stand verängstigt bei der Rezeption. Sie erklärten mir, dass etwas «tremendous» geschehen sei. Ein «tremendous nois» hätten sie gehört und daher hätten sie Angst. «Listen listen» flüsterte die junge Frau. Gegenüber der Freizeitanlage befindet sich der Tierpark der Stadt Bern, das Dälhölzli. Das große Hirschgehege, das die stolzen Hirsche mit den urwüchsigen Wisenten teilen, befindet sich Luftlinie keine 300 Meter von der Zeltwiese entfernt. Mit fortschreitendem Herbst übernimmt die innere Uhr der Arterhaltung immer mehr die Steuerung der Tiere. Die männlichen Tiere zeigen furchteinflößend, mit nach hinten geneigtem Kopf, ihren über den Sommer gewachsenen riesigen Geweihschmuck und die Hirschkühe schauten sich das protzige Prozedere aus Distanz an. Mit Machtkämpfen und lautem Röhren werben die Stiere um die Gunst des genetisch gesehen schönste Weibchen. Das Zusammenprallen der Geweihe gemischt mit dem lauten Röhren gibt tatsächlich ein schreckliches Geräusch. Gut möglich, dass aufgrund beschränkter Auswahl und eingeschränkter Bewegungsfreiheit im Gehege, das Brunstritual noch intensiver ausfällt als in freier Wildbahn. Das alljährlich wiederkehrende Spektakel ließ schon bei so manchem Campinggast die Menschenhaut zu Hühnerhaut mutieren.

Sherpa Joshii Sandeep

Barbara reichte mir das Telefon, es sei ein Mann aus Nepal am anderen Ende der Leitung, erklärte sie mir kurz. Im Januar waren Anfragen und Reservationen für Gruppen eher selten. Wenn es draußen kalt und nass ist, denken die wenigsten ans Campieren! In lupenreinem Englisch erklärte mir der Gesprächspartner, dass er Reiseleiter sei, in seinem Land Sherpa genannt und gerne mit einer Gruppe auf den Campingplatz kommen möchte. Er werde mit seiner Gruppe etwa drei Wochen bleiben. Da wir schon viele Gruppen aus allen Herrenländer der Welt beherbergt haben und der Preis für die Übernachtungen immer das Wichtigste war, erklärte ich im sogleich und ohne Aufforderung was der Aufenthalt pro Person in etwa kosten würde. Der Preis sei nicht wichtig, seine Klienten hätten genügend Geld. Er brauche nur die Zusicherung, dass er Platz habe für etwa 20 kleine Zelte. Falls möglich, möchte er die Zelte alle möglichst nah beisammen auf möglichst kleinem Raum aufbauen, erklärte mir der Reiseleiter. Da ihm eine telefonische Bestätigung für seine Buchung reichte, notierten wir das Ankunftsdatum, die Gruppengröße und das Abreisedatum am entsprechenden Tag in der Agenda.

Ein großer PKW einer Nobelmarke fuhr vor die Rezeption. Der Fahrer, nicht minder nobel, stieg aus und erklärte uns, dass er zu der Gruppe gehöre, die das Trainingscamp für die Himalaja-Expedition hier durchführen werde. Wir konsultierten die Agenda immer am Morgen des Tages und wussten, dass die Gruppe heute eintreffen wird. Was uns aber erwartete, stand nirgends in der Agenda! Das nicht eine Gruppe Nepalesen kommen würde, war uns einigermaßen klar, da wir bis anhin noch nie Nepalesen in der monatlichen Statistik des Bundesamtes eingetragen hatten. Nach und nach fuhren weitere SUV's und Luxusschlitten vor und alle Fahrer gaben sich als Expeditionsteilnehmer zu erkennen. Aufgefallen war uns, dass die Fahrer nicht mit weißen Hemden und Nadelstreifen-Anzug oder in schicken Klamotten gekleidet waren, sondern ausnahmslos in Mountain-Wear eines Herstellers das ein Urtier im Logo trägt. Irgendeinmal im späteren Nachmittag lief ein ebenfalls auffällig gekleideter Mann der Rezeption entgegen. Er trug ein farbiges Gewand, gefertigt aus dickem Tuch, welches den Anschein erweckte, mindestens drei Größen zu groß zu sein und bis zu den Knien reichte. Über den schweren abgelatschten Bergschuhen trug der seltsame Wanderer Gamaschen aus Fell. Zwischen den Gamaschen und dem Gewand waren Hosen aus grauem Nadelfilz zu sehen. Sein Haupt zierte eine Kappe mit langen Fransen, an deren Enden Kügelchen befestigt waren. Am gigantischen Rucksack hingen einige Kochtöpfe, welche im Rhythmus seiner Schritte schepperten, ein Paar Sandalen einer bekannten Marke, eine kleine Schaufel und sonstige Täschchen und Utensilien, welche nicht auf den ersten Blick zu identifizieren waren. Sofort erkannte ich die Stimme des nepalesischen Reiseführers. Bevor er den Rucksack ablegte, stellte er sich als Sherpa Sandeep vor. Ich fragte ihn, ob es ihm nicht ein wenig zu warm sei, mit diesen Klamotten könnte man wohl am Nordpol die kälteste Nacht überleben, schließlich haben wir Mitte Juni und das Thermometer zeigte über zwanzig Grad Celsius an!

Er lachte und meinte, dass es schlicht nicht möglich sei die dicken Kleider im Rucksack zu verstauen. Und, wegen den paar Minuten Fußmarsch vom Bahnhof bis hier hin sei das kein Problem. Zu Fuß vom Bahnhof Bern zum Camping Eichholz in Wabern geht man gute 45 Minuten! Er erkundigte sich nach den Teilnehmern und fragte, wo er diese finden würde. Die meisten hatten es sich noch, bevor sie ihre Zelte aufbauten, im Restaurant gemütlich gemacht und saßen hinter einer Flasche Bier. Noch das riesige Gepäck am Rücken steuerte Sherpa Sandeep auf die Gruppe zu und schrie in die Runde: «Stop, alcohol will kill you in the mountains. If you are thirsty, go make tea». Mehr oder weniger verdutzt sahen ihn die Alpinisten an. Einige begannen zu lachen und einzelne stellten das Bier beiseite. Er forderte die Gruppe auf, nun die Zelte aufzubauen, das geschah dann genau nach seinen Anweisungen. Er kommandierte die Gruppe im Stil eines Feldwebels herum. Wer nicht spurte, wurde wenig zimperlich angefaucht und zurechtgewiesen. In der Zwischenzeit interessierten sich eine ganze Anzahl Zaungäste für die Aktivitäten der Gruppe. Auch unser Personal, Barbara und ich verfolgten das umtriebige Geschehen und amüsierten uns köstlich am Gebotenen. Kaum standen die Zelte, kreisförmig angeordnet, versammelte Sherpa Sandeep seine Gruppe in der Mitte des Kreises. Er machte seine «Kursteilnehmer» darauf aufmerksam, dass alle ihm gehorchen mussten und seine Anweisungen genau zu befolgen haben. Wer das nicht schaffen würde, der spiele mit seinem Leben! Die Wichtigkeit seiner ernsten Worte unterstrich Sherpa Sandeep mit der linken Hand und ausgestrecktem Zeigefinger, mit welchem er langsam von rechts nach links seiner Kehle entlangfuhr. Eine internationale Geste die überall verstanden wurde! Erst jetzt kam es zu so etwas wie eine Vorstellrunde. Plötzlich erhob sich Sherpa Sandeep, kroch in sein Zelt und kam Minuten später gekleidet mit einem kurzärmligen farbigen Hemd, kurzen Hosen und Sandalen an den Füssen wieder zum Vorschein. Er wollte nun mit mir sprechen. Es ginge um die Route der nächsten Tage. Die «Kursteilnehmer» seien alles Männer, welche den höchsten Berg der Welt besteigen wollen. Sein Arbeitgeber in Nepal habe ihm den Auftrag gegeben, mit den «Aspiranten» ein Trainingslager in ihrem Heimatland durchzuführen. Dies sei nötig gewesen, weil nach der letzten Tour drei Teilnehmer im Sarg in ihr Heimatland zurückgeflogen seien und von der 17-köpfigen Gruppe es nur gerade drei auf den Gipfel geschafft hatten. Sein Unternehmen garantiere das Erreichen des Gipfels! Die Expedition kostet pro Teilnehmer satte 30'000 US Dollars. Wer denn Gipfel nicht erreicht erhält 5000 Dollars zurück. Ein Jahreslohn eines Sherpas! Kein Wunder muss die Gruppe gut vorbereitet sein, da geht es um ordentlich Bares. Kaum waren die Bergsteiger auf dem Camping angekommen, erhielten die meisten Teilnehmer von unserem Personal Übernamen. Der mit den langen zerzausten Haaren und dem Bart nannten wir Coiffeur, nicht weil er in dieser Berufsgattung tätig war, sondern weil er dringend einen aufsuchen sollte! Da gab es den «Kleinen», den «Dicken», «Porki», «Fossi-Bär», «Bluffer», den «Gschtabi» und den «Tüpflischiiser» und den «Reinhold Messner» und einige weitere Übernamen, die es nicht verdienen hier niedergeschrieben zu werden.

Sherpa Sandeep wollte wissen, wie man nach Lauterbrunnen kommt. Er plane von da der Trümmelbachschlucht entlang zur Westflanke des Eigers aufzusteigen. Im Gebiet des Eigergletschers werde er ein Basislager aufbauen und von dort aus mit leichtem Gepäck auf die umliegenden Gipfel steigen. Bereits nach zwei Tagen wird sich herausstellen, wer für die Reise nach Katmandu nicht in Frage kommt. Wer nicht mitkommen kann, der bezahle auch nur 10'000 Dollar. Die Gruppe zählte 24 Mitglieder, es können aber nur 14 mit auf die Reise gehen. Kein Wunder spielen die paar Franken für die Campingübernachtungen keine tragende Rolle im Budget des Reiseunternehmers. Ich suchte ihm mehrere Zugverbindungen heraus und notierte alles feinsäuberlich auf einem vorgedruckten Formular mit dem Titel «ihre Reise». In der linken oberen Ecke prangte nicht zu übersehen die Werbung einer großen Tourismusdestination. Er lehnte den Reiseplan dankend ab und erklärte, dass er beabsichtige zu Fuß nach Lauterbrunnen zu gehen. Die Distanz entspreche in etwa der Strecke vom letzten befahrbaren Weg bis zum untersten Basislager im Himalayagebirge. Bereits morgen, um zwei Uhr in der Nacht sollte es losgehen. Auf der Karte erklärte ich ihm den Weg entlang der Aare, dann entlang der Gürbe. Danach über Wimmis, Spiez, Leissigen nach Interlaken und dort rechts nach Lauterbrunnen. Wie unzählige Male im Militär geübt, markierte ich die Strecke nur mit kleinen Punkten, um das Kartenwerk nicht zu strapazieren. Er werde etwa 60 Kilometer pro Tag marschieren. So in zwei Tagen rechne er in Lauterbrunnen zu sein. Dort soll es nach kurzer Rast in das Gebiet Eigergletscher gehen. Dort angekommen und eingerichtet, werden innert 12 Stunden einige Gipfeln bestiegen. Wieder zurück in Lauterbrunnen, werde er dann einen regionalen Carunternehmer beauftragen, die Gruppe von Lauterbrunnen wieder nach Bern zu führen.

Gespannt warteten wir auf die Rückkehr der Gruppe, oder besser: Was von der Gruppe noch übriggeblieben war! Nach drei Tagen fuhr am Nachmittag ein Reisebus eines Oberländer Unternehmers vor. Joshi stieg als erster aus und kommandierte wiederum im Stile eines Feldwebels seine Untergebenen, respektive seine Kunden, herum. Als Zweiter stieg der «Coiffeur» aus. Gutgelaunt schnappte er sich seinen Rucksack, nahm noch ein weiteres Gepäckstück eines Kollegen schwungvoll auf die breiten Schultern und steuerte das Basiscamp Eichholz an. Er deponierte das Gepäck und half sofort beim Entladen des restlichen Gepäcks. Der Bluffer gönnte sich zuerst ein Bier im Restaurant während der Rest der Gruppe so rasch als möglich den Reisebus entlud. Vergebens suchten wir die skurrilen Gestalten «Fossi-Bär», den «Dicken» und den «Tüpflischiiser». Joshi erkläret uns, dass diese bereits beim Hinweg es vorgezogen haben, in Thun den Zug zu nehmen und ihr Lager im Eichholz zu räumen. Einer sei gestürzt und konnte nicht mehr gehen und ein Weiterer bevorzugte die öffentlichen Verkehrsmittel ab Kleine Scheidegg, um wieder ins Tal zu kommen. Zwei hatten schon in Lauterbrunnen genug und ein Weiterer gab am zweiten Tag auf. Das waren bereits acht von zehn Überzähligen. In zwei Tagen soll es wieder in die Berge gehen, um die restlichen Selektionen vorzunehmen. Der introvertierte Coiffeur saß meistens in einer Ecke fernab der anderen. Der Bluffer zog mit seinen Geschichten einige Gäste in seinen Bann. Wir waren uns einig, dass er sicher als nächster die Segel streichen würde.

Ein paar Tage später war die Gruppe tatsächlich auf 14 Mann geschrumpft. Der biertrinkende Bluffer, der sogar bei Regenwetter mit einer Spiegelglas-Sonnenbrille herumstolzierte, war zu unserer Verwunderung noch im Team. Reinhold Messner, der seinen Übernahmen aufgrund seines Aussehens von uns erhalten hat und der Coiffeur, unsere Favoriten, schienen fest im Sattel zu sitzen. Der Kleine palavert mehr oder weniger den ganzen Tag herum, sein Mundwerk schien nie müde zu werden!

Gespannt beobachteten wir das weitere Auswahlprozedere. Joshi und ich «befreundeten» uns auf Facebook und auch ein wenig im Eichholz. Dank dem sozialen Netzwerk konnte ich jeweils seine Posts verfolgen und sehen, auf welchem Berg er sich mit was für Gruppen bemühte.

Der Zufall wollte, dass der Kleine gerade zu dem Zeitpunkt die Sanitäranlagen aufsuchte, als ich am Saubermachen war. Er schaute mich lange an und – sagte (noch) nichts! Irgendwie kam mir sein Gesicht bekannt vor, konnte aber nicht definieren in welchem Zusammenhang und wo ich das Gesicht schon einmal gesehen habe. Fast zeitgleich fragten wir einander: «kennen wir uns?». Eventuell vom Militär? Das konnten wir ausschließen, da der Kleine, wie sich sofort herausstellte, nie Militärdienst geleistet hatte. Die Schule kann es sein! «Sag mal, heißt du Tinu?» fragte ich den Kleinen. Er nickte und zeigte mit dem Finger auf mich «Beätu, ich glaub's nicht». Sein etwas eingeschlafenes Mundwerk begann sofort seine Arbeit aufzunehmen. Sofort kamen Erinnerungen aus unserer Schulzeit hoch, die wir in einigen Minuten Revue passieren ließen (also, eigentlich er!). Er betreibe eine Bergsteigerschule im Wallis und gehe so alle zwei Jahre auf eine große Bergtour. Der Kilimanjaro in Tansania, der Elbrus im Kaukasus, der K2 in China und alle 4000er in den Alpen habe er schon bezwungen. Am Annapurna und am Everest sei er je schon einmal gescheitert, darum wolle er es nochmals versuchen.

Weil ich nun einen direkten Draht zu der Gruppe gefunden hatte, wurde ich auf die neusten Veränderungen in der Gruppe informiert. Gerne werteten wir die Informationen jeweils bei der Kaffeepause aus und genussvoll verfolgten wir das weitere Geschehen. Dank der Insiderinformationen von Tinu, lüftete sich auch das Geheimnis um den Bluffer. Dieser etwas untersetzte mit Bierbeule und Spiegelglasbrille ausgestattete Mittvierziger passte so gar nicht in das Image eines Extrembergsteigers. Mit seinem playboyhaften und überhebliche Auftreten konnten wir uns nicht vorstellen, dass er unter misslichsten Bedingungen (am Everest sind die Bedingungen oberhalb der Todeszone immer misslich), überleben kann. Tinu erklärte mir, bedacht darauf das niemand zuhörte, dass es sich beim Bluffer um einen Spion handle. Er möchte eine Outdoor- und Adventure Travel Agentur eröffnen und sich auf diesem Weg Informationen beschaffen, die er für die Gründung seiner Firma benötigte. Er erkaufte sich bei Joshi bereits am ersten Tag, kurz vor Thun, den Wiedereinstieg ins Team, danach wurde er von einem Taxi abgeholt und ins Basislager in Lauterbrunnen gefahren. Statt zu Fuß zu gehen, bevorzugte er die Wengernalpbahn auf die kleine Scheidegg. Dort wartete er, bis die Gruppe wieder zurückgekommen war, um dann bequem wieder mit der Bahn ins Tal zu fahren. Joshi erlaubte, oder besser tolerierte, seinen Bierkonsum und sein Verhalten und der Rest der Gruppe mied seine Nähe, um nicht negativ in Erscheinung zu treten und damit womöglich den eigenen Verbleib im Team zu gefährden.

Marder

Aus irgendeinem Grund fehlten jeweils am Morgen bei vielen Autos die Scheibenwischerblätter. Niemand konnte sich erklären, warum das so war. Bis ich eines Nachts seltsame Geräusche wahrnahm. Lautlos schlich ich mich zu dem Ort auf dem Parkplatz, wo ich die Herkunft der Geräusche vermutete. Ein Marder huschte über die Motorhaube eines Autos. Er verharrte kurz, richtete sich auf und schaute in alle Richtungen. Danach riss er mit seinen Zähnen am Scheibenwischer des Fahrzeugs bis er das Gummi, welches bestimmt war, die Regentropfen vom Glas zu wischen, weg. Das Gummi samt der Metallhalterung in seinem Maul schleuderte er sich mehrmals um die Ohren, bis die Metallteile in alle Richtungen davonflogen. Als er sein Werk vollendet sah, sprang er auf die nächste Motorhaube und wiederholte seinen Akt. Wir organisierten Überzieher zum Ausleihen, damit die Scheibenwischer geschützt waren. Das Problem bestand darin, einem Ausländer zu erklären was ein Marder ist und zu was er fähig sein kann. Später wurde ein KMU darauf aufmerksam und schenkte uns eine große Kiste mit Scheibenwischerschutzhüllen. Natürlich bedruckt mit der Werbung der Firma. Dieses Vorgehen bot guten Schutz und das Problem verschwand, wie es gekommen war.

Marderschutz

Es kursierten verschiedene Spekulationen, warum die Tiere so reagierten. Eine regionale Zeitung wollte herausgefunden haben, dass dem Gummi tierische Stoffe beigemischt werden, bevor sie zu Scheibenwischer verarbeitet wurden. Wieder andere waren sich sicher, dass das Verhalten zu einem Balzritual der Marder gehören würde, und ein Journalist war sich sicher, dass die Tiere mit den Scheibenwischern spielen wollten. Da fragte ich mich, wie sich denn die Marder vor der Industrialisierung vermehrten. Und, Marder gibt es immer noch, obwohl sie jetzt die Scheibenwischer in Ruhe lassen! Der wahre Grund für das Verhalten wusste sicher nur der Marder, der dieses Verhalten an den Tag legte. Denn nach etwa drei Jahren konnten wir keine defekten Scheibenwischer mehr feststellen. Vermutlich hat sich ein einzelnes Tier dafür entschieden, den Gummi von den Wischern zu zerstören, weil es viel einfacher ist als in den Motorenraum einzudringen und Gummischläuche anzuknabbern. Denn dieses verstanden die Tiere perfekt – vor den Scheibenwischerattacken wie danach! Es gab Gäste, die während ihres Aufenthaltes gleich mehrmals heimgesucht wurden. So erkundigten sie sich jeweils beim nächsten Aufenthalt, ob das Marderproblem immer noch bestehe. Um den Gästen zu beweisen, dass wir die Situation im Griff haben, kaufte ich in einer Onlineaktion einen ausgestopften Marder und stellte ihn so hin, dass er für jeden Neuankömmling gut ersichtlich war. Ein Fingerzeig auf das präparierte Tier vermittelte den besorgten Gästen das Gefühl, dass ihre Autos von nun an sicher seien. Ein Schild am Sockel, auf dem das präparierte Tier ruhte, bestätigte den Gästen, dass wir das Problem definitiv gelöst hatten. «I destroyed 400 cars before they caught me»

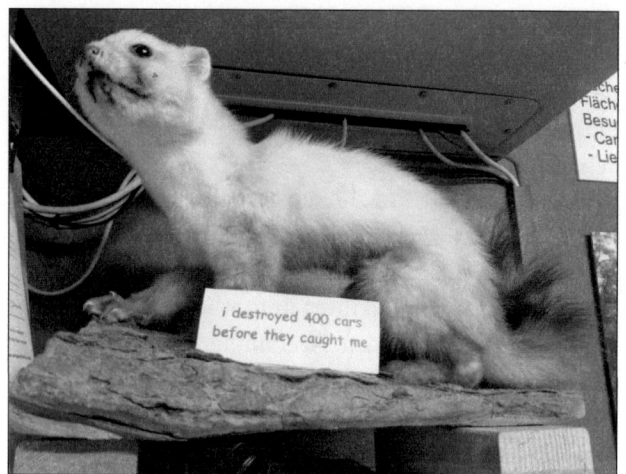

Marder

Euro 08

Die Endrunde der Fußball-Europameisterschaft, kurz EURO 08 genannt, fand vom 7. bis 29. Juni in der Schweiz und in Österreich statt. Gespannt wartete ganz Europa auf die Auslosung der Spiele. Jede Stadt hoffte, dass ihnen die lukrativsten der 16 Teams zugelost wurden. Die absoluten Favoriten waren natürlich die Teams der Schweiz, Holland, England, Spanien, Deutschland, Frankreich und Italien. In der Schweiz waren die Städte Bern, Basel, Genf und Zürich als Spielorte vorgesehen.

Am 2. Dezember 2007, an einem für die Jahreszeit viel zu milden Freitagnachmittag, fand die Auslosung der Spielorte statt. Barbara und ich spazierten an der Sonne im Diemtigtal. Wir sind vor Kurzem angekommen und statt drinnen zu sitzen, haben wir uns entschlossen die paar Sonnenstrahlen zu genießen. Die Auslosung wollten wir uns dann am Abend in der Sportsendung als Aufzeichnung ansehen. Über 100 Millionen Europäer verfolgten die Auslosungen live am TV! Welcher Austragungsort erhielt die Rosinen und welcher musste mit den Krümeln vorliebnehmen? Das alles wurde per Los geklärt, als wir Hand in Hand unser verlängertes Wochenende genossen. Das Telefon des Campings war während des Winterhalbjahres dauernd auf mein Handy umgeleitet. Plötzlich klingelte das Handy in meiner Brusttasche und machte mit Vibrationen auf sich aufmerksam. Auf dem kleinen Display stand «Camping», weil ja die Rufumleitung von dort kam. Smartphones waren damals noch nicht verbreitet. Wie immer außerhalb des Dienstes meldete ich mich nur mit «ja hallo» an. Eine sympathische Stimme mit holländischem Akzent meinte, ob er Plätze reservieren können vom 9. bis zum 17. Juni? Sicher hätten wir gehört, dass die Niederlande drei Mal in Bern spielen werde! «Ja, jetzt schon» antwortete ich dem Fußballfan und machte ihn darauf aufmerksam, dass er doch bitte per E-Mail reservieren soll. Wir verabschiedeten uns gegenseitig und kaum aufgelegt, klingelte das Handy abermals. Das ging so weiter! Anrufe nahm ich keine mehr entgegen, das richtige Erfassen der Reservationen wäre unter diesen Bedingungen schlicht nicht möglich gewesen. Wir brachen unseren Spaziergang ab und berieten uns kurz. Die Sachlage war klar, wir mussten die Reservationen sofort entgegennehmen, um nicht in einer angestauten Bugwelle nach dem Wochenende unterzugehen. Wir entschieden uns, sofort wieder nach Bern zu reisen. Die Sachen waren schnell wieder im Auto verladen, der Hund sprang, zuerst zwar widerwillig, wieder in das Heck des Wagens. Keine zehn Minuten nach unserem Entscheid waren wir wieder Richtung Eichholz unterwegs. Dort angekommen, starteten wir das Reservationssystem auf und nahmen Buchungen entgegen. Auf dem Display meines Nokia stand 167 unbeantwortete Anrufe! Die werden das nochmals versuchen, sagte ich zu Barbara und so war es auch! Da wir den Campingplatz schon ein paar Jährchen zusammen leiteten und das Reservationstool selbst auf unsere Bedürfnisse programmiert haben, waren keine Absprachen nötig. Mails beantworten, Telefonate entgegennehmen und zugleich die Buchungen vornehmen, klappte wie am Schnürchen. Bis um zwei Uhr nachts buchten wir, was wir konnten. Kurz etwas essen und dann ins Bett. Die Tagwache haben wir auf sechs in der Früh festgelegt, damit wir, bevor das mit der Telefoniererei wieder anfängt, die Mails beantworten konnten. So gegen die Mittagszeit mussten wir kapitulieren. Die 55 Wohnwagen und Wohnmobilstandplätze waren schon am Vorabend alle vergeben. Die Zeltplätze, so ergab eine kurze rudimentäre Kontrolle, waren ebenfalls alle gebucht. Das nächste Problem würde nun sein, für all die Fußballfans einen Parkplatz zu finden, denn wie wir feststellten, reisten ausnahmslos alle mit ihrem eigenen Fahrzeug an. Im Laufe des Samstagabends meldeten sich bereits die ersten Medien. Sie wollten wissen, ob wir schon etwas bemerkt hätten aufgrund der Spielvergaben? Meine Meldung, dass der Platz bereits nach wenigen Stunden voll ausgebucht war, fand den Weg in die DPA (Depeschenagentur), was zur Folge hatte, dass sich immer mehr Journalisten meldeten. Nun war es an der Zeit meine Vorgesetzten zu informieren. Unbedingt wollte ich verhindern, dass sie beim Ansehen der Tagesneuigkeiten aus dem TV oder dem Radio erfuhren, dass das Eichholz in Bern bereits voll ausgebucht ist. Nach mehreren Versuchen erreichte ich den Bereichsleiter. Ein Mann mit sehr großer sportlicher Erfahrung, die er sich beim Ausüben verschiedener Funktionen bei Swiss Olympic und bei Swiss Ski erarbeitet hatte. Die Sachlage war schnell erklärt. Das Verständnis für unser Vorgehen war da und die Einsicht, dass wir nicht bis Montagmorgen warten konnte ebenfalls. Am Sonntag in den 12 Uhr Nachrichten war die Zulosung der Niederländer nach Bern bereits das Hauptthema. Verschiedene Politiker meldeten sich zu Wort und wollten sich mit verschiedenen Konzepten und Ideen übertrumpfen. In der Tagesschau auf SRF 1 am Sonntagabend um 19:30h wurden

Bilder vom Eichholz aus dem Archiv eingespielt und es wurde kundgetan, dass die Campingplätze bereits ausgebucht seien.

Am Montag beriet sich der eigens für die Spiele zusammengestellte Ausschuss, wie es denn nun weitergehen solle. Ein Mitglied meinte, dass wir im Eichholz alle Reservationen wieder stornieren sollten und das Reservationssystem zentral über die neu ins Leben zu rufende Reservationsleitstelle laufen müsse. So könne man den Verkehr kanalisieren und möglichst vielen Fans die Anreise mit dem Zug schmackhaft machen. Ein anderer meinte, dass man gar keine Fans empfangen solle, wenn diese mit dem Auto anreisen. Ein wieder anderer war der Meinung, große Flächen für Fahrzeuge außerhalb der Stadt anzubieten, wäre die beste Lösung, da hätte man den Verkehr nicht im Zentrum. Mein Chef rief mich noch während der Sitzung an und informierte mich über den Stand der Beratungen. Da die Holländer ein Volk von Campern sind, empfiehl ich ihm, er solle sich doch dafür einsetzten, dass man außerhalb der Stadt einen provisorischen Campingplatz errichten solle. Die Nachfrage nach Stellplätzen übertrafen das Angebot bei Weitem, wie ich feststellen konnte. Die Idee der Stornierungen wurde wieder fallen gelassen – zum Glück! Mein Chef setzte sich mit dem Argument ein, dass ein Campingplatz nicht mehr als voll sein kann. Wenn wir nun alle Reservationen stornieren, ist der Platz wieder leer und sobald das Reservationssystem offen ist, wieder voll. Das Ganze sei aber mit enorm viel Arbeit verbunden und wirklich nicht nötig, kam man zur Einsicht.

Kurze Zeit später wurde beschlossen, dass in einem Vorort von Bern ein provisorisches Holländer-Camp entstehen soll. Dieses sollte dann viel mehr Gäste beherbergen, als wir im Eichholz, was aufgrund der Nachfragen auch nötig war. Man machte sich auch Gedanken, dass die Holländer, eventuell alkoholisiert, sich der Aare entlang bewegen könnten und daher gefährdet seien, im reißenden Fluss zu ertrinken, zumal in Holland die Fließgewässer eher gemächlich daher flossen. Mit allem was es zu berücksichtigen gab, vom Verkehr bis zum Fanmarsch über die Kornhausbrücke, entpuppten sich die drei Spiele in Bern zur organisatorischen Knacknuss und Großbaustelle. Da wurden unzählige Plakate und Tafeln gedruckt, Rettungsschwimmer aufgeboten und zahlreiche Sicherheitskräfte mobilisiert.

Da wir bis zum Eintreffen der ersten Fußballfans kaum noch zusätzlichen Aufwand hatten, konnten wir uns dem Parkplatzproblem widmen. Der Tennisklub von Wabern nennt ein Stück Land neben dem Tennisplatz sein Eigen. Eine große Fläche, welche Platz bot, um etwa 130 Fahrzeuge abzustellen. Da mich ein verantwortlicher des Klubs bereits im Herbst gefragt hat, ob ich jemand kenne, der das Stück Wiese gelegentlich mähen würde, machte ich dem Klub den Vorschlag, dass wir den ersten Schnitt im Juni gerne übernehmen würden. Als Gegenleistung beabsichtigen wir, dann dort während der EURO 08 Fahrzeuge unserer Gäste zu parken. Schnell wurde man sich einig. Pragmatische Lösungen weiß ich immer zu schätzen! Hätten wir den offiziellen Weg über die Behörden mit Bewilligungen genommen, bin ich mir sicher, dass bis heute dort kein Parkplatz entstanden wäre.

Die Zeit verflog im Nu und der 9. Juni kam immer näher. Der Gegner der Niederländer war die Squadra Azzura. Die Italiener, damals noch weniger dem Campingtourismus zugeneigt, bevorzugten eher Unterkünfte in Hotels als auf Campingplätzen. Der Betreiber des Restaurants auf dem Campingplatz wurde genaustens informiert, an welchem Tag wie viele Ankünfte zu erwarten sind, um dem erwarteten Ansturm gerecht zu werden.

Am Morgen des 8. Juni fuhr ein Kleinbus mit sieben holländischen Fans vor. Sofort machte sich die Gruppe an die Arbeit. Sie stellten einige Zelte auf und schmückten den ganzen Campingplatz mit orangen Fahnen. Von Baum zu Baum wurden Girlanden gezogen, sodass das Eichholz sofort als Hotspot der Fans zu erkennen war. Etwas später fuhr ein Polizeiauto vor. Die deutsche Limousine war mit «politie» angeschrieben und mit niederländischen Kennzeichen versehen. Die freundlichen Polizisten, drei an der Zahl, erklärten uns, dass sie üblicherweise ihre Fans begleiten, damit das Sicherheitssystem des Gastgeberlandes nicht zu stark strapaziert werde. Der Tag war kühl und gegen Abend zogen dunkle Wolken auf. Unser Restaurant auf dem Platz war leer! Die angereisten Holländer haben ihre ganze Verpflegung, sei es in flüssiger oder fester Form, aus ihrem Heimatland mitgenommen. Die drei Polizisten schmissen bei ihrem Zelt die größte Party der anwesenden Gäste. Aber Punkt 23:00h war es auch dort mäuschenstill. Bei ihrer Ankunft hatten sie sich um die Zeit der Nachtruhe erkundigt. Am nächsten Tag, der Tag des Ansturms, füllte sich der Campingplatz bis am Abend mit Fußballfans. Orange Fahnen und T-Shirts, Hüte und Löwenmasken dominierten auf dem ganzen Areal. Wir stellten fest, dass in jedem Zelt mindestens ein Kühlschrank stand. In den ohnehin kleinen Zelten ein für uns kaum begreifliches Luxusgut! Die besser ausgerüsteten Zeltler bauten ein Pavillon auf, indem sie die Kühlschränke aufeinanderstapelten. Sämtliche Kabelrollen und Verlängerungskabel, die wir in der Werkstatt hatten, waren im Einsatz. Viel Kabel nahmen die Zeltler selbst mit. Dafür mussten wir für genügend Steckdosen schauen. Dieses Unterfangen gestaltete sich schwierig, da alle Länder in Europa mit Schuko-Stecker ausgerüstet sind, die aber mit den Schweizer Modellen nicht kompatibel sind. Ein Gang zum Elektromaterialhändler löste auch dieses Problem. Die Zeltwiese wurde erst einige Jahre später mit Stromanschlüssen ausgerüstet. Nicht weil man vermutete, dass sich Gruppen in Zukunft auch so verhalten, sondern weil grundsätzlich mit dem Aufkommen der mobilen Kommunikationsgeräte, Stromanschlüsse immer gefragter wurden.

Das Restaurant blieb auch am Morgen des Spieltages leer. Des kühlen Wetters wegen frequentierten nicht einmal die Stammgäste aus dem Quartier unser Restaurant. Die Fußballfans verpflegten sich mit Mitgebrachtem. Essen, wie wir es früher im Militär kannten: Brot aus der Vakuumverpackung, Fleisch aus der Konservenbüchse und sogar Schweinswürste aus dem Glas konsumierten sie zentnerweise. Dazu natürlich Bier einer bekannten holländischen Marke. Das prall gefüllte Lager des Restaurants leerte sich bis zum Ende der Euro nur wenig. Etwas von den Lagerbeständen konnte dem einheimischen Publikum, welches die Spiele im aufgestellten Festzelt beim Public Viewing vergnügte, verkauft werden. Gegen Mittag sammelten sich die ausnahmslos männlichen Fans vor dem Camping zum Abmarsch Richtung Wankdorf. Nachbar und Bauer Binz, der uns schon das Stroh für die Welpen während der Hundeausstellung lieferte, führte den Tross dem Aareufer entlang mit einigen seiner Alpakas an. Das laute Geschrei und Gejohle schienen den neugierigen Tieren nichts auszumachen. In der Innenstadt wurde es den Tieren aber dennoch zu viel, da sie von gefühlte 10'000 angetrunkenen Holländer gestreichelt wurden. Pesche Binz trat mit ihnen den Rückweg an. Der gigantische Fanmarsch vom Kornhausplatz über die Kornhausbrücke bis ins Wankdorfstadion ging in die Geschichtsbücher ein. Ein nie enden wollender oranger Tross bewegte sich singend Richtung Fußballstadion.

Italien wurde 3:0 besiegt. Die befürchtete Party im Eichholz blieb aus, da die Fans in der Innenstadt von Bern zu feiern pflegten. Mehr oder weniger müde und alkoholisiert, trudelten so ab zwei Uhr in der Früh still und leise die Fans ein und legten sich schlafen. Bei Tagesanbruch fanden auch die drei Polizisten den Weg ins Eichholz! Die Vorsichtsmaßnahmen entlang der Aare scheinen zu wirken! Kein einziger Fan wurde vermisst oder wäre ertrunken. Aufgrund des Zustandes der Fans waren die Maßnahmen keineswegs unnötig und erfüllten zum Glück ihren Zweck voll und ganz. Die provisorische Beleuchtung entlang dem Aareweg und auf dem Campingplatz waren nicht wegzudenken, zumal der Himmel immer noch bedeckt war und der Mond sich hinter den Wolken versteckte. Das Spektakel, allerdings ohne den Fanmarsch, wiederholte sich am 13. Juni. Frankreich wurde gerade mit 4:1 bezwungen und am 17. Juni, als die Rumänen 2:0 unten durch mussten. Am frühen Morgen des 18. Juni räumten die Fans ihre Lager und verlegten ihr Basecamp nach Basel, wo die holländische Nationalmannschaft bereits am 19. Juni auf Russland traf. Alle verfolgten dieses Spiel am TV. Alle fieberten mit den Holländer mit, als wäre es die eigene Schweizer

Nationalmannschaft. Leider verloren die Oranje dieses Spiel gegen Russland und mussten die Heimreise antreten.

Die Kühlschränke, Pavillonzelte und Abfallsäcke stapelten sich dort, wo vor wenigen Stunden noch Zelte standen. Zwar ordentlich aufgestapelt, aber eben doch liegengelassen. Der provisorische Parkplatz beim Tennisplatz hinterließen die Fans so sauber, dass nicht einmal eine Bierdose oder ein Zigarettenstummel zu finden war. Wir füllten unsere Abfallbehälter mit den Kehrichtsäcken, entsorgten die Behälter mit den Bierdosen und luden so viele Kühlschränke wie möglich auf unseren Anhänger. Damit fuhren wir zu einem Entsorgungshof in der Nähe. Mit dem anwesenden Mitarbeiter handelte ich eine Pauschale von hundert Franken aus für die Kühlschränke. Er schaute sich die Kühlschränke an, kratzte sich am Bart und steckte die Hunderternote ein. Im Preis inbegriffen war das Abladen mit dem Stapler und alle Entsorgungsgebühren. Nach dem Abladen wollte er sich verabschieden! Ich sagte ihm, dass ich sicher noch zwei Mal komme, da ich beim besten Willen nicht mehr als 14 Kühlschränke auf einmal laden könne. Je nach Größe der verbleibenden Geräte vielleicht sogar noch ein drittes Mal. Das hätte ich aber bei der Preisverhandlung nicht erwähnt, meinte er. Er habe mich auch nicht nach den Stückzahlen gefragt, entgegnete ich ihm. Ich machte ihm den Vorschlag, dass er die Geräte nach Basel transportieren könne, um sie dort den Fans wieder zu verkaufen. Wenig begeistert von meinem Vorschlag, setzte er sich in den Stapler und begann Gerät um Gerät vom Anhänger zu nehmen um damit in eine riesige Halle fahren. Wie ich befürchtete, waren noch drei weitere Fahrten notwendig. Wenigstens wurde die Verschrottung der Geräte hinausgezögert, obwohl sie in Holland schon einmal im Entsorgungshof gelandet waren. Der Besitzer der Entsorgungshofes in Holland verkaufte nämlich noch funktionierende Geräte zu Hunderten den Fußballfans und machte so ein doppeltes Geschäft: Entsorgungsgebühren kassieren, ohne das die Geräte entsorgt wurden und dann wieder Verkaufen um die Entsorgung irgendjemand anderem zu überlassen!

Das Reisebüro

Durch Zufall fand ich mich vor einem Schaufenster eines Reisebüros in einem Vorort von Bern wieder. Die Bilder der weißen Sandstrände, das blaue Meer und der noch blauere Himmel und das satte Grün der Palmen faszinierten mich. In der anderen Hälfte des Schaufensters wurden Nepalreisen und Besteigungen der 8000er beworben. Der Organisator, so hieß es mit fetter Schrift, verfüge über viele Jahre Erfahrung und er sei die beste Adresse für die Planung des wohl letzten wirklichen Abenteuers auf der Erde. Gross, in der Mitte des Werbeplakates lächelte der Bluffer in Bergsteigermontur, abgelichtet vor offensichtlich hohen Bergen, den Interessenten entgegen. Da wird nicht übertrieben, dachte ich mir. Wenn man bei ihm eine solche Reise bucht, kann es sich nur um ein Abenteuer handeln.

Räuber und Einbrecher

Mehrmals die Woche nahm ich mir Zeit für einen Dauerlauf von ein bis drei Stunden. Die Joggingausflüge führten mich jeweils bis auf den Ulmizerberg, bis nach Schwarzenburg oder bis nach Münsingen. Unser Hund begleitete mich immer. Eines Tages stellte ich fest, dass nach einem Dauerlauf mein rechtes Knie stark angeschwollen war, begleitet von einem stechenden Schmerz. Stellte ich das Lauftraining, sehr zur Enttäuschung des Hundes ein verzogen sich die Schmerzen und das Knie schwoll ab. Sobald ich aber wieder zu laufen begann, selbst bei nur kleinen Distanzen kehrten die Schmerzen zurück und das Knie schwoll immer stärker an. Ein Arztbesuch wurde unumgänglich! In der Hoffnung, dass nur irgendetwas mit dem Meniskus nicht stimmt und dies sicher medizinisch beheben ließ, trat ich in das enge Zimmer ein und wartete auf den Arzt, welcher das Knie untersuchte. Ein etwas untersetzter Arzt, in der linken Hand hielt er eine Anzahl Röntgenbilder, trat in den Raum ein und begrüßte mich knapp. «Das sieht nicht gut aus. Ihr Knie ist so ziemlich am Arsch», meinte der Spezialist. Da wo Zwischenräume sein sollten und Knorpel das Schmieren des Gelenkes vornehmen sollten, ist nichts mehr. Der Meniskus ist in mehrere Teile getrennt und erfüllt seinen Zweck kaum noch. Das Kniegelenk läuft Knochen auf Knochen, daher die Schmerzen. Die Geschwulst sei auf das angesammelte Wasser aufgrund der Entzündung zurückzuführen. Allerdings sei der Kontakt nur auf der Innenseite des Knies festzustellen. «Toll» entgegnete ich und fragte, wie sich das reparieren ließe. Grundsätzlich bräuchte ich ein künstliches Kniegelenk – oder zwei, aber aufgrund meines Alters, könne er versuchen meine O-Beine so zu richten, dass ich fortan X-Beine haben werde. Die Belastung wäre dann ganz anders und wenn alles optimal laufen würde, hält das vielleicht bis zum Schluss! Mit einem Schlag wurde mir bewusst, dass der – mein Körper, einem Alterungsprozess unterzogen ist und mein Leben irgendeinmal zu Ende gehen wird. Tatsachen, die man verdrängt, solange alles rund läuft und einem vor Augen geführt werden, sobald sich etwas ungewohntes am Körper bemerkbar macht.

Zuerst wurde das rechte Knie neu ausgerichtet. Unterhalb des Kniegelenkes trennten die Ärzte den Knochen durch, richteten das Bein in die neue Position und fixierten es mit einer Titanplatte. Verständlich, dass ich einige Zeit arbeitsunfähig war und versuchen musste die Zeit über die Runden zu bringen. Organisatorische und administrative Arbeiten konnte ich zwar relativ früh wieder erledigen, aber da die Operation im November terminiert war, fielen entsprechend wenig solche Arbeiten an. Lesestoff musste her, egal was, Hauptsache gute Unterhaltung. Ich entschied mich für einen Klassiker von Dan Brown. Der spannende Inhalt des Buches war im Nu gelesen und ich machte mich auf die Suche nach einem neuen Buch desselben Autors. Mit den Gehhilfen, bekannt als Stöcke, humpelte ich vom Eichholz den Strandweg und die Eichholzstraße hinauf, um zur Straßenbahnstation des «Nünitrams» zu gelangen. Im Bahnhof Bern angekommen benutze ich die Rolltreppe, das erste Mal mit Stöcken, was nicht ein so einfaches Unterfangen war, zumal mir der Arzt jegliche Belastung untersagt hatte, um in das Untergeschoss des Hauptbahnhofs zu gelangen. Hier unten fand das eigentliche Leben des Bahnhofs statt, ja, sogar ein Großteil des Lebens von der Stadt! Vom Einkaufsladen bis zum Candyshop fand sich hier alles. Beim Treffpunkt nah bei der großen Halle saßen schick gekleidete Geschäftsherren beim Kaffee. Einige Schritte daneben bettelte eine armselige Gestalt um ein bisschen Geld, um den täglichen Bedarf an Flüssigkeiten jeglicher Art zu finanzieren. Der Kaffee, laut dem Verkäufer hinter dem Tresen aus bolivianischem Hochlandkaffee, schmeckte unglaublich gut. Bei jedem Schlückchen schloss ich die Augen genoss das dunkle heiße Gebräu und die Zeit einfach hier zu sitzen und nichts zu tun. Ein zweiter Kaffee löste die gleichen Gefühle aus, verstärkte aber den Druck in der Blase. Unmittelbar vor der Buchhandlung, stieß ich die schwere Türe zur Toilette auf und verfluchte zugleich die automatischen Türschließer, welche das Leben von an Stöcken gehenden Menschen stark erschweren. Endlich stand ich vor der erlösenden Porzellanschüssel, öffnete meine Hose und entledigte mich der vom Körper umgewandeltem Kaffees vom bolivianischen Hochland. Ich hörte, dass die Türe geöffnet wurde, nahm aber das Geräusch nur am Rande war. Da diese Toilette mit mehreren Schüsseln ausgerüstet war, bestand durchaus die Möglichkeit, dass ein anderer Mann dieselben Bedürfnisse zu erledigen hatte wie ich. Komischerweise stellte sich der «Neue» gleich neben mich hin. Ich war gerade daran wieder einzupacken, als ich einen spitzen Gegenstand an meiner Seite spürte. Der Mann neben mir drückte irgendetwas gegen meine Seite und flüsterte mir ins Ohr «gib mir Geld, schnell Mann». Langsam drehte ich den Kopf. Der kleine hagere ängstlich dreinblickende junge Mann wiederholte seine Forderung. «Hast du dir das gut überlegt», fragte ich ihn. Abermals wiederholte er seine Forderung und verstärkte den Druck mit dem Gegenstand unterhalb meiner untersten Rippe. Schmerzen empfand ich noch keine, das bestätigte mir, dass meine Kleider dick genug waren oder es sich kaum um ein Messer handeln konnte. «Hei nimm das Ding da weg und ich gebe dir Geld» versuchte ich dem Kleinen vorzuschlagen. Abermals wiederholte er seine Forderung mit dem genau gleichen Wortlaut. Ich dachte, dass er den Satz vielleicht auswendig gelernt hatte und er womöglich gar nicht verstand, was ich ihm vorschlug. Zum x-ten Mal und immer schneller sprechend wiederholte er die Phrase. «O.K. bleib ruhig ich gebe dir Geld» sagte ich ruhig und deutlich sprechend zu ihm. In der Hoffnung ihn etwas zu beruhigen. Ich griff mit meiner Rechten in die linke Tasche meiner Jacke, wissend, dass sich darin nichts befand, und ließ den Kleinen im Glauben, dass er kurz vor dem Erfolg stand. Mein Ellbogen schoss so schnell in die Richtung seines Gesichtes, dass es laut knackte. Der Kleine schrie auf und sackte auf die Knie. Bereits rann Blut aus seiner Nase. Ich packte meinen rechten Stock, der an der Trennwand angelehnt war, drehte ihn um 180 Grad um und schlug kräftig auf den Kopf des Kleinen. Wimmernd lag er nun am Boden, im Griff seiner rechten Hand hielt er ein Stück Holz – stumpf und nur etwa 20 Zentimeter lang. Umständlich kletterte ich mit Hilfe der Stöcke über den am Boden liegenden und zog die Türe mit dem leidigen Schließer auf. Vor mir stand ein älterer Mann. «Es ist besetzt, sie können da nicht rein» sagte ich ihm. Er nickte und machte sich auf die Suche nach einer neuen Möglichkeit, sich des Wassers zu entledigen.

Schräg gegenüber der Toilettenanlage befand sich die Büros der Polizeiwache Hauptbahnhof Bern. Die schwere Türe, um in die Räumlichkeiten zu gelangen, löste bei mir wieder ein Fluchen aus. Der diensthabende Polizist stand sofort auf und hastete mir entgegen, um mir beim Öffnen der Türe behilflich zu sein. Ich bedankte mich bei ihm und verfluchte die automatischen Türschließer. Der Beamte fragte mich überfreundlich, was mein Anliegen sei. «Kommen sie, ich muss ihnen etwas zeigen» und deutete mit der rechten Gehhilfe auf die Ausgangstüre. Er stand auf und öffnete die Türe und trat in die Bahnhofhalle hinaus. Ich folgte ihm, damit ich mich nicht erneut mir der Türe abmühen musste. Mit dem linken Gehstock zeigte ich auf die gegenüberliegende Toilettentüre und erklärte ihm, dass dort drinnen einer liege, der womöglich etwas Hilfe brauchen könnte. Zwei Männer vor der Türe, die heftig diskutierten, und gegen uns zeigten, ließ den Beamten vermuten, dass da etwas Unnatürliches vorgefallen sein muss. Er rief in die Räumlichkeiten hinein, dass er kurz weg sei. Eine Stimme von irgendwoher aus einem Büro bestätigte, dass er verstanden worden ist. Er rannte in Richtung der Toiletten. Ich machte mich sofort daran, wegzuhumpeln um mich, zwei Ladenlokale weiter in der Bäckerei zu verstecken bis die Aufregung vorbei war. Der Geruch von frischem Brot stieg mir in die Nase. Nebst dem Geruch des Kaffees aus dem bolivianischen Hochland, wohl der zweitbeste Geruch den es gibt. Vor den Schokoladeengeln legte ich die Stöcke auf den Boden und schob sie mit meinem lädierten Bein unter die Vitrine, zog die Jacke aus und legte sie ebenfalls zu den Stöcken. Interessiert beobachtete ich, was draussen vor sich ging. Ein Beamter hastete vor der Bäckerei vorbei, schaute kurz hinein und verschwand. Einige Minuten später zog ich die Jacke wieder an, fasste meine Stöcke und bezahlte einen «Nussgipfel» und verließ den Laden.

Ich bevorzugte die Rolltreppe bei der großen Halle und hinkte Richtung Haltestelle des Trams, als mir plötzlich in den Sinn kam, dass ich das Ziel meines Ausflugs in die Stadt noch gar nicht erreicht hatte. In einer Buchhandlung in der oberen Altstadt fand ich den gewünschten Schunken und machte mich auf den Heimweg. Das oben beschriebene Erlebnis in der Bahnhoftoilette lag erst zwei Tage zurück. Es war kurz nach Saisoneröffnung im April. Gäste auf dem Camping gab es noch wenige, zumal das Wetter feucht und kalt war. Obwohl immer noch krankgeschrieben, anerbot ich der Rezeptionistin sie für die Mittagspause abzulösen. Solche Einsätze ermöglichten mir einen Einblick in das Tagesgeschäft und hatte unter anderem auch den Vorteil, dass die Rezeptionistin ungestört ihre Mittagspause verbringen konnte.

Das scheppernde Geräusch eines Einkaufswagens des naheliegenden Kaufhauses war unverkennbar. Da näherte sich jemand mit einem Einkaufswagen! Was zu dieser Jahreszeit sehr ungewöhnlich war, gehörte während der Sommermonate fast zum täglichen Ritual. Jugendliche Gruppen transportieren dann ihr Grillgut, kistenweise Bier und oft sogar Brennholz mit den zweckentfremdeten Transportwagen ins Eichholz. Meist blieben dann die Einkaufswagen irgendwo liegen. Gegen einen angemessenen Geldbetrag für unsere Trinkgeldkasse, transportierten wir die Wägelchen jeweils wieder zurück an ihren Ursprungsort.

Aber bei diesem Wetter und zu dieser Jahreszeit verirren sich normalerweise keine Einkaufswagen ins Eichholz. Ein kleiner Mann, sichtlich bemüht sein Gefährt auf der abfallenden Strasse auf Kurs zu halten, näherte sich der Rezeption. Sein Kopf zierte ein schneeweisses Käppi. Mit einigen Mühen schaffte er es, sein mit allerlei Habseligkeiten beladenen Einkaufswagen vor die Rezeption zu schieben. Eine kleine runde Tasche war zu sehen, vermutlich ein Schlafsack, ein langes Stoffpacket, was auf ein Zelt hinzuweisen schien und viele andere Utensilien befanden sich unordentlich im Einkaufswagen.

Bei der Rezeption angekommen, meinte der junge Mann, er wolle Zelten. Ich schaute kurz hoch und stellte fest, dass es sich bei seinem Käppi um einen Verband handelte. Sofort wurde mir klar, wer da einchecken wollte! Ohne ihn anzuschauen sagte ich «gib mir Geld». Er klaubte einen zerknitterten Hunderfrankenschein aus der Hosentasche und legte ihn auf den Tresen. Ich fragte ihn, ob er sich das gut überlegt habe? Plötzlich reagierte der Mann konfus, sein Gehirn schien zu arbeiten, er konnte mich aber immer noch nicht zuordnen. Erst als ich aufstand und meine Stöcke in die Hände nahm, schaute er mir in die Augen. Sein Mund blieb offen und er stammelte «nicht schlagen, nicht schlagen». Natürlich nicht entgegnete ich ihm, die Situation sei ja etwas anders als vor zwei Tagen. Da wolltest du mir Geld nehmen und nun bringst du mir welches, das mache schon einen Unterschied. Hätte ich gewusst, dass du mir das Geld abnehmen wolltest um es mir später wieder zu geben, hätte ich es dir gewiss gegeben, erklärte ich ihm.

Ein Jahr später musste das linke Knie ebenfalls operiert werden. Kurz vor Weihnachten, Barbara und ich waren zu Besuch bei Freunden, stellte ich fest, dass der künstliche Weihnachtsbaum vor der Rezeption nicht leuchtete. Ich erklärte Barbara, dass ich nachschauen gehe was da los sei, der Baum müsse schon leuchten, so kurz vor Weihnachten, war ich der Meinung. Sie sagte, dass ich aufpassen soll mit den Stöcken, da es rutschig sein könne. Ich nickte und hinkte zur Nebentüre der Rezeption. Nichtsahnend öffnete ich die Türe und merkte sofort, dass es in diesem Raum ungewöhnlich kalt war. Das seitliche Fenster stand offen und es lagen Glassplitter am Boden. Ich begutachtete den Schaden, versuchte mit den Stöcken nicht auf ein Stück Glas zu treten, weil dieses wegrutschen könnte. Ich drehte mich um und vor mir stand ein Mann. Der Typ war größer als ich und hätte mich leicht überwältigen können, zumal die letzte Operation an meinem Knie erst sechs Wochen zurück lag. Ich hob den rechten Stock und stieß den Gumminoppen, der am Stockende befestigt war, in sein Gesicht. Einige Schläge mit dem Stock auf seinen Kopf ließen den Einbrecher zu Boden gehen. Hastig stieg ich über ihn und trat ins Freie. Sofort stieß ich die Türe zu, schloss diese ab und fingerte mein Handy aus dem Hosensack. Ich hinkte um das Gebäude, zum beschädigten Fenster und rief zugleich die Polizei an. Als sich im Innern des Raums etwas regte, schlug ich mit einem Zaunpfosten, welcher seit Wochen in der Ecke stand, durch das Loch im Fenster wieder zu. Dem Beamten am Telefon erklärte ich kurz, was passiert war, hatte aber nicht das Gefühl, verstanden zu werden. Nach etwa zwanzig Minuten, von der Polizei war noch nichts zu sehen und zu hören, rief ich erneut an und erklärte dem Beamten, dass ich nicht mehr so lange warten möchte und der Einbrecher immer mehr Schaden nahm.

Kurze Zeit später fuhr die Streife vor. Zwei klein gewachsene Beamtinnen fragten mich, was den los sei. Ich erklärte ihnen, dass der Einbrecher sicher gegen eins neunzig groß sei. «Können sie ihn näher beschreiben» fragte mich die eine Polizistin. Ich erklärte ihr, dass das nicht nötig sei, da sie sich selbst ein Bild von ihm machen können. Fast gleichzeitig streckte er den Kopf leicht aus dem Fenster und erhielt von mir abermals einen Schlag ins Gesicht. Nun begriffen die zwei Polizistinnen die Situation. Eine griff zum Funkgerät und forderte Verstärkung an, die andere versuchte die Handschellen aus der Halterung zu ziehen. Die Verstärkung fuhr mit einem großen Lieferwagen vor. Es stiegen mehrere Beamte aus und umzingelten das Gebäude. Einer riegelte an der Türe. Seine Körpersprache verriet mir, dass er die Türe mit Gewalt öffnen wollte. «Halt, machen sie nicht noch mehr kaputt», schrie ich und bevor ich die Türe mit dem Schlüssel öffnete, empfahl ich einem Polizisten, sich neben das defekte Fenster zu stellen. Schnell war der Einbrecher dingfest gemacht. Nun begann das übliche Prozedere. Name, Vorname, Adresse, Geburtsdatum, alles musste erfasst werden – von mir natürlich! Der Hergang des Geschehenen wurde minutiös aufgenommen und in einem Notizbuch verewigt. Mir wurde langsam kalt und drängte den Polizisten etwas vorwärts zu machen. Zumal mir das Stehen auf einem Bein langsam Mühe machte. Barbara schaute besorgt den Geschehnissen zu. Ich setze mich auf die Treppe und bat Barbara mir eine wärmere Jacke zu bringen. So gegen Mitternacht zog die Polizei ab. Am folgenden Morgen organisierte ich den örtlichen Schreiner, um das Fenster zu reparieren. Im Inneren der Rezeption hinterließ der Einbrecher ein Chaos. Jede Schublade war geöffnet und durchsucht worden. Die zwei Flaschen Wein, welche wir am letzten Tag der Saison von einem zufriedenen Campinggast erhalten hatten, lagen leer am Boden. Wohl der Grund, dass der Einbrecher nicht mehr Gegenwehr leistete. Mit zwei Flaschen Wein intus, war auch der stärkste Kerl nicht mehr fähig, sich anständig zur Wehr zu setzen.

Gegen Mittag fuhr ein Auto vor. Sofort erkannte ich, dass es sich um einen Polizisten in Zivil handeln musste. Er stellte sich vor und erklärte mir, dass er zuständig sei für Beratungen und Präventionen. Streng redete er auf mich ein und meinte, dass mein Verhalten falsch gewesen sei. Das hätte böse enden können und überhaupt sei Selbstjustiz nicht erlaubt, belehrte mich der Beamte. Ich versuchte mich aus der Situation herauszureden und gab mir Mühe ihm glaubhaft zu versichern, dass mir gar nichts anderes übrig blieb, als mich zu wehren, da mir der Einbrecher den Weg versperrte und ich aufgrund meiner vorübergehenden Behinderung auch nicht in der Lage gewesen wäre anders zu reagieren. Er wollte meine Personalien aufnehmen – schon wieder. Nachdem ich ihm erklärt hatte, dass meine Personalien bereits im Notizblock von der Frau Häberli standen und in vielen anderen Notizbüchern ebenfalls, versorgte er den Seinen. Bloß nie mehr Gehstöcke, die ziehen Einbrecher und Räuber an, sagte ich zu Barbara. Das dies nicht so war, wurde mir einige Jahre später bewiesen, als ich unfallbedingt wieder an Stöcken gehen musste.

Der Finger

Ein Sommertag wie es jeweils nur wenige pro Jahr gibt und erst noch Wochenende! Schon am frühen Vormittag pilgerten Hunderte ins Eichholz, um sich die besten Grill- und Partyplätze zu sichern. Am Nachmittag hing bereits hartnäckig, sehr zum Ärgernis der Anwohner, eine Rauchwolke über dem Gelände. Die unzähligen Grillfeuer nährten die Wolke weiter. Eine groß Gruppe Brasilianer sambatanzend hier, eine Gruppe Teenager besorgt, die Sambatöne mit ihrem Booster zu übertönen und eine riesengroße Gruppe Afrikaner, die meisten gekleidet in ihren traditionellen Gewändern, dort. Ausgerüstet mit großen Trommeln sorgte die Gruppe für mächtigen Wirbel. Die Trommeln übertönen alles und stellten die elektronischen Abspielgeräte in den Schatten. Dazu zelebrierten sie typische afrikanische Tänze, nimmermüde und ohne Pause. Plötzlich verstummten die Trommeln und anstelle der rhythmischen Töne brach ein chaotisches Geschrei aus. Minuten später näherte sich eine etwa zehn Mann starke Gruppe aufgeregt und durcheinanderschreiend der Rezeption. Inmitten der Gruppe hielt sich ein Mann mit der Linken, sein rechter Arm stützend auf Brusthöhe. Seine Hand war blutüberströmt. Ich forderte ihn auf mir die Hand zu zeigen: Zögerlich streckte er sie mir entgegen. Der Zeigfinger fehlte, abgetrennt auf der Höhe des mittleren Gelenkes. Sofort zog ich den bedauernswerten Mann so zur Seite, dass das Blut ins Gras tropfte und nicht den ganzen Eingangsbereich verschmutzte. Die Rezeptionistin reichte mir bereits das Notfallmaterial, um die Wunde behelfsmäßig abzudecken. «Wo ist der Rest des Fingers», fragte ich. Wenn wir den hätten, könne er ihn mit ins Spital nehmen. Die können viel, vielleicht sogar Finger annähen, erklärte ich ihm. Dummerweise sprach niemand aus der Gruppe auch nur annähernd unsere Sprache. Die Rezeptionistin betreute den Verletzten und organisierte die Rettungsdienste. Ich setzte mich aufs Fahrrad und machte mich zur Unfallstelle auf, um vielleicht den abgetrennten Finger zu finden. Eine Blutlache zeigte mir, dass ich die Stelle gefunden hatte. Ich fragte in die Menge der neugierigen Gaffer, ob den jemand einen Finger gesehen habe. Ein Junge, ebenfalls dunkler Hautfarbe, zeigte auf einen Baum. Dort oben etwa fünf Meter ab Boden saß eine Krähe, die etwas in ihrem Schnabel hielt. «Der Vogel hat den Finger genommen» erklärte mir der Junge. Schnell suchte ich einige Wurfgegenstände zusammen, rannte zum Baum und schleuderte als erstes ein Stück Holz Richtung Krähe. Diese reklamierte lautstark und ließ tatsächlich ihre Beute fallen. Leider flog sie im Sturzflug dem fallenden Finger hinterher, schnappte sich am Boden den Finger erneut und flog davon. Der Junge schilderte mir den Unfallhergang: Der Mann versuchte mit einem Klappmesser ein Stück Holz aufzuspalten, um kleine Stücke zum Anfeuern zu gewinnen. Mit seinem ganzen Körpergewicht drückte er auf das Holz, bis das Messer einklappte und seinen Zeigefinger abtrennte. Das Geheul des Jakobhorns wurde immer lauter und schon waren die blinkenden blauen Lichter zu sehen. Ich machte mich mit dem Fahrrad auf den Rückweg von meiner erfolglosen Suchaktion. Die Rettungssanitäter warteten bereits ungeduldig auf meine Rückkehr. Ich schüttelte den Kopf und zuckte mit den Schultern. Mit wenigen Worten schilderte ich das Vorgefallene. «Du hättest den Vogel erschießen sollen», meinte der Rettungssanitäter mit einem Augenzwinkern, der Finger sei so wichtig, dass man Prioritäten hätte setzen müssen. Die einzige Waffe in meinem Besitz war das Sturmgewehr 57, welches im Schlafzimmerschrank lagerte. Zwar hatte ich einige Patronen, überzählige Probeschüsse vom letzten Obligatorischen, die ich aufgrund der Resultate nicht mehr benutzt hatte, aber bei vollbesetzter Wiese mit einem Sturmgewehr herumzuballern, wäre sicher nicht gut angekommen und hätte, erschossene Krähe mit oder ohne Finger, sicher einen weiteren Einsatz von Blaulichtorganisationen ausgelöst.

Van Buyten

Spätabends klingelte mein Handy. Das Gegenüber stellte sich mit Daniel vor. Ob ich mich erinnern würde, fragte mich die Stimme. Er sei früher mit mir Angeln gekommen und habe einmal eine große Forelle gefangen. Er habe nun seine Fußballkarriere bei Bayern München beendet, weil der neue Trainer, Pep Guardiola, nicht mehr auf ihn setze. Er sei mit der ganzen Familie in Spiez im Hotel Belvédere in den Ferien. Er habe von seinem Onkel, der bis heute jedes Jahr einige Woche im Eichholz seine Ferien verbringt, gehört, dass ich einen See habe, in dem man angeln könne. Das stimmt tatsächlich, von einer Alpkooperation pachtete ich seit einiger Zeit einen kleinen Bergsee, um darin Fische zu hältern und um meinem Hobby zu frönen. Gerne würde er angeln gehen, ob ich etwas organisieren könne, fragte Daniel mich. Schnell war ein Tag gefunden und so fuhr ich mit Arbeitskleidung und schweren Bergschuhen beim noblen Hotel Belvédere vor. Der Concierge musterte mich und auf seiner Stirne entstanden große Runzeln. «Haben sie einen Termin für eine Reparatur?» Fragte er mich. Ich erklärte ihm, dass ich mit Daniel van Buyten verabredet sei. Er müsse das abklären und ich soll solange hier bei meinem Wagen warten. Kurze Zeit später erschien der Concierge wieder und fragte mich, ob ich gerne ein Kaffee trinken möchte, das ginge aufs Haus. Herr van Buyten werde etwa in 15 Minuten kommen.

Daniel begrüßte mich herzlich mit Umarmung und bedankte sich schon mal zum Voraus, dass ich ihm einen solchen Ausflug ermögliche. Sein Bruder werde auch mitkommen. Sie würden beide mit ihren eigenen Autos kommen, soweit es geht, da sie beide gerne in den Bergen fahren würden. Daniel fuhr einen großen schwarzen Bus einer noblen Automarke mit unglaublich breiten Reifen. Der Frontspoiler des Busses reichte fast bis zum Asphaltbelag der Straße. Es war ihm sicher nicht möglich einen Randstein zu befahren, ohne dass der Windabweiser Schaden nehmen würde. Der riesige SUV seines Bruders, ähnlich getunt und ebenfalls schwarz lackiert, fiel sofort durch den ohrenbetäubenden Motorenlärm auf. Ich stellte mich mit meinem kleinen Allradfahrzeug, welches ich um Alpwege befahren zu können, um fünf Zentimeter höher habe legen lassen, vor die beiden Luxuslimousinen. Der Konvoi fuhr nun Richtung Berge. Die Straßen, anfangs noch asphaltiert, wurden immer schmaler. Beim Bergrestaurant, welches sich am Ende der asphaltierten Straße befindet, parkten wir unsere Fahrzeuge. Ich erklärte den Beiden, dass sie sich hier umziehen können und wir ab hier besser mit meinem Wagen weiter fahren werden. Daniel, gekleidet mit weißen Trainerhosen mit Bayern-München Logo, weißen Turnschuhen einer bekannten Firma und einem schwarzen Pulli mit goldenen Streifen meinte, dass er nichts anderes zum Anziehen dabeihätte. Zumindest anderes Schuhwerk musste gefunden werden! Bei den beiden Schwestern, die das Restaurant betreiben, wurde ich fündig. Ein paar Gummistiefel der Größe 47 standen im Keller. Diese gehören ihrem Neffen, dem Schwingerkönig Killian Wenger, erklärte mir die Wirtin. Ich meinte, dass dies nun wohl die berühmtesten Gummistiefel der Welt sind, da sie nun auch noch von einem Fußballstar getragen wurden. Daniels Bruder bevorzugte es mit den Turnschuhen zum See zu wandern.

Das Original Bayern-Matchdress

Mit der eingeschalteten Geländeuntersetzung meines Wagens tuckerten wir bergwärts. Beeindruckt und wohl auch etwas ängstlich klammerte sich Daniel mit den Händen am Sitz fest und schaute den steilen Abhang ins Tal herunter. Bei der Alphütte parkten wir das Auto und ab hier ging es nur noch zu Fuß weiter. Daniel schnappte sich den schweren Rucksack und sein Bruder trug die Angelruten. An den Gummistiefeln klebte sofort eine dicke Schlammschicht. Die Turnschuhe seines Bruders waren bald nicht mehr als solche zu erkennen. Kurze Zeit später erreichten wir den See. Ich steckte die Ruten zusammen, montierte das Angelgerät und beide angelten kurze Zeit später im klaren türkisblauen Wasser des Bergsees. Nebelschwaden zogen um die Berggipfel und zauberten ein mystisches Landschaftsbild. Bald zappelte die erste Forelle am Haken. Die beiden filmten mit ihren Handys und schossen Bilder mit der Digitalkamera. Die Brüder fischten voller Elan und wollten sich gegenseitig mit der größten Forelle übertrumpfen.

Es wurde Zeit, die Sachen zu packen und die Fische auszunehmen. Ich erklärte den beiden auf was sie beim Schlachten der Forellen achten müssen und sie gingen ans Werk. Die Turnschuhe verfärbten sich bald rot und die weißen Trainerhosen von Daniel sahen aus wie der Hut eines Fliegenpilzes – nur umgekehrt! Beide lachten und freuten sich ab der Beute. In der Zwischenzeit band ich die Angelruten zu einem transportablen Bündel zusammen. Daniel verpackte die Fische im Rucksack und schlenzte ihn alsbald wieder auf seinen Rücken. Sein Bruder schnappte sich die Angelruten.

Beim Abstieg fanden wir ein Rind, welches sich so unglücklich bei der Tränke hingelegt hatte, dass es auf dem glitschigen Boden nicht mehr hochkam. Immer und immer wieder versuchte das Rind aufzustehen, aber das Gelände und der glitschige Untergrund führten dazu, dass ihm die Vorderbeine immer wieder wegrutschten. Das Rind war schon so erschöpft, dass seine Aufstehversuche immer kläglicher scheiterten. Das Tier hatte offensichtlich ein größeres Problem und schaffte es nicht mehr, auf die Beine zu kommen. Daniel ergriff die Initiative und befahl seinem Bruder, wo er anpacken solle. Ich zog an den Vorderbeinen und zu dritt schafften wir es das Tier aus dem Schlammloch und etwas den Abhang hinunterzuziehen, wo es wieder festen Boden unter den Füssen hatte. Stark schnaufend und völlig erschöpft stand das Rind auf und machte sich langsam von dannen. Kurz darauf hielten wir bei der Alphütte inne. Die Sennin bedankte sich herzlich für unsere Aktion bei der Rindertränke. Sie hatte mit dem Fernglas bereits festgestellt, dass ein Tier in Schwierigkeiten war, konnte aber nicht eingreifen, weil der Bauer außer Haus war. So beobachtete sie auch unsere Rettungsaktion. Die Sennin erklärte uns, wie hier oben auf der Alp der Käse hergestellt wird. Daniel, der in der niedrigen Hütte nicht aufrecht gehen konnte, wollte ein Stück Bergkäse kaufen. Feinsäuberlich packte die Sennin das ausgewählte Stück Käse ein und überreichte es Daniel. Es kostete sieben Franken. Er zog einen fünfzig Franken Schein aus der Geldbörse und überreichte ihn der Sennin. Diese meinte, dass sie kein Rückgeld für einen so hohen Betrag im Haus habe und fragte, ob er es nicht kleiner hätte. Daniel entgegnete mit der Hand abwinkend, dass das so passe!

Kaum hängten sich die Handys der beiden im Mobilfunknetz ein, empfingen sie unzählige SMS und beide waren dazu fast dauernd am Telefonieren. Beim Auto angekommen, machte ich die beiden darauf aufmerksam, dass sie im Bach nun die Schuhe und Gummistiefel waschen können. Beide setzten sich auf einen Stein und schruppten mit den Händen den festgeklebten Schmutz vom Schuhwerk. Sie erzählten sich etwas und beide lachten laut. Ich fragte, was den beim Schuhe putzen so lustig sein kann. Er habe gerade herausgefunden, dass er seit seiner Fußball-Juniorenzeit nie mehr selbst die Schuhe gereinigt habe – beide lachten wieder laut. Beim Bergrestaurant angekommen überreichte Daniel der Wirtin die ausgeliehenen Stiefel zusammen mit einer blauen Note. Etwas sprachlos nahm sie die Stiefel in Empfang und bedankte sich.

Daniel sagte mir, dass wir nun zuerst nach Spiez ins Hotel fahren werden. Dort werde er sich saubere Sachen anziehen, die Familie abholen, um danach ins Eichholz zu fahren. Er habe bereits einen großen Tisch reserviert. Wir können die Fische dem Wirt vom Restaurant Eichholz abgeben. Er werde diese zubereiten und ich sei natürlich auch eingeladen! Ich fuhr als erster vor das noble Eingangstor des Hotels. Der Concierge erkannte mich sofort wieder. Er öffnete mir, sichtlich angewidert mit zwei Finger die Türe meines Autos, das von Kuhmistspritzern übersät war. Ich solle doch bitte in die Lobby, er werde mir einen Kaffee bringen, welcher natürlich aufs Haus ginge, meinte er mit gerümpfter Nase. Dort könne ich warten, bis die Familie bereit war zum Abfahren – und das könnte dauern, meinte er.

Im Eichholz angekommen standen schon Salate und andere Köstlichkeiten auf dem langen gedeckten Tisch. Einige Flaschen Weißwein standen ebenfalls bereit. Daniel reichte dem Koch die Forellen und kurze Zeit später brutzelten die Fische bereits im heißen Fett. Während des Essens reichten die beiden ihre Mobiltelefone und Digitalkameras herum und alle staunten gebannt auf die Bilder. Nach dem Essen reichte mir Daniel eine große Plastiktüte mit T-Shirts, Sporthosen und allerlei Textilien vom FC Bayern-München. Er bedankte sich herzlich, zückte seine Geldbörse und überreichte mir mehrere

Geldscheine. Mit dem Geld konnte ich die nächsten zwei Jahre den Fischeinsatz finanzieren.

Der Autor mit Daniel van Buyten, FC Bayern München

Baumhaus bauen

Seit mehreren Tagen beobachteten wir einen Typen, der die Nacht jeweils irgendwo auf dem Gelände verbrachte. Bei trockenem Wetter blieb er einfach auf der Wiese an der Aare liegen, was für uns kein Problem darstellte, da öfters irgendwelche Gestalten am Flussufer übernachten. Bei feuchtem Wetter jedoch suchte er Unterschlupf in den verschiedensten Räumlichkeiten. In den Damentoiletten, dem Wickelraum, bei dem Eingang zur Rezeption und zu guter Letzt quer vor dem Unterstand, wo unsere Reinigungswägelchen parkten. Wir versuchten ihn zu wecken – zuerst keine Reaktion. Plötzlich schnellte der großgewachsenen, offensichtlich asiatischer Herkunft stammende Mann auf und schaute meinem Kollegen tief in die Augen, ohne ein Wort zu sagen. Der bekam es mit der Angst zu tun und meinte etwas verunsichert, er brauche Hilfe, um den Reinigungswagen von seinem Platz zu holen. Gemeinsam versuchten wir mit dem Kerl Kontakt aufzunehmen. Vergeblich! Entweder konnte er uns nicht hören oder er verstand unsere Sprache nicht. Vorsichtig versuchte ich ihn am Ärmel seiner Jacke aus seinem Versteck zu ziehen. Mit einem Ruck löste er sich und blieb wie angewurzelt stehen. Sein stechender Blick fixierte meine Augen. Mir viel auf, dass die Jacke aus einer Damenkollektion stammen musste, den von einem Mann getragen wirkte sie etwas komisch. Am Reisverschluss, mit einem feinen Nylondraht befestigt, flatterte das Preisschild mit der Größenangabe. Wir entschlossen uns, ihn dort zu lassen und die Polizei zu verständigen.

Sicher ist er irgendwo abgehauen und dürfte daher auf einer Fahndungsliste erscheinen. Als die Polizei nur Minuten später eintraf, war von ihm nichts mehr zu sehen, dafür fehlte unser Fahrrad, welches wir jeweils vor der Rezeption abstellten, um den Neuankömmlingen ihren Platz zuzuweisen. Im Laufe des Nachmittags stellten wir fest, dass aus unserer Werkstatt ziemlich viel Werkzeug fehlte: Hämmer, Sägen, Seile und einiges mehr war plötzlich verschwunden. Zeitgleich beklagte sich ein Campinggast, dass unmittelbar hinter seinem Wohnwagen ein komischer Kauz in Frauenkleider auf einem Baum sitze und Äste absäge. Sofort machten wir uns auf den Weg zum «Tatort». Unter dem Baum lag unser Fahrrad, das vermisste Werkzeug und auf dem Baum hantierte der Kerl mit einer Säge herum und war gerade im Begriff einen weiteren Ast abzusägen. Am Boden lagen schon mehrere groß Äste. «He hör auf, du kannst nicht einfach unsere Bäume zersägen» schrie ich dem Kerl zu. Er entgegnete: «Baumhaus bauen». Ich befahl ihm sofort runter zu kommen und erklärte ihm, dass das mit dem Baumhaus nichts werden wird. Die Kollegen sammelten in der Zwischenzeit schon das Werkzeug zusammen und brachten das Fahrrad wieder an seinen ursprünglichen Standort zurück. Wieder rief ich die Polizei an und erklärte, dass es mir schon ein bisschen peinlich sei, schon wieder anzurufen. Der Beamte meinte, dass ich versuchen soll, den Typen am Weggehen zu hindern. Ich solle mich neben ihn stellen und ihn in ein Gespräch verwickeln, um so Zeit zu gewinnen. Da er sich immer noch hoch oben im Baum befand, schloss ich ersteres aus. Ich versuchte also mit ihm zu sprechen – ohne Erfolg. Die einzigen zwei Wörter, seit wir ihn im Eichholz gefunden haben, waren: »Baumhaus bauen»! Plötzlich stieg er langsam vom Baum herunter und stellte sich neben mich hin. Er sah mir in die Augen, ohne nur mit den Wimpern zu zucken oder sich auch nur einen Millimeter zu bewegen. Intuitiv machte ich einen Schritt zurück, um einen Sicherheitsabstand zu gewinnen, man weiß ja nie! Plötzlich rannte er über die Zeltwiese davon. Nur Sekunden später traf die Polizei ein. Hätte mein Kollege und die Rezeptionistin, wie auch der besorgte Campinggast meine Aussagen nicht noch untermauert, wäre mir wohl eine Anzeige wegen Irreführung oder so etwas, sicher gewesen. Der grosse Asthaufen zeugte ebenfalls von der Anwesenheit des Baumhausbauers. Die sichtlich genervten Polizisten saßen in ihrem Auto, schlugen die Türen zu und brausten los. Einige Stunden später rief der Hotelier vom nächstgelegenen Hotel an und erklärte am Telefon, dass soeben ein komischer Typ, offensichtlich Asiate, seinen antiken Sessel aus der Epoche Louis XIV, mitgenommen habe. Es handle sich um ein wertvolles Relikt aus der Zeit des französischen Sonnenkönigs und er zierte die Lobby seines Hotels. Leute wollen beobachtet haben, dass ein Mann mit einem Sessel auf dem Kopf Richtung Eichholz gewandert sei. Ich versprach ihm, die Augen offen zu halten. Eine Gruppe besorgter Jugendlicher meldete sich plötzlich bei der Rezeption. Da sei ein Typ in Frauenkleider aufgetaucht und habe sich von ihrem Grillgut bedient. Mit anderen Worten, meinte ein etwa 16-jähriges Mädchen: «Er hat unser Fleisch und unsere Chips weggefressen». Jetzt bediene er sich an den Getränken. Er sitze auf so einem uralten Stuhl, den er mitgeschleift hatte. Ich wies die Jugendlichen an, sich nicht mit ihm anzulegen, das Gespräch nicht zu suchen und ihn einfach machen zu lassen. Abermals rief ich die Polizei an. Abermals fuhr wenig später eine Patrouille vor. Ich beschrieb den Typen wie folgt: Asiate, lange Haare, Frauenkleider und ausgerüstet mit einem antiken Sessel aus der Zeit des französischen Sonnenkönigs. Der eine Polizist fand meine Beschreibung einigermaßen lustig, der andere gar nicht. Sie machten sich auf den Weg und wenig später fuhr ein weiterer Streifenwagen vor. Die drei Polizisten und Polizistinnen rannten zum Aareufer hinunter, offensichtlich um ihren Kollegen zu Hilfe zu eilen. Geraume Zeit später bewegte sich die uniformierte Schar wieder langsam Richtung ihrer Fahrzeuge. In der Mitte des Trosses, flankiert von zwei Polizisten, schlenderte der Asiate gemütlichen Schrittes leicht angetrieben von seinen Begleitern, in dieselbe Richtung. Die Polizisten schienen etwas zu besprechen. Einer nickte und rannte zur Rezeption. «Können sie bitte dafür schauen, dass der rechtmäßige Besitzer des Stuhls wieder zu seinem Eigentum kommt?». Das sollten wir hinkriegen, schließlich ist uns der Besitzer bekannt. Ein Kollege holte unseren Traktor und befestigte mit Traggurten das Relikt an der am Frontlader montierten Pallettengabel. «Lass ihn gleich so hängen, ich werde den Sessel mit dem Traktor zu dem Hotel transportieren», sagte ich meinem Kollegen. Er wisse nicht, ob das eine gute Idee sei, schließlich dürfe man so kaum auf der Straße fahren, mit dem Hin und Her schwenkenden Sessel. Ich erklärte ihm, dass ich beabsichtige durch das Quartier zu fahren und das es sicher klappen würde, da sei ja fast kein Verkehr.

Fast am Ende der Selhofenstraße angekommen, kam mir tatsächlich ein Streifenwagen entgegen. Er stoppte mitten auf der Straße, sodass ich mit meinem Gefährt und dem baumelnden Sessel nicht vorbeifahren konnte. Beruhigt stellte ich fest, dass der Wagen mit der Aufschrift «Botschaftsschutz» angeschrieben war. Kürzlich in einem Stellenangebot wurden Personen für die Botschaftsbewachung gesucht. Ich hatte in Erinnerung, dass das verlangte Anforderungsprofil nicht sehr streng war und die Ausbildung von kurzer Dauer. Aus diesen Erinnerungen schloss ich, dass ich mit denen sicher fertig werden kann. Ein Polizist stieg aus und ging auf mich zu. Er schaute zu dem an der Pallettengabel schaukelnde Sessel und fragte mich etwas. Ich schaltete den Motor aus und bat ich die Frage zu wiederholen. Er sagte, dass ich den Sessel nicht einfach irgendwo deponieren soll, das wäre illegal und zudem wisse er nicht, ob man so überhaupt auf die Straße darf. «Ich bin im Begriff den Sessel seinem rechtmäßigen Besitzer zurückzugeben. Ich müsste nur noch die paar Meter bis zum Hotel Maygut fahren. Sicher verstehe er, dass vom Eichholz zum Hotel der Sessel zum Tragen zu schwer sei und im Auto könne er aufgrund seiner hohen Lehne auch nicht transportiert werden. Im Übrigen handle ich Auftrag der Kantonspolizei, die bat mich ausdrücklich darum, den Sessel seinem Besitzer zurückzugeben. Und, ob man so auf der Straße fahren darf, das wisse ich auch nicht, aber alle Lichter wie die Richtungsanzeiger waren sichtbar und ich kann eh nicht schneller fahren als 15kmh. Der Polizist nickte und fragte mich, ob er noch etwas helfen können. Wenn es ihnen nichts ausmachen würde, wäre es toll, wenn sie mir beim Abladen helfen könnten. Etwas angesäuert nickte der Polizist. Ich beabsichtige nur bis zum Kreisverkehr gegenüber dem Hotel zu fahren. Dort würde ich den Sessel über den Zebrastreifen tragen, um nicht mit meinem Gefährt die Hauptstraße traversieren zu müssen. Kurz vor dem Kreisel stoppte ich den Traktor. Die zwei Polizisten stiegen aus ihrem Dienstfahrzeug aus und packten den Sessel. Ich ließ die Hydraulik langsam herunter, die Traggurten lockerten sich und die beiden schauten mich an. «Er kommt da drüben ins Hotel in die Lobby». Die Zwei trugen den Sessel mehr oder weniger geschickt über den Zebrastreifen und verschwanden im Hotel. Kurze Zeit später hatten sie ihr Stückgut abgeliefert und strahlten sichtlich zufrieden. Der Hotelier habe sie zum Essen eingeladen, sie müssten nur anrufen, um einen Termin abzumachen. Sogar die Freundin, respektive die Frau könnten sie mitnehmen. Ich verabschiedete mich, wendete mein Fahrzeug und fuhr Richtung Eichholz und war zufrieden über die Win-Win Situation.

Tessin

Miss Austria beobachtete ein Teil der Vorfälle und meinte, dass der, weil er sich mit Weibersachen einkleide sicher schwul sei! Die Besuche von ihr häuften sich gegen Ende der Saison immer mehr. Wohlwissend, dass sie keiner Fliege etwas zu Leide tun konnte, aber einem bei häufigem Erscheinen doch mit der Zeit ordentlich auf den Sack gehen kann, freuten Barbara und ich mich auf einen kurzen Ferienaufenthalt im Tessin.

Unmittelbar nach Saisonende am 30. September, fuhren wir via Goppenstein und Iselle nach Domodossola, um von dort durchs Centovalli nach Ascona zu gelangen. Wir bezogen die reservierte Unterkunft in einem Hotel nahe am See. Da es noch hell war, entschlossen wir uns für einen Spaziergang der Seepromenade entlang. Dem regen Treiben zur Folge, musste am nächsten Tag hier ein Markt stattfinden. Es wurden Stände aufgebaut, künstliche Pflanzen angeschleppt und Kabel verlegt. Es muss ja nicht immer der Markt von Luino oder Gannobio sein, wir könnten auch den Markt von Ascona besuchen, meinte Barbara. Das mit den Märkten ist eh so eine Sache. Man geht hin ohne direkte Kaufabsichten und mit noch weniger Vorstellungen, was man benötigte oder was in der Haushaltung noch fehlt und am Ende schleppt man mehrere Tragtaschen nach Hause! Dazu, wir waren uns einig, können wir auch in Ascona auf den Markt!

Wir schlenderten die linke Straßenseite hinauf, Barbara blieb vor jedem Kleiderständer stehen und schob die aufgehängten Textilien von rechts nach links – oder von links nach rechts. Diese Kleidergestelle, so war ich der Überzeugung, haben magische Kräfte und ziehen die Frauen gerade zu an. Ich hingegen schaute mir Hosengürtel an, besonders schöne Exemplare aus Rindsleder und Geldbörsen, ebenfalls handgefertigt aus Leder, obwohl ich sowohl Gürtel und Geldbörsen für die nächsten dreißig Lebensjahre zu Hause habe. Danach schlenderten wir die rechte Straßenseite hinab und die Vorgänge wiederholten sich. Vielleicht noch etwas für die Kinder oder Enkelkinder? Am Ende der Straße scharrte sich eine große Menge Leute um einen kleinen Verkaufsstand. Eine wortgewandte Österreicherin versuchte mit unterschwelligen und pointierten Sprüchen eine Zitronenpresse an den Mann und die Frau zu bringen. Wir schauten uns beide ungläubig an, sagten zeitgleich «Miss Austria». Kaum ausgesprochen unterbrach Miss Austria ihre Werbekampagne und schaute in unsere Richtung. Kaum zu glauben, dass sie uns in der Menschenmenge so schnell ausfindig machen konnte. Durch das Mikrofon, welches sie um den Hals trug, schrie sie in die Menge: «Jo do schau her, da ist der Beat mit seinem Spatzi, das sind die Chefs vom Camping Eichholz in Bern und der Beat ist der hübscheste Mann, denn ich kenne, und den würde ich sofort heiraten». Die Menge begann laut zu lachen und alle schauten in unsere Richtung. Wir taten was andere auch taten – wir schauten ebenfalls in die Richtung der Anderen, um von uns abzulenken. Vorsichtig bahnten wir uns einen Weg durch die Menge und verdrückten uns. Beim Hotel angekommen vergewisserte ich mich an der Rezeption, ob nicht etwa eine Österreicherin eingecheckt habe. Der Rezeptionist durchsuchte die Datenbank und gab Entwarnung. So genossen wir einen guten Rotwein an der Hotelbar, mit der Gewissheit Ruhe zu haben.

Der Autor mit Miss Austria im Sommer 2020

Von Camping zu Clamping

Um die Jahrtausendwende verbrachte Jahr für Jahr während den Sommerferien eine große Gruppe, bunt zusammengewürfelt aus verschiedenen Familien und vielen Kindern, ihre Sommerferien im Eichholz. Die Enkelin von einem Bundesrat, eine Moderatorin vom Fernsehen, verschiedene Männer und Frauen, tätig in den unterschiedlichsten Berufen bauten ihre zum Teil uralten Zelte immer am selben Standort auf. Das Zelt des Rollstuhlfabrikanten war wohl ein Erbstück seiner Großeltern und schaute einem Beduinenzelt ähnlich. Mehrere Spatz-Zelte, zwei drei große Hauszelte und einige wenige moderne Iglus für die Kinder vervollständigten jeweils das Zeltdorf, welches kreisförmig um ein in der Mitte angelegtes Volleyfeld angelegt war. Tagsüber gingen viele Erwachsene ihrer Arbeit nach. Das Abendessen wurde immer gemeinsam an einem riesigen Tisch eingenommen. Fast alle waren mit Fahrrädern unterwegs. Gekocht wurde auf Gasrechauds. Das Geschirr wurde mittels Veloanhänger zu den Abwaschstellen gekarrt und wieder zurück. Die Kinder spielten von Tagesanbruch bis Sonnenuntergang. Kaffee gab es aus einer Zinnkanne ab einem Gaskocher. Und, am Abend floss reichlich Wein. Mit der Zeit quartierten sich regelmäßig Insekten und sonstiges Ungeziefer in und unter den Zelten ein. Die hässlichen Ohrengrübler, zu Deutsch: Gemeiner Ohrwurm, nistete sich jeweils in ganzen Kolonien ein. Camping findet draußen statt und das ist eine der Unannehmlichkeiten mit denen Aufenthalter, die länger als einige Tage bleiben, rechnen müssen. Dass die Ohrwürmer ihrem Namen gerecht werden konnten und wirklich gemein sein können, erzählte mir einmal Daniela: Sie musste eine wichtige Sitzung leiten. Während der Sitzung viel plötzlich ein solches Tierchen aus ihren Haaren auf den Tisch. Möglichst diskret versuchte sie, das Insekt verschwinden zu lassen, ohne dass jemand etwas bemerkte.

Das Vorgefallene wurde natürlich beim gemeinsamen Nachtessen erzählt und es wurde darüber gelacht. Alle hatten nach ein paar Tagen irgendeine Story zu erzählen. Wenn mal nichts Außergewöhnliches geschehen war, gaben sicher die Kinder einen Grund zu einer angeregten Diskussion.

Die tägliche Zeltkontrolle, die jeweils von einem Mitarbeiter oder einer Mitarbeiterin erledigt wurde, führte natürlich auch immer an dem Zeltdorf dieser Gruppe vorbei. Je nachdem wie viel Zeit man hatte oder wie der Andrang war, machte man einen weiten Bogen um die Gruppe, um nicht Zeit zu verlieren. War weniger los, kontrollierte man natürlich auch die Gruppe, ob alle Zelte mit einem Zeltnümmerchen ausgerüstet waren. Selbstverständlich wusste jeder und jede von uns, dass alle Zelte angemeldet waren. Aber die anderen Campinggäste beobachteten einem immer genau bei den Kontrollen. Ließ man einfach einige Zelte aus, kam schnelle die Frage, ob denn da nicht für alle die gleichen Regeln gelten. Bereits beim Zelt von Erich wurde der erste Kaffee offeriert, gebrüht auf dem Gaskocher, nicht gekapselt. Bei Corinne gab es ein Glas Wein, bei Bene auch, aber Weisser und bei Hubers wurde einem ein lauwarmes Bier offeriert. In der Regel schaffte es niemand von uns, alle Angebote anzunehmen, ebenso wenig wie alle Angebote abzulehnen. Die Kinder wuchsen zu Jugendlichen heran und nach dem die meisten von ihnen die obligatorische Schulzeit abgeschlossen hatten und in der Ausbildung steckten, wurde die Gruppe immer kleiner. Nun aber kommen bereits die ersten Kinder mit ihren Kindern und führen die erlebte Tradition weiter. Ein junger Mann mit einem etwa Dreijährigen auf dem Arm lief auf mich zu und überreichte mir den Kleinen als ich auf dem Traktor saß. «Kennst du mich noch?», fragte er mich. Er war jeweils mit der großen Gruppe mit seinen Eltern jeden Sommer hier am Zelten. Er durfte bei mir auf dem Traktor mitfahren. Er erinnere sich, dass dies jeweils der Höhepunkt der Ferien gewesen sei. Nun wolle er seinem Sohn diese Gefühle auch vermitteln. Ich setzte den Kleinen auf den Sitz zwischen meine Beine und startete den Motor. Der Kleine schrie so laut er konnte und wollte unbedingt wieder zu Papi. Er windete sich in meinen Armen und mir blieb nichts anderes übrig, als ihm seinen Sohn ohne Spritztour wieder zu überreichen. Etwas enttäuscht, nahm er ihn in Empfang. Er wisse nicht was in ihn gefahren sei, entgegnete er. Vielleicht hat er nur Angst. Das wird wohl die einfachste Erklärung sein für sein Verhalten. Ich erklärte ihm, dass er sicher andere Erlebnisse haben werde, an die er sich in ferner Zukunft erinnert.

Die Zeltwiese wurde nun modernisiert. Wir bauten einen Weg durch die Wiese, damit die Kinder auf ihren Fahrrädern nicht zwischen den Zelten durchrasten und um die Navigation für die Fußgänger in der Nacht zu vereinfachen. Unzählige Stromsäulen mit Stromanschlüssen für Zelte wurden installiert. Die modernen Kommunikationsmittel und portablen PC's nahmen Einzug, selbst in den Zelten. Die Fahrräder brauchen nun auch Strom, um ihre Akkus aufzuladen. Der Kaffeebrüher wurde durch eine Kapselmaschine ersetzt und das frische Brot stellt man nun mit einem Toaster selbst her. Zum Frühstück gibt es nicht mehr Konfi, Brot und Käse, sondern Müsli und frische Fruchtsäfte, die wiederum eine Fruchtpresse voraussetzten. Um die gepresste Brühe zu kühlen, war nun ein kleiner Kühlschrank nötig, da die Fruchtsauce bereits nach wenigen Stunden eine braune Farbe annahm. Die Kinder spielen nicht mehr mit Schneckenhäuschen, die sie selbst sammelten. Sie bauen auch keine Holzhäuschen mehr aus den dürren Zweigen, die von den Bäumen fallen. Die Zelte werden wegen der Insektenplage regelmäßig verstellt. Früher mussten die Gäste dazu aufgefordert werden, um den Rasen nicht nachhaltig zu schädigen. Viele benutzen irgendein Antiinsekten-Mittel, meist in Form von weißem Pulver, das großzügig auf dem Rasen verteilt wird. Die Ohrengrübler sind zwar immer noch gleich gemein wie früher, aber die Toleranz den Wohnsitz im Grünen mit ihnen zu teilen, ist deutlich gesunken. Es gibt nicht wenige Gäste, die ihre Zelte nach einigen Tagen abbauen, weil sie mit den Mitbewohnern nicht klarkommen, seien es Insekten oder Zeltnachbarn. Nach dem Eindunkeln finden sich überall am Boden kauernde Gestalten – viele Kinder, deren Gesichter blau leuchten. Nicht ein Sauerstoffmangel ist für diese Phänomen verantwortlich, sondern das Licht, welches vom Tablett oder Laptop ausstrahlt. Statt mit improvisierten Spielsachen den Tag zu verbringen, sitzen oder liegen die Kids auf den großen mit Luft gefüllten Liegesäcken, made in China. Alle 30 Minuten sind sie zum Aufstehen gezwungen, weil die Luft langsam

den Sack verlässt und der Körper in Kontakt mit dem
unangenehm harten Boden kommt. Sind sie nicht gerade
mit Luftauffüllen beschäftigt, gamen sie mit den
Handys der Eltern oder sogar mit ihrem eigenen Smartphone.
Fragt man ein Kind, was es den gerade mache,
kommt zur Antwort: «Gamen! Alleine? Nein! Mit wem
denn? Keine Ahnung, das geht Online, die Namen sind
nur Aliase! Aha!» Bei der ganzen Konversation bleiben
die Augen des Kindes konzentriert auf den Bildschirm
gerichtet. Hätte man später das Kind gefragt, hätte es
wohl nicht gewusst, mit wem es gerade gesprochen hat.
Längst ist der Campingplatz flächendeckend mit W-LAN
ausgerüstet. Funktioniert einmal aus unerklärlichen
Gründen das drahtlose Netzwerk nicht wie gewünscht,
ist die Hölle los. «Wie soll ich den Arbeiten, wenn es keine
Verbindung gibt!» «Geht das W-LAN bis um 15 Uhr wieder?
Ich will unbedingt meine Serie streamen!» «Wenn
das W-LAN in der nächsten halben Stunde nicht geht,
wechseln wir den Platz!» Und noch mit vielen anderen
wichtigen Anliegen muss man sich auseinandersetzten,
wenn die Technik gerade mal streikt. Bereits unmittelbar
bei der Ankunft wird gefragt, ob es denn hier «Free
WiFi» gibt. Wo die Toiletten sind und ob Duschen etwas
kosten und ob diese sogar sauber sind, interessiert heute
viel weniger. Fährt einer von uns den Traktor aus der
Garage, passiert gar nichts! Vor einigen Jahren war sofort
eine ganze Schar Kinder zugegen und rannten dem
Gefährt hinterher, um vielleicht heute das Glückliche zu
sein, das ein paar Meter mitfahren darf. Verläuft sich
heute einmal ein Kleinkind in die Nähe des Traktors,
wird es unmittelbar von seiner Mutter verfolgt, wenig
zimperlich gepackt und sofort aus der Gefahrenzone ge-

bracht. Meist ist uns ein verachtender Blick der Mutter sicher, häufig auch ein Kopfschütteln. Kürzlich fragte mich eine besorgte Mutter, ob denn das wirklich nötig wäre, mit einem solchen Ungetüm über den grünen Rasen zu fahren. Hier draußen in der Natur sei das doch völlig daneben, meinte sie. Sie reklamierte auch wegen dem Rasenmäher und fand, dass es schade sei, die Ruhe mit Motorenlärm zu stören. Ich versuchte ihr zu erklären, dass sie sich nur auf einer gepflegten Rasenfläche wohl fühlen könne, denn ohne Pflege würden nur Disteln und Wegerich wachsen. Diese Pflanzen hätten zwar auch eine Daseinsberechtigung, aber um darauf zu zelten oder sogar barfuß darüber zu gehen, eignen sie sich weniger. Und um eine solch intensiv genutzte Fläche bewirtschaften zu können, komme man nicht darum herum Maschinen einzusetzen, versuchte ich der Dame glaubhaft zu erklären. Zwei Wochen später organisierten wir ein «Ziegenmelken». Meine Tochter, in der Zwischenzeit Bäuerin, führte mit einem Viehtransportanhänger einige Ziegen und drei Gizzi ins Eichholz. Unsere Enkelkinder lernten den Campingkindern das Ziegenmelken. Der Höhepunkt war natürlich, die gemelkte Milch selbst zu trinken. Tatsächlich fragte mich dieselbe Dame, mit ihrem etwa vierjährigen Kind auf den Armen, ob diese Ziegen gefährlich seien. Sie solle doch ihr Kind auf den Boden stellen, damit es selbst herausfinden kann, ob Ziegen gefährlich sind, gab ich ihr zur Antwort. Um den Rasen so wie gehabt zu mähen, wären etwa 30 Stück von denen nötig, erklärte ich ihr, die machen keinen Motorenlärm, dafür ist nichts sicher, was irgendwie essbar ist, versuchte ich ihr beizubringen. Keine fünf Minuten später, ihr Sprössling ist auf Ziegenkot getreten und wurde daher wieder herumgetragen, war sie damit beschäftigt, seine Füßchen zu waschen. Sie wisse, dass Ziegen Krankheiten verschleppen können, rechtfertigte sie sich. Wir sollten den Kot sofort aufputzen, befahl sie mir.

Als die große oben beschriebene Gruppe jeweils eintraf, meist mit einem gemieteten Bus und Benus großem Geschäftsfahrzeug, voll beladen mit Camping-Utensilien, half die ganze Gruppe beim Ausladen und Aufbauen. Die Kleinsten, die knapp gehen konnten, watschelten mit kleinen Gegenständen unzählige Male vom Abladeort zum Zeltplatz. Die noch Kleineren krabbelten auf allen Vieren und rissen mit ihren winzigen Händchen Gras ab und beförderten alles Mögliche in die kleinen Mäuler um es danach wieder sabbernd auszuspucken, weil es nicht genießbar war. Die Allerkleinsten wurden zuerst auf einer Decke an den Schatten gelegt. Sie schauten gebannt in das sich im Wind bewegende Blätterdach, strampelten mit den Füßchen und gaben zufriedene Laute von sich. Die Größeren und die Erwachsenen halfen einander die Zelte aufzubauen und das Lager einzurichten. Am Tisch wurde erst gemütlich Platz genommen und die erste Flasche entkorkt, wenn das letzte Zelt stand. Im Gebüsch standen unzählige mehr oder weniger alte Velos, die als Verkehrsmittel für Kinder und Erwachsene dienten.

Heute beschweren sich viele Gäste darüber, dass man mit dem Auto nicht näher zum gewünschten Zeltplatz fahren kann. Mamma und Papa schleppen mit riesigen Taschen, auf der die Werbung des großen schwedischen Möbelhauses prangt, die halbe Haushaltung auf den Platz. Sofort wir der Strom angeschlossen, um die Geräte aufzuladen. Die Kids auf den Rücksitzen profitieren von ihren Powerbanks, damit der Film zu Ende geschaut werden kann oder ohne Unterbruch dem Onlinegamen gefrönt werden kann. Selten macht ein Kind Anstalten beim Aufbau mitzuhelfen. Die Kleinsten, festgezurrt in einem Schalensitz ISO 217 oder so, schreien sich schier die Lunge aus dem Körper, weil sie sicher lieber mit nackten Füßchen auf dem grünen Rasen umherwatscheln möchten, als im Auto warten zu müssen, bis die Eltern das Zelt aufgebaut haben. Sie würden eh nur den Aufbau behindern und im Wege stehen.

Moderne Campingfahrzeuge sind immer weniger mit Gasflaschen ausgerüstet. Sicherheitsbedenken ist wohl das Hauptargument, um auf Gas zu verzichten. Dafür sind sie mit Aircondition, Heizung, Elektroboiler und Induktionskochplatten ausgerüstet. Um das Gewissen der Besitzer zu beruhigen, wird oft ein kleines Solarpanel aufs Dach des Fahrzeuges montiert, welches eine 12V Batterie anspeist. Logisch, dass der Stromverbrauch in keinem Verhältnis zur Stromproduktion steht. Bei kühlem Wetter wird heute so viel Strom bezogen, dass die Bezügersicherung der ganzen Anlage immer öfter ans Limit kommt. Immer häufiger haben wir mit Stromausfällen zu kämpfen, die auf Überlast zurückzuführen sind. Sogar in den Zelten sieht man immer öfter Ventilatoren und Induktionskochplatten, die sich laut Herstellerangaben besonders gut zum Campen eignen. In den letzten drei Jahren wurde das Aufladen von Akkus der E-Bikes und sogar das Laden der Batterien von elektrisch betrieben Autos immer gefragter. Die Stromversorgung des ganzen Campings kommt immer häufiger an seine Grenzen. Zelte werden ausnahmslos mit elektrischem Licht ausgeleuchtet, da die alten Petrolfunzeln stinken und die Umwelt verpesten. Ohne wahrsagerische Fähigkeiten zu besitzen, wage ich die Prognose, dass es in Kürze immer öfter zu Blackouts kommen wird. Umfangreiche Sanierungen des Stromnetzes werden in naher Zukunft unumgänglich sein.

Die geheimnisvolle Samantha

Ich kann mich nicht erinnern, wann ich den alten rechtsgesteuerten Golf von Samantha das erste Mal gesehen habe. Das weiße Fahrzeug mit deutschen Nummernschildern fiel sofort auf, da es mit Herzen verschieden farbig und verschieden groß bemalt war. Wir gaben dem Golf den Übernahmen «Lovemobile». Die Fahrerin, eine schlanke gutaussehende Frau, vermutlich aus dem Vereinigten Königreich, übernachtet bis zum heutigen Zeitpunkt regelmäßig bei uns auf dem Camping. Welcher Tätigkeit sie nachgeht, von wo sie kommt, und wohin sie jeweils geht bleibt ein Geheimnis. Auf dem Meldeschein stand früher bei der Zeile «Bürger von:» inhabatant of the world! Als Weltenbürgerin kommen eben viele Wohnorte in Frage. Diese «Adresse» wurde in das neue elektronische Register übernommen und damit auch ihr Geheimnis. Insbesondere Barbara konnte es besonders gut mit ihr. Sie sprachen viel zusammen, Samantha brachte immer bei ihrem ersten Besuch nach Saisoneröffnung Blumen für Barbara mit. Aber ihr Geheimnis ließ sie sich bis heute nicht entlocken.

Fränzi und Methusalem

Jeden Morgen, immer gut gelaunt, freundlich und immer überraschend mit spitzfindigem Sarkasmus und pointierten Bemerkungen über das aktuelle Weltgeschehen, lief Fränzi behänden Schrittes zu ihrem Lieblingsplatz auf der Wiese. Immer in Begleitung von Border-Collie Methusalem. Vor einigen Jahren rannte der Hund, schier nie müde werdend, über die Wiese. Der «Fahrtwind» ließ das Gesicht des Hundes aussehen wie Fuchur der Drachenhund aus dem Film «die unendliche Geschichte», als dieser durch das Universum flog. Einige Jahre später sollte Fränzi bewusst werden, dass jede Geschichte einmal enden wird. Gegen Mittag, einige Flaschen Bier später, ist die Fröhlichkeit gewichen, die smarten Bemerkungen wurden durch lallendes Geplapper ersetzt und der schnelle Gang ist in ein unkoordiniertes Torkeln übergegangen. Methusalem drehte zwar immer noch seine Runden, aber nur noch in der Nähe seines Frauchens. Im Laufe des Nachmittags, einige alkoholischen Getränke später, haben vulgäre Aussagen und unverständliche Anschuldigungen gegenüber anderen Hundebesitzerinnen und Besitzern und gegenüber Passanten die intelligente Wortwahl vom Morgen definitiv abgelöst. Die Jahre vergingen, Fränzi änderte sich nicht und schien auch nicht zu altern. Der Alkohol schien ihren Körper zu konservieren. Der Alkohol hat seine Spuren aber sehr wohl im Kopf von Fränzi hinterlassen. Methusalem hingegen hat mittlerweile seine für die Rasse typischen Charaktereigenschaften weitgehend verloren. Er trottete Fränzi gemächlich hinterher. Die Hinterläufe koordinierten mit den Vorderbeinen nicht mehr richtig, sodass der Eindruck entstand, der Hinterteil des Hundes wolle den Vorderteil überholen, weil sich die hinteren Beinchen mit doppelt so schnellen Schritten bewegten wie die Vorderen. Ein Jahr später, Methusalem machte seinem Namen alle Ehre, zählte er doch schon gegen zwanzig Lenze, verschlechterte sich sein Zustand dermaßen, dass er nicht mehr gehen konnte. In der Brocki beschaffte sich Fränzi einen alten Kinderwagen, ein kleines Gefährt, dass die Grenze zwischen Spielzeug und Gebrauchsgegenstand verwischen ließ. Darin betete sie Methusalem für den Gang ins Eichholz jeden Tag sorgfältig ein. Am Abend, das nach Hause gehen konnte sich schon mal in die Länge ziehen, wiederholte sich das Prozedere. Soweit möglich verpackte jeweils die stark betrunkene Fränzi ihren Hund wieder in das Gefährt und machte sich auf den Heimweg.

Miss Austria fragte mich, ob die denn ihren toten Köter herumkutschiert und legte nebenbei eine Packung Socken auf den Tresen.

Im August suchte eine beispiellose Hitzewelle die Schweiz heim. Die Temperaturen kletterten täglich auf über dreißig Grad. Die Hundstage gaben Methusalem den Rest. Er röchelte im Kinderwagen, das Maul halb geöffnet und die Zunge hing seitlich aus dem Rachen heraus. Ich versuchte Fränzi zu erklären, dass sie einen Tierarzt aufsuchen solle. Sie meinte, dass sich Methusalem schon wieder erholen werde, zumindest fresse er wieder etwas. Am Nachmittag beschuldigte sie mich als Mörder ihres Hundes. Ein Blick in den Wagen zeigte, dass Methusalem nicht mehr atmete, und seine ausdruckslosen Augen waren der Beweis, dass seine Seele in den

Hundehimmel aufgestiegen war. Am nächsten Tag, immer noch herrschte strahlendes Wetter, beobachteten wir Fränzi, den Kinderwagen vor sich hinschiebend, auf dem Weg zu ihrem Lieblingsplätzchen. Sie stemmte eine Flasche um die andere, wie immer und unterhielt sich bis am Mittag mit verschiedenen Besuchern und Besucherinnen der Anlage. Am Nachmittag wurden die Gespräche, wie immer, zu vulgären Monologen. Weil wir aufgrund des schönen Wetters stark beschäftigt waren, beachtete niemand vom Team, was sich auf der Wiese abspielte. Tatsache ist, Fränzi kam am folgenden Morgen ohne Kinderwagen. Sie kam nicht der Aare entlang aus der Stadt, sondern von der Wiese. Ich fragte sie, wo den Methusalem jetzt sei. Sie nahm ein Konfitürenglas aus der Jackentasche und streckte es mir entgegen. Ich fasste das Glas an und stellte fest, dass es ziemlich warm war. Methusalem sei jetzt kremiert und das seien seine sterblichen Überreste. Er werde sie so immer begleiten. Natürlich habe ich gefragt, wo sie den Hund habe kremieren lassen. Sie habe das selbst gemacht, die ganze Nacht habe sie immer wieder Holz auf das Feuer gelegt, bis nichts mehr von ihm zu sehen gewesen sei.

Die Zeit ist abgelaufen

Viele Reorganisationen, einige Leitbilder, gute und schlechte Ideen, Sparmaßnahmen und einem immer weiterwachsenden Verwaltungsapparat später. Barbara stand bereits kurz vor der Pensionierung, mussten wir uns langsam Gedanken machen, wie es nach uns weiter gehen soll. Eigentlich könnte das uns egal sein, da wir Angestellte der Stadtverwaltung sind und es nicht zu unseren Aufgaben gehört eine Nachfolgeregelung zu suchen. Aber die zahlreichen Gäste, die immer wieder im Eichholz ihre Freizeit und ihre Ferien verbringen, die stetig steigenden Besucherzahlen und unsere Erfahrung wegen, fühlten wir uns verpflichtet bei der Nachfolge zumindest mitreden zu können. Die Situation erwies sich im Sommer 2021 geradezu optimal, um diese Absicht aufzugleisen. Ein gutes erfahrenes Team, die Anlage in gutem Zustand und die Tatsache, dass ein junger Mitarbeiter die nötigen Qualifikationen und vor allem den nötigen Individualismus mitbrachte, um den Betrieb zu leiten, veranlasste mich im Sommer 2021 die Leitung des Betriebes an ihn zu übertragen. Ein Unfall mit langem Heilungsverlauf und als Folge davon lange Absenzen, bestätigte meinen Entscheid zusätzlich. Dazu kam, dass sich Barbara bereits im Rentenalter befand und mir nicht mehr zur Seite stehen konnte.

SEPT. FREIBURG

DEAR FRAU BARBARA UND HERR BEAT,

I HAVE BEEN MISSING YOU DURING MY PROLONGED (18 MONTHS) LOCK DOWN, AND I WAS THINKING OF YOU WHEN I DISCOVERED NEWS OF THE AARE FLOODING CHE CASINO! I HOPE IT DIDN'T MAKE TOO MUCH OF A MESS — BUT I BET IT DID. IT WAS FRIGHTENINGLY IMPRESSIVE TO WITNESS THE AARE GOING FROM BEAUTIFUL FLOWY BLUE TO GRUSELIG BROWN WITH TREES SWIMMING IN IT, WITHOUT IT ACTUALLY FLODING...

AND NOW I DISCOVER YOU ARE TO RETIRE AT THE END OF THIS SEASON, UND DASS MACHT MIR SEHR TRAURIG, I HAVE EXPERIENCED A CHANGE OF MANAGEMENT HERE IN HIRZBERG, AND, WELL I ALWAYS TEND TO LIKE THINGS THE WAY THEY WERE. AND SO, I IMAGINE, YOU WILL BE GREATLY MISSED, DEFINITELY BY ME. I WOULD LIKE TO THANK YOU, VERY MUCH, FOR THE LOVELY CAMPING TIMES THESE PAST 10 YEARS. DANKE SCHÖN! AND WISH YOU ALL THE BEST FOR ALL THE OMA & OPA YEARS TO COME, VIEL SPASS AND TRANQUILITY AND NO SILLY CAMPERS DOING STUPID THINGS!!!

MIT FREUNDLICHE UND LIEBE GRÜSSE, SAMANTHA.

Letter Samantha

Der Autor

Beat Müller wurde am 23. November 1959 in Huttwil als Sohn eines Arbeiters geboren. Er zog im Kindesalter in die Stadt und wuchs in einfachen Verhältnissen auf.
Sein Vater arbeitete sich langsam die Karriereleiter hoch. Die kleine Familie zog von einer billigen Mansardenwohnung in eine größere Wohnung in einem Vorort von Bern.
Nach dem Abschluss der Schulzeit erlernte Beat Müller den Beruf des Landschaftsgärtners. Nach verschiedenen Stationen amtete er als Leiter der Freizeitanlage Eichholz vom Sommer 1990 bis zum Sommer 2021. Er ist verheiratet, hat zwei Kinder und vier Enkelkinder.
Aufgrund eines Unfalls mit einem Leichtflugzeug im Herbst 2020 gab er die Leitung des Campingplatzes per 1. Juli 2021 ab. Bis zur Pensionierung im November 2022 arbeitete Beat Müller unter dem neuen Leiter weiterhin im Eichholz als Angestellter. Bewusst ließ der Autor private Ereignisse, welche nicht in irgendeinem Zusammenhang mit dem Eichholz stehen, aus.

novum 🔊 VERLAG FÜR NEUAUTOREN

Der Verlag

*Wer aufhört
besser zu werden,
hat aufgehört
gut zu sein!*

Basierend auf diesem Motto ist es dem novum Verlag ein Anliegen, neue Manuskripte aufzuspüren, zu veröffentlichen und deren Autoren langfristig zu fördern. Mittlerweile gilt der 1997 gegründete und mehrfach prämierte Verlag als Spezialist für Neuautoren in Deutschland, Österreich und der Schweiz.

Für jedes neue Manuskript wird innerhalb weniger Wochen eine kostenfreie, unverbindliche Lektorats-Prüfung erstellt.

Weitere Informationen zum Verlag und
seinen Büchern finden Sie im Internet unter:

w w w . n o v u m v e r l a g . c o m